DILMA CONTRA OS DONOS DO PIB

CONTRA CORRENTE
10 ANOS

Leonardo Loureiro Nunes

DILMA CONTRA OS DONOS DO PIB

AVARÉ

2025

CONTRA CORRENTE 10 ANOS

Travessa Vergílio de Araújo Valim, 167
Avaré – SP – Brasil | CEP 18707 815
www.editoracontracorrente.com.br
contato@editoracontracorrente.com.br

EDITORES
Camila Almeida Janela Valim
Gustavo Marinho de Carvalho
Rafael Valim
Walfrido Warde
Silvio Almeida

EQUIPE EDITORIAL
COORDENAÇÃO DE PROJETO: Erick Facioli
REVISÃO: Beatriz Duarte Lopes
PREPARAÇÃO DE TEXTO E REVISÃO TÉCNICA: Amanda Dorth
DIAGRAMAÇÃO: Gisely Fernandes
CAPA: Maikon Nery

EQUIPE DE APOIO
Carla Vasconcelos
Regina Gomes
Geovanna Sales
Julia Falanghe

Dados Internacionais de Catalogação na Publicação (CIP)
(Câmara Brasileira do Livro, SP, Brasil)

Nunes, Leonardo Loureiro
Dilma contra os donos do PIB / Leonardo Loureiro Nunes. -- Avaré, SP : Editora Contracorrente, 2025.

Bibliografia.
ISBN 978-65-5396-277-4

1. Brasil - Política e governo 2. Impeachment - Brasil 3. Política econômica 4. Produto interno bruto - Brasil 5. Rousseff, Dilma, 1947- I. Título.

25-268979 CDD-320.981

Índices para catálogo sistemático:

1. Brasil : Política e governo : Ciências políticas 320.981
Eliete Marques da Silva - Bibliotecária - CRB-8/9380

@editoracontracorrente
Editora Contracorrente
@ContraEditora
Editora Contracorrente

A gente é torto igual Garrincha e Aleijadinho
Ninguém precisa consertar
Se não der certo a gente se virar sozinho
decerto então nunca vai dar.

"A cara do Brasil", Celso Viáfora e Vicente Barreto.

Resistir à visão ideológica dominante seria um gesto quixotesco, que serviria apenas para suscitar o riso da plateia, quando não o desprezo de seu silêncio. Mas como desconhecer que há situações históricas tão imprevistas que requerem a pureza de alma de um Dom Quixote para enfrentá-las com alguma lucidez? E como a História ainda não terminou, ninguém pode estar seguro de quem será o último a rir ou a chorar.[1]

---

1 FURTADO, Celso. "Justificativa". *In*: ______. *Brasil*: a construção interrompida. São Paulo: Paz e Terra, 1992.

Para Sila, Marcos e Pedro.

SUMÁRIO

APRESENTAÇÃO
André Roncaglia 11

PREFÁCIO
Luiz Gonzaga Belluzzo 15

AGRADECIMENTOS 29

LISTA DE ENTREVISTADOS 31

INTRODUÇÃO 35

PARTE I – SUBDESENVOLVIMENTO E DEPENDÊNCIA: DA DISCUSSÃO CLÁSSICA AO PACTO SOCIAL-PRODUTIVO

CAPÍTULO I – ELEMENTOS GERAIS DO PACTO DE DOMINAÇÃO INTERNO 53

CAPÍUTLO II – SUBDESENVOLVIMENTO, DEPENDÊNCIA E OS EMPRESÁRIOS 57

CAPÍTULO III – O NOVO REFORMISMO BRASILEIRO: LULISMO E O PACTO SOCIAL-PRODUTIVO 81

PARTE II – ASPECTOS ECONÔMICOS DA IMPLANTAÇÃO DO PACTO SOCIAL-PRODUTIVO

CAPÍTULO I – O APOGEU DA ERA LULISTA: EXPANSÃO BASEADA NO CONSUMO E INVESTIMENTO 91

CAPÍTULO II – CARACTERÍSTICAS GERAIS DO PACTO SOCIAL-PRODUTIVO 113

CAPÍTULO III – 2011 – AJUSTE FISCAL E A BATALHA DOS JUROS E DOS *SPREADS* 127

CAPÍTULO IV – A POLÍTICA DE DESONERAÇÕES 145

PARTE III – ASPECTOS DE INFRAESTRUTURA DA IMPLEMNTAÇÃO DO PACTO SOCIAL-PRODUTIVO

CAPÍTULO I – A ATUAÇÃO DO BNDES 169

CAPÍTULO II – A REESTRUTURAÇÃO DO SETOR ELÉTRICO BRASILEIRO 187

CAPÍTULO III – O PROGRAMA DE INVESTIMENTO EM LOGÍSTICA 207

CAPÍTULO IV – A REESTRUTURAÇÃO DO SETOR PORTUÁRIO BRASILEIRO 237

PARTE IV – A DERROTA DO PACTO SOCIAL-PRODUTIVO

CAPÍTULO I – A CONFLITUOSA RELAÇÃO COM O CONGRESSO NACIONAL 265

CAPÍTULO II – O BALANÇO ECONÔMICO DO PACTO SOCIAL-PRODUTIVO 281

CAPÍTULO III – O SEGUNDO MANDATO – GUINADA LIBERAL, LAVA JATO E *IMPEACHMENT* 315

CONCLUSÃO 347

REFERÊNCIAS BIBLIOGRÁFICAS 353

LISTA DE ABREVIAÇÕES 369

LISTA DE FIGURAS 373

LISTA DE TABELAS 377

APRESENTAÇÃO

Recusei inicialmente o convite do autor para escrever esta apresentação. Afinal, havia pessoas mais qualificadas e cultas para tal tarefa. Por vezes, os laços de amizade falam mais alto do que a razão. Amigo meu desde os anos de colégio Liceu Pasteur, o autor não se deu por vencido e me enviou o manuscrito como quem não queria nada. Minha convicção foi-se dissolvendo conforme lia a introdução. Reconheci o preâmbulo de sua tese de doutoramento, sobre a qual havíamos discutido havia alguns anos e que foi aprovada pela Université Paris 1 Panthéon Sorbonne. Mudei de ideia e aceitei a tarefa de motivar o leitor a mergulhar na obra do autor. E aqui vai.

Leonardo brinda o público brasileiro com uma espécie de *autópsia econômica* do governo Dilma Rousseff, removida do poder em 2016. A crise política e econômica que levou ao afastamento da primeira mulher eleita para o cargo de Presidenta da República não foi apenas um processo legal ou institucional; o fato refletiu disputas profundas dentro da sociedade brasileira, permeadas por interesses políticos, econômicos e de classe. Compreender esse episódio é essencial para decifrar a atual conjuntura política do país e os desafios que persistem até os dias de hoje.

A tese central do autor é que o *impeachment* foi resultado da erosão do apoio do empresariado industrial, que inicialmente se beneficiou das políticas desenvolvimentistas do Partido dos Trabalhadores, mas acabou se voltando contra o governo diante de medidas que ameaçavam seus interesses financeiros e seus objetivos de controlar mercados estratégicos.

O livro estrutura sua análise a partir de dois eixos principais. O primeiro examina a construção do chamado "pacto social-produtivo", uma tentativa do governo de conciliar crescimento econômico, distribuição de renda e fortalecimento da indústria nacional. Esse modelo baseava-se em políticas como a redução da taxa de juros, incentivo ao crédito, investimentos em infraestrutura e ampliação dos programas sociais. No entanto, as medidas adotadas para manter essa estratégia colidiram diretamente com os interesses dos grandes grupos econômicos, os "donos do PIB", que passaram a enxergar Dilma como um obstáculo a seus lucros e influência.

O segundo eixo aborda o processo de desmonte desse pacto, culminando na crise econômica e política que levou ao *impeachment*. O autor analisa a "inflação da política monetária" como restrição ao espaço de atuação do governo Dilma, o aumento das tensões com o Congresso Nacional, a reestruturação do setor elétrico e as concessões em infraestrutura, além da deterioração fiscal e das "pedaladas fiscais" que serviram como justificativa formal para o afastamento da Presidenta. Fica evidente que a crise não foi um evento isolado, mas um processo de erosão da governabilidade em que fatores econômicos, políticos e midiáticos se entrelaçaram para criar as condições do *impeachment*.

Um dos grandes méritos desta obra é a riqueza de fontes e entrevistas com figuras-chave do governo, do empresariado e do setor financeiro. Essa abordagem permite uma visão ampla dos bastidores do processo e revela como a coalizão que sustentava Dilma foi se desfazendo. Ao analisar o papel das entidades empresariais, como a FIESP, e a inflexão política do Congresso Nacional, o autor demonstra como a desarticulação dos interesses de classe da "burguesia industrial" brasileira – amplamente beneficiada pelo modelo econômico petista – catalisou a coalisão de apoio ao *impeachment* e garantiu a implementação de uma agenda econômica mais liberal sobre as cinzas do governo Dilma.

Neste sentido, o livro fornece uma visão mais matizada dos conflitos políticos e econômicos do período. Em vez de ver o *impeachment* apenas como um processo de crise institucional ou como resultado exclusivo das "pedaladas fiscais", o autor propõe a ideia de um "pacto social-produtivo" que envolvia a conciliação de interesses entre diferentes frações da classe capitalista. Ao dividir a burguesia industrial entre os "donos do PIB" (grandes grupos oligopolistas, com atuação nos setores de energia, infraestrutura e financeiro) e os "sobreviventes da indústria" (empresas menores e mais vulneráveis), Nunes apresenta uma nova perspectiva que evidencia a existência de conflitos internos à elite econômica. Essa diferenciação permite compreender que o afastamento de Dilma Rousseff ocorreu, em grande parte, pela perda do apoio desses grupos poderosos, que reagiram às políticas de intervenção estatal que, embora visassem promover o crescimento e proteger certos segmentos, acabaram prejudicando os interesses dos oligopólios.

Além disso, é bem-vinda a metodologia adotada pelo autor. Tendo atuado como assessor no governo retratado, Nunes teve acesso a documentos inéditos e conduziu entrevistas com figuras-chave, o que enriquece a análise com uma visão de bastidores e informações que dificilmente seriam obtidas por pesquisadores externos. Há sempre o risco do uso de memórias e percepções pessoais na construção de narrativas históricas implicar viés de confirmação. Ao explicitar sua posição de testemunha dos fatos, o autor convida o leitor a fazer sua própria apreciação dos fatos apresentados.

Com efeito, a combinação de análise teórica, fundamentada na tradição da economia política, com uma pesquisa empírica detalhada e um relato de experiência interna, permite uma compreensão mais matizada do *impeachment*. Dessa forma, o livro não só amplia o debate sobre as causas do afastamento de Dilma Rousseff, mas também propõe um novo olhar sobre as dinâmicas de poder no Brasil, ressaltando como as escolhas de políticas econômicas podem, ao longo do tempo, provocar profundas rupturas na aliança entre Estado e grandes grupos empresariais.

O arco narrativo contextualiza as escolhas de Dilma Rousseff dentro de uma longa tradição de embates entre Estado e mercado no Brasil, resgatando precedentes históricos, como os conflitos entre governos desenvolvimentistas e o setor empresarial em outros momentos da história do país. Desta forma, o *impeachment* de 2016 não é tomado como um evento isolado, mas um desdobramento de dinâmicas estruturais que moldam a economia e a política brasileira há décadas.

A leitura que se segue é essencial para compreender como chegamos à atual conjuntura política. O *impeachment* de Dilma Rousseff não apenas marcou o fim de um ciclo de políticas econômicas intervencionistas, mas também inaugurou uma nova fase na história brasileira, caracterizada pelo realinhamento das forças políticas e econômicas em favor de uma agenda neoliberal, com consequências que ainda se desdobram e que comprimem o horizonte das políticas de desenvolvimento no país.

Mas não tome minha palavra pelo seu valor de face. Mergulhe na leitura, tire suas próprias conclusões e enriqueça o debate público. A democracia agradece!

ANDRÉ RONCAGLIA
Diretor-executivo do Brasil no FMI e
Professor Licenciado da Universidade de Brasília (UnB).

PREFÁCIO

O livro de Leonardo Nunes cuida das razões sociais, econômicas e políticas que impulsionaram o *impeachment* de Dilma Roussef. Leonardo escapa de forma brilhante e esclarecedora das banalidades que se espalharam por muitas páginas dos jornais, artigos acadêmicos e sacolejos das redes sociais.

Já na Introdução o autor assinala que a consistente aprovação do segundo governo Lula envolveu o apoio da classe empresarial da Indústria, sindicatos e movimentos sociais.

> Essa coalizão de classes abriu caminho para a eleição de Dilma Rousseff, que assumiu seu mandato em 2011 com uma ampla base social e política de apoio herdada de seu antecessor. O novo governo gozava do apoio de movimentos sociais, sindicatos e da classe empresarial industrial. Uma parte importante do programa econômico do governo visava atender à agenda da classe empresarial industrial, mas ao final do seu primeiro mandato havia uma indisposição de parcela expressiva desse mesmo grupo com a presidente Dilma Rousseff.

Leonardo busca as raízes socioeconômicas e políticas que desencadearam o *impeachment* da Presidenta reeleita em 2014. Entre tais razões, o autor sublinha o desgarramento da classe empresarial que ignorou os benefícios colhidos por uma política de coalizão entre os sujeitos sociais incluídos no pacto Social-Produtivo.

> O governo que adotou várias medidas que, na sua visão interna, favoreciam a classe empresarial industrial, perdeu gradativamente esse apoio a um ponto em que muitos de seus representantes, inclusive uma das suas mais importantes entidades de representação, a Federação das Indústrias do Estado de São Paulo (FIESP), passaram a adotar um discurso crítico em relação ao governo, defendendo abertamente a derrubada da presidente da República antes do término do seu mandato.

No crepúsculo de 2014, os formadores da opinião midiático-financeira instilaram a pré-verdade econômica nos ares de Pindorama. A economia cresceu apenas 0,5% e apresentou um déficit primário de 0,6% do PIB em 2014. Os editoriais dos jornalões e os gritos dos mercados financeiros vaticinaram um desastre.

A reeleição de Dilma aumentou a gritaria: desastre!, desastre! Tanto clamaram pelo desastre que a política econômica dos jornalões foi executada com esmero pelo Ministro da Fazenda Joaquim Levy.

Leonardo considera as razões que impulsionara a crise econômico-política:

> Num ambiente de conflagração, o governo reeleito decidiu aplicar um receituário recessivo, no plano econômico, e de confronto ao presidente da Câmara, no plano político. A deterioração econômica e o recrudescimento da Operação Lava Jato, amplamente divulgada pela mídia, adicionaram o elemento que restava, e colocaram os grupos que ja eram contrários ao governo, sobretudo as classes medias tradicionais, nas ruas a favor do *impeachment*.

Aberta a caixinha de perversidades e ignorâncias neoliberais, os monstros ficaram à solta: o choque de tarifas voou lado a lado com o choque de taxa de juros, de mãos dadas com a forte desvalorização cambial. Para não deixar barato, os preços desaforados convidaram os cortes em investimentos públicos para mais um baile da Ilha Fiscal.

A interação entre o choque de tarifas, a subida da taxa de juros, a desvalorização do real e o corte dos investimentos públicos determinaram a elevação da inflação em simultâneo à contração do nível de atividade, e daí à restrição do crédito. O encolhimento do circuito de formação da renda levou, inexoravelmente, à derrocada da arrecadação pública.

As fábricas se encharcam de capacidade ociosa. Endividadas em reais e em moeda estrangeira, as empresas são constrangidas a ajustar seus balanços diante das perspectivas de queda da demanda e do salto do serviço da dívida. Para cada uma delas é racional dispensar trabalhadores, funcionários, assim como, diante da sobra de capacidade, procrastinar investimentos que geram demanda e empregos em outras empresas. Para cada banco individualmente era recomendável subir o custo do crédito e racionar a oferta de novos empréstimos.

Os consumidores, bem, os consumidores reduziram os gastos. Uns desempregados, outros com medo do desemprego. Assim, o comércio capotou, não vende e reduziu as encomendas aos fornecedores que acumulavam estoques e cortavam ainda mais a produção.

As demissões disparam. A arrecadação míngua, sugada pelo redemoinho da atividade econômica em declínio. Isso, enquanto a dívida pública cresce sob o impacto dos juros reais e engorda ainda mais os cabedais do rentismo caboclo.

O mergulho depressivo iniciado entre o crepúsculo de 2014 e a aurora de 2015 pode ser apresentado como um exemplo do fenômeno que as teorias da complexidade chamam de "realimentação positiva" ou, no popular, "quanto mais cai, mais afunda".

Confrontando o trimestre de agosto a outubro de 2016 com igual trimestre de 2015, os dados do IBGE apontaram uma elevação de 3,0 milhões de pessoas desocupadas na força de trabalho, um acréscimo de 32,7%. A massa de rendimento real habitualmente recebida pelas pessoas ocupadas em todos os trabalhos mostrou redução de 3,2%.

De janeiro a setembro de 2016, a quantidade de pedidos de recuperação judicial cresceu 62%, em comparação com o mesmo período de 2015, fruto do longo castigo imposto aos fluxos de caixa das empresas, pela queda na demanda e restrições ao crédito. Nos primeiros nove meses do ano, foram feitos 1.405 pedidos de falência no País. O número representa um aumento de 6% em relação ao mesmo período de 2015.

A mídia brasileira espargiu a convicção da rápida recaptura dos monstros liberados pelo espírito mercadista, aquele que abriga as certezas do "deixa comigo".

"Deixa comigo" é a palavra de ordem que circula nos arraiais de ricos e poderosos. Peço licença ao estimado leitor para registrar a fala de Roosevelt na convenção do Parido Democrata em 1936. Roosevelt disparou contra "...os príncipes privilegiados das novas dinastias econômicas" que "sedentos de poder avançaram no controle do Governo, criaram um novo despotismo e o cobriram com as vestes da legalidade. Os mercenários a seu serviço buscaram submeter o povo, seu trabalho e suas propriedades".

Leonardo envereda, de forma percuciente na avalição da, assim chamada, classe capitalista. Nesse movimento, o autor discute o conceito de "frações de classe" e reconhece a articulação fundamental entre a finança, a indústria e os serviços. A heterogeneidade de interesses entre as classes capitalista coexiste com seu contrário: a homogeneidade imposta pelas formas monetário-financeiras que comandam o capitalismo em todas as suas etapas.

Leonardo esclarece que vai adotar "a proposta de classificação está mais próxima do conceito de "capital financeiro" (Hilferding, 1985), que trata da fusão entre o capital bancário e o capital industrial em economias caracterizadas pela primazia do capital monopolista".

Mais adiante, no primeiro capítulo, Leonardo assinala o papel da burguesia industrial nacional nas várias etapas de efetivação dos projetos desenvolvimentistas em suas dimensões progressistas ou conservadores.

"O comportamento histórico de classe desse grupo serve como lastro para compreender os momentos "desenvolvimentistas" e "liberais", "progressistas" e "conservadores" de nossa história, assim como seu ato mais importante na última década, qual seja o rompimento com a base de sustentação do governo Dilma Rousseff, que culminou na sua queda".

Cabe observar que o "desenvolvimentismo", enquanto projeto ideológico e prática política nos países da periferia, nasceu nos anos 1930, no mesmo berço que produziu o keynesianismo nos países centrais. A onda desenvolvimentista e a experiência keynesiana tiveram o seu apogeu nas três décadas que sucederam o fim da Segunda Guerra. O ambiente político e social estava saturado da ideia de que era possível adotar estratégias nacionais e intencionais de crescimento, industrialização e avanço social.

Os resultados, ainda que desiguais, não foram ruins. Comparada a qualquer outro período do capitalismo, anterior ou posterior, a era desenvolvimentista e keynesiana apresentou desempenho muito superior em termos de taxas de crescimento do PIB, de criação de empregos, de aumentos dos salários reais e de ampliação dos direitos sociais e econômicos. A moda, então, entre os economistas, sociólogos e cientistas políticos, eram as teorias do desenvolvimento, os modelos de crescimento econômico e o estudo das técnicas de programação e de planejamento.

O governo brasileiro de Getúlio Vargas reagiu à derrocada dos preços do café, causada pela crise de 1929, com políticas de defesa da economia nacional: a compra dos estoques excedentes, a moratória para as dívidas dos cafeicultores. Estas medidas e a desorganização do mercado mundial – provocada pela depressão e depois pela guerra – ensejaram um forte impulso à industrialização do país.

O segundo conflito mundial ampliou as oportunidades de crescimento da indústria de bens de consumo não – duráveis (têxteis calçados, alimentos e bebidas) e de alguns insumos processados, como óleos e graxas vegetais, ferro gusa. Estes setores cresceram rapidamente não só para suprir a demanda doméstica, mas também para atender às exportações. Ainda durante a guerra, o presidente Getúlio Vargas negociou com os americanos a construção da siderúrgica de Volta Redonda. Este empreendimento, crucial para as etapas subsequentes da industrialização brasileira, entrou em operação em 1946.

Terminado o conflito mundial em 1945, caiu a ditadura de Vargas. O governo eleito do General Dutra herdou reservas elevadas em moeda forte, acumuladas durante a Guerra. Queimou a grana com uma política liberal de comércio exterior.

A grande Depressão dos anos 30 e a 2ª Guerra Mundial foram experiências terríveis vividas pelas sociedades modernas no século XX. As lideranças políticas intelectuais e religiosas que sobreviveram aos dois cataclismos estavam dispostas a impedir a repetição da tragédia que levou milhões de pessoas à falência, ao desemprego e, depois, as submeteu ao terror do totalitarismo nazifascista e à morte.

Americanos e europeus, socialistas e democrata-cristãos concordavam, então, que o capitalismo e a democracia só poderiam conviver e sobreviver sob duas condições: 1) se as forças destrutivas que levaram ao colapso da economia fossem controladas pelo Estado e pela sociedade; 2) se os riscos e desigualdades produzidos pela operação dos mercados fossem contrabalançados por ações destinadas a criar e defender os direitos econômicos e sociais das classes não-proprietárias.

Nos países periféricos, predominantemente exportadores de produtos primários, acentuaram-se os movimentos em prol do desenvolvimento da indústria. A industrialização era vista como a única resposta adequada aos inconvenientes da dependência da demanda externa. A renda nacional dependia da exportação de produtos sujeitos à tendência secular de queda de preços e flutuações cíclicas da demanda.

A economia brasileira havia mudado e evoluído entre 1930 e 1945. O fazendão atrasado e melancólico do Jeca Tatu cedia espaço para a economia urbano-industrial incipiente. Mas velha economia primário-exportadora deixou uma herança de deficiências na infraestrutura (energia elétrica, petróleo, transportes, comunicações), nas desigualdades regionais e na péssima distribuição de renda.

Eleito em 1950, Getúlio Vargas retomou o projeto desenvolvimentista. Lançou em 1951 o Plano de Eletrificação, criou o BNDE em 1952, a Petrobrás em 1953. O avanço da industrialização só poderia ocorrer com a modernização dos setores já existentes e constituição dos departamentos industriais que produzem equipamentos, componentes, insumos pesados e bens duráveis.

Getúlio cometeu suicídio em agosto de 1954. As eleições de 1955 transcorreram num ambiente turbulento. As forças que levaram Vargas ao suicídio no ano anterior tentaram impedir a posse de Juscelino, eleito em 1955. O golpe foi frustrado pela reação pronta do General Henrique Duffles de Teixeira Lott.

Juscelino tomou posse em 1956 e seu mandato foi ameaçado por novas tentativas de golpes militares. Prometeu avançar 50 anos em 5. Pode-se dizer que cumpriu a promessa. Governou sob a orientação do Plano de Metas elaborado a partir de dois estudos: o da Comissão Mista Brasil-Estados Unidos e o da Comissão Mista

CEPAL-BNDES – *Esboço de um Programa de Desenvolvimento para a Economia Brasileira.*

O Plano de Metas contemplava cinco prioridades: Energia, Transportes, Alimentação, Indústrias de Base, Educação. O governo concentrou os gastos na infraestrutura. A construção de Brasília e a abertura de estradas, como a Belém-Brasília, integravam o projeto de interiorização do desenvolvimento.

Ao mesmo tempo, foram constituídos os grupos executivos, coordenados pelo conselho nacional de desenvolvimento, compostos por empresários do setor privado e técnicos do BNDE, com o propósito de coordenar os programas de investimento e a divisão do trabalho entre o capital estrangeiro e o nacional nas diversas áreas. Essa era a tarefa do GEIA (Grupo Executivo da Industria Automobilística) do GEICON (Grupo Executivo da Construção Naval), do GEIPOT (Grupo Executivo da Industria de Transporte), GEIMAP (Grupo Executivo da Industria Mecânica Pesada). Em 1958 foi criada a SUDENE com o propósito de promover o desenvolvimento do Nordeste.

O Plano de Metas articulou, portanto, as ações do governo, do setor privado nacional e do capital produtivo internacional que já experimentava uma forte expansão. A grande empresa americana movimentava-se dos Estados Unidos para a Europa em reconstrução. As empresas europeias, em maior número que as americanas, transladavam suas filiais para os países em desenvolvimento dotados de estruturas produtivas mais avançadas e que apresentavam taxas de crescimento mais elevadas. O Brasil, entre 1956 e 1960 cresceu em média 7% ao ano.

As novas gerações – meninos e meninas – os que vão além dos devaneios da telinha e se dão ao trabalho de escavar a história, não raro interpelam os mais velhos. Perguntam: Juscelino foi “tudo aquilo”?

Juscelino e suas circunstâncias foram tudo aquilo e mais alguma coisa. *Mais alguma coisa* é o resíduo que a história não revela aos gênios da baixaria, ventríloquos do *establishment* nativo, sempre empenhados na cruzada contra o que chamam de populismo. São reencarnações sucessivas e inesgotáveis dos escribas do coronelato.

Seja como for, no período desenvolvimentista foram travadas as batalhas decisivas pela consolidação do processo de industrialização. Juscelino ganhou as batalhas que Getúlio concebeu. O "desenvolvimentismo" como projeto de um capitalismo nacional cumpriu o seu destino através do Plano de Metas. Muito ao contrário do que pregam os caipiras-cosmopolitas – aquela malta que circula pelo mundo, sem entender nada do que acontece – o projeto juscelinista integrou a economia brasileira ao vigoroso movimento de internacionalização do capitalismo do pós-guerra. Por isso, os ultranacionalistas achavam que Juscelino perdeu as batalhas que Getúlio teria imaginado ganhar.

A análise do Plano de Metas explicita a concepção de um bloco integrado de investimentos na infraestrutura, no setor de bens de capital e de bens de consumo duráveis. As inovações institucionais consubstanciadas nos Grupos Executivos conferiram plasticidade ao aparelho econômico do Estado. Juscelino tomou posse em 1956 e atravessou o mandato sob as ameaças do golpismo antinacional, o mesmo que foi frustrado pelo suicídio de Getúlio em 1954, mas conseguiu submeter o país na quartelada de 1964.

O Capitalismo e suas Formas

Peço, mais uma vez, permissão para reproduzir considerações que assolaram a caminhada de alguns autores na busca da compreensão do capitalismo em todas as suas etapas e dimensões. Nesse sentido, é imperioso retomar as *formas* que constituem o *Regime do Capital* de Karl Marx.

Em Marx, as formas mais desenvolvidas subordinam e rearranjam a posição e o sentido das formas mais elementares. As posições das categorias se alteram: a forma valor, na afirmação de seu império, vai assumindo configurações mais concretas conforme a Lógica que organiza *conceitualmente* a estrutura e dinâmica do Regime do Capital.

Não é trivial enfrentar o percurso conceitual de Marx em seu empenho para investigar os desdobramentos da *forma valor*. O movimento de reconstituição teórica de Marx parte da circulação simples de mercadorias para chegar ao regime do capital investido em todas as suas formas, já "dotado" do capital a juros e das "normas" da concorrência generalizada, ademais de amparado nas forças produtivas da grande indústria que abriga em suas entranhas o progresso técnico "autonomizado".

Vamos passar a bola para um historiador. Em sua obra *Civilização Material e Capitalismo*, Fernand Braudel, ao longo dos três volumes, busca dar concretude à trama conceitual de Marx. Ele afirma que "é na cúspide da sociedade que o capitalismo afirma a sua força e revela a sua natureza. É na altura dos Bardi, dos Jacques Coer, dos Fugger, dos John Law e dos Necker que devemos fazer as perguntas, que temos a chance de descobrir o capitalismo".

Braudel não está falando do mercado, do jogo das trocas que, desde a antiguidade, se insinua nos interstícios da vida social. Ele está se referindo ao capitalismo, ou seja, à ordem econômica em que o dinheiro não é apenas um intermediário nas transações, mas a forma geral da riqueza e o objetivo final da concorrência entre os produtores.

O capitalismo supõe o mercado, mas o mercado apenas anuncia a possibilidade do capitalismo que só se efetiva quando a produção se organiza sob uma forma adequada ao propósito do ganho monetário e não apenas para a troca eventual de mercadorias, destinada simplesmente a diversificar o consumo dos produtores independentes.

A produção organizada diretamente para a troca, ou seja, o intercâmbio generalizado de mercadorias, só pode existir sob o capitalismo. A sociabilidade dos produtores privados que produzem diretamente para a troca começa a ser definida a partir da numeração das mercadorias – inclusive dos proprietários da força de trabalho – por uma medida comum de valor. Numa segunda etapa, os indivíduos "separados" devem se submeter ao teste do reconhecimento social da "declaração" de valor de seu produto mediante o veredicto anônimo do mercado. Isto é, a mercadoria particular deve transfigurar-se realmente em sua forma geral, o dinheiro.

Se, no "salto-mortal" para o dinheiro a mercadoria sucumbe, o produtor também soçobra. O dinheiro é, portanto, fundamento das relações entre os produtores privados e, por outro lado, o único critério quantitativo admissível para a avaliação do enriquecimento privado.

É preciso ressaltar que essas formas de avaliação da riqueza são constitutivas da economia monetário-capitalista e de seu desenvolvimento. Nesse sentido, a finança não deve ser entendida como um processo "externo" ou uma perversão do capitalismo contemporâneo.

A financeirização não é, portanto, uma deformação do capitalismo, mas a realização de sua natureza. Realização essa que exaspera seu movimento contraditório: na incessante busca da "perfeição", ou seja, a acumulação de dinheiro a partir do dinheiro, o regime do capital excita as esperanças do capital e marginaliza os submetidos à sua lógica implacável.

Keynes procurou mostrar que, a reiteração do circuito D-M-D', ao longo dos sucessivos ciclos de criação de valor, tende a multiplicar os estoques de direitos sobre a riqueza e a renda, levando a uma maior participação na riqueza total.

Esse sistema complexo, em sua evolução, engendrou uma forma interessante de criar dinheiro para dar início ao jogo do mercado. O dinheiro criado pelos bancos foi adquirindo um caráter universal, ou seja, deve ser aceito em todas as negociações, transações e, sobretudo, na marcação do valor da riqueza registrada nos balanços. Não só as mercadorias têm de receber o carimbo monetário, mas a situação patrimonial, devedora ou credora das empresas e dos bancos deve estar registrada nos balanços. Nesse caso, o dinheiro aparece em sua função de reserva de valor, forma geral da riqueza.

O Estado é o senhor da moeda, mas os bancos, sob a supervisão e o controle do Banco Central, são incumbidos da criação monetária. Os "fluxos de crédito" promovem contínuas mudanças na composição nos estoques de riqueza. São íntimas as relações entre o avanço do sistema de crédito e a acumulação de títulos que representam direitos sobre a renda e a riqueza.

Gerado ao logo de vários ciclos de dinheiro de crédito, esse estoque de certificados de propriedade (ações) e títulos de dívida é avaliado diariamente nos mercados organizados. Essa avaliação depende fundamentalmente das expectativas dos agentes do mercado. Essas expectativas flutuam conforme as ondas de otimismo e pessimismo ou, se quiserem, conforme a alternância entre a ganância e o medo.

Na crise do subprime de 2007-2008, os mercados financeiros perderam a capacidade de avaliar os preços dos ativos. O medo esmagou a ganância. Os senhores da riqueza financeira precipitaram seus portfólios na busca desesperada pelo dinheiro. Se todos querem vender, ninguém quer comprar. Só o provimento de grana pelo Banco Central salva os desesperados. Os bancos centrais salvaram e estão a salvar. Os mercados socorridos aprofundam as divergências abissais entre a valorização das ações nas bolsas de valores e a derrocada do circuito de formação da renda e do emprego.

Joseph Schumpeter chamou a teoria que estuda a engrenagem financeira do capitalismo de Teoria Creditícia da Moeda e não Teoria Monetária do Crédito. Não se trata de uma troca de palavras, mas de uma transposição semântica. A expressão Creditícia da Moeda pretende subordinar a circulação monetária às relações credor-devedor, o que atribui ao portador dos títulos de dívida o direito de "apropriação" e, no caso de inadimplemento, de "expropriação" dos fluxos de rendimentos futuros ou do valor do estoque de capital existente ou em formação.

Para Schumpeter, assim como para Keynes e Karl Marx, a economia em que vivemos ou tentamos sobreviver não é uma economia simples de intercâmbio de mercadorias. É uma economia mercantil, monetária e capitalista. Nela as decisões de produção envolvem inexoravelmente a antecipação de dinheiro agora para receber mais depois.

A mobilização de recursos reais, bens de capital, terra e trabalhadores depende de adiantamento de dinheiro pelos bancos e assunção de dívidas pelos empreendedores. Para que o crescimento seja possível, disse Schumpeter, o estoque de crédito deve crescer além do requerido para operação corrente da economia capitalista.

Encerro este Prefácio prestando reverência ao critério adotado por Leonardo Nunes para avaliar os comportamentos das classes abastadas e poderosas.

Diante das frequentes derrotas infligidas às iniciativas "reformistas", é imperioso retomar os paradigmas que abordam as diferenças de poder real entre classes sociais. Nunca foi tão profundo o conflito entre a dinâmica econômica do capitalismo e as condições requeridas para a efetivação do projeto iluminista da Liberdade, Igualdade e Fraternidade.

O modelo chinês do socialismo de mercado ensina que essa forma de organização da economia teria conseguido, em boa medida, reduzir as incertezas que inevitavelmente nascem do processo de acumulação acelerada.

Seria possível, portanto, mitigar os inconvenientes da rápida introdução do progresso técnico e da incessante reestruturação produtiva, requeridos pelas cambiantes condições da concorrência internacional. Ou seja, o estilo chinês de desenvolvimento teria conseguido colocar sob relativo controle as externalidades negativas causadas pelos freqüentes deslocamentos na estrutura do emprego, da produção e pelas alterações nas posições relativas de renda e de riqueza. A isto o economista japonês Michio Morishima (1982) chamou da "combinação ótima" entre o máximo de competitividade e o máximo de cooperação e planejamento.

LUIZ GONZAGA BELLUZZO

AGRADECIMENTOS

Em primeiro lugar, eu gostaria de expressar meus mais profundos agradecimentos ao meu orientador de tese, Rémy Herrera, por todo o apoio, orientação e paciência. Seu entusiasmo pelas questões do subdesenvolvimento e dos países periféricos, assim como seus comentários e observações sobre este livro foram, sem dúvida, de fundamental importância para a realização deste trabalho. Agradeço à Universidade de Paris 1 Panthéon-Sorbonne por sua recepção calorosa e pela estrutura do seu programa de doutorado.

Em segundo lugar, gostaria de agradecer a Gabriel Aidar por ler e comentar todos os rascunhos deste livro. Agradeço a Bruno de Conti por ler e comentar a versão final. Além disso, agradeço a Mauricio Sabadini, Rodrigo Teixeira, Felipe Borim e Tomas Rotta pela leitura e comentários de vários trechos da obra.

O acesso aos entrevistados não teria sido possível sem a ajuda de vários amigos. Agradeço especialmente a Eva Maria Chiavon, Gabriel Galípolo, Marcos Adolfo Ferrari, Jorge Araújo Messias, José Luis Gordon, Marcelo Peixoto, Eduardo Xavier e Rafael Cagnin. Agradeço também a Camila Gramkow pelas discussões metodológicas e questionamentos relacionados à tradução deste livro.

Agradeço profundamente a todos os entrevistados, que ajudaram a expandir meus horizontes e a reformular muitas de minhas hipóteses. Agradeço a todos os entrevistados anônimos, que não podem ser citados por motivos de confidencialidade. Agradeço especialmente, em ordem alfabética, os entrevistados Arno Augustin, Carlos Kawall, Dyogo Oliveira, Gleisi Hoffmann, Jaques Wagner, José Augusto Fernandes, Júlio de Almeida, Luciano Coutinho, Luiz Gonzaga Belluzzo, Nelson Barbosa, Pedro Wongtschowski e Venilton Tadini.

À minha família, agradeço profundamente por todo o amor e apoio ao longo da minha vida. Sinto-me abençoado pelos meus filhos (Marcos e Pedro), pelos meus pais (Sila e Adir), que sempre estiveram ao meu lado, pelo meu irmão (Marcos), que sempre estará no meu coração, e pela minha esposa (Thaís), cujo apoio tem sido fundamental nesta jornada. A meu pai, agradeço especialmente pelo apoio na tradução da tese.

Agradeço à Universidade de São Paulo (USP) pelo meu curso de graduação e à Universidade Estadual de Campinas (Unicamp), que, durante o meu mestrado, estimulou meu interesse pela economia brasileira. Por último, mas não menos importante, gostaria de agradecer a Ruy Fausto, infelizmente falecido em 2020, pela amizade, pelos seus ensinamentos e pelos seus valores humanísticos. Se ele ainda estivesse aqui, ele faria parte do júri da minha tese.

LISTA DE ENTREVISTADOS

Entrevistado 1 – Julio de Almeida

Diretor-executivo do Instituto de Estudos de Desenvolvimento Industrial (IEDI); Secretário de Políticas Econômicas (Ministro das Finanças) – Governo Lula da Silva.

Entrevistado 2 – Venilton Tadini

Economista e Mestre em Economia na USP; Presidente da Associação Brasileira de Infraestrutura e Indústria Básica (ABDIB); Diretor da Secretaria do Tesouro Nacional; Diretor do BNDES; Presidente do Banco Fator.

Entrevistado 3 – Luiz Gonzaga de Mello Belluzzo

Professor do Instituto de Economia (IE) na Universidade Estadual de Campinas (Unicamp); Secretário de Políticas Econômicas do Ministério das Finanças – Governo José Sarney.

Entrevistado 4 – Dyogo Henrique de Oliveira

Presidente do BNDES – Governo Michel Temer; Ministro do Planejamento – Governo Michel Temer; Secretário Executivo do Ministério das Finanças – Governo Dilma Rousseff.

Entrevistado 5 – Carlos Kawall Leal Ferreira

Secretário do Tesouro Nacional – Governo Lula da Silva; Diretor do BNDES – Governo Lula da Silva; Economista-Chefe no Citibank; Economista-Chefe do Banco Safra.

Entrevistado 6 – Nelson Henrique Barbosa Filho

Ministro das Finanças – Governo Dilma Rousseff; Ministro do Planejamento – Governo Dilma Rousseff; Secretário de Políticas Econômicas (Ministro das Finanças) – Governo Lula da Silva.

Entrevistada 7 – Gleisi Helena Hoffmann

Deputada Federal (PT-PR); Ex-Presidenta Nacional do Partido dos Trabalhadores (PT); Chefe de Staff da Presidência da República – Governo Dilma Rousseff.

Entrevistado 8 – Jaques Wagner

Senador da República (PT-BA); Governador do Estado da Bahia: 2007-2014; Ministro-Chefe da Casa Civil – Governo Dilma Rousseff.

Entrevistado 9 – José Augusto Fernandes

Diretor de Políticas e Estratégias da Confederação Nacional Brasileira da Indústria (CNI).

Entrevistado 10 – Arno Hugo Augustin Filho

Secretário do Tesouro Nacional – Governos Lula da Silva e Dilma Rousseff.

Entrevistado 11 – Pedro Wongtschowski

Presidente do Conselho de Diretores do Grupo Ultra; Presidente do Conselho da EMBRAPII (Companhia Brasileira de Pesquisa e Inovação Industrial); Presidente do Instituto de Estudos de Desenvolvimento Industrial (IEDI); Membro do Conselho de Diretores da Embraer S.A. e Votorantim S.A.

Entrevistado 12 – Luciano Galvão Coutinho

Presidente do BNDES – Governos Lula da Silva e Dilma Rousseff.

INTRODUÇÃO

O Partido dos Trabalhadores (PT) foi fundado em 1980, no contexto da primeira greve geral dos metalúrgicos do ABC paulista em 1979,[2] liderada pelo torneiro mecânico e sindicalista Luiz Inácio Lula da Silva, tendo como base sindicatos e trabalhadores do campo, parte da Igreja Católica, intelectuais e artistas identificados com o campo da esquerda.[3] O PT nasceu com tendências radicais e outra mais moderadas, mas sobretudo ao longo da década de 1990 consolidou-se uma hegemonia reformista dentro do partido.

Após um período de 21 anos de ditadura militar (1964-1985), o Brasil elegeu indiretamente o civil Tancredo Neves para a presidência da República, que morreu antes de tomar posse. Em seu lugar, assumiu o vice-Presidente José Sarney (1985-1990). A eleição de 1989, primeira eleição direta pós-ditadura, deu a vitória a Fernando

---

2 A sigla ABC faz referência aos Municípios de Santo André, São Bernardo do Campo e São Caetano do Sul, que fazem parte da região metropolitana de São Paulo e concentravam parte considerável da indústria metalúrgica do país. A campanha salarial da categoria em 1979 aconteceu no contexto das greves deflagradas a partir de maio de 1978, que reuniram milhares de trabalhadores em um dos primeiros movimentos grevistas após o golpe militar de 1964. Ver: https://smabc.org.br/os-30-anos-da-primeira-greve-geral-dos-metalurgicos/.

3 Disponível em: https://pt.org.br/nossa-historia/.

Collor (1990-1992), que sofreu *impeachment* em 1992, dando lugar ao vice-Presidente Itamar Franco (1992-1995). Em 1994, na esteira do Plano Real, que enfrentou a hiperinflação vigente desde os anos 1980, foi eleito o sociólogo Fernando Henrique Cardoso, que foi reeleito em 1998.

Após três derrotas consecutivas em eleições presidenciais (1989, 1994 e 1998), Lula da Silva foi eleito Presidente da República no ano de 2002, a partir de um programa reformista e com o compromisso de respeito aos contratos e obrigações do país, que foi expressa na "Carta ao povo brasileiro",[4] publicada na sua campanha para dirimir as incertezas que sua possível vitória traria aos mercados.

O primeiro mandato de seu governo (2003-2006) foi marcado pela austeridade econômica, tanto na política monetária quanto na política fiscal, e por uma relação "amigável" com os mercados. Por outro lado, ao mesmo tempo, foram lançados programas sociais para as parcelas mais carentes da população. A partir de 2005, em razão de casos de corrupção divulgados pela imprensa e também em razão das políticas públicas para as populações desassistidas, começou a haver uma reorientação da base eleitoral do governo, com a substituição da classe média urbana pelo subprotelariado na sua base de sustentação.

Essa reacomodação, denominada como "lulismo",[5] em um contexto econômico internacional extremamente favorável, permitiu a implantação de uma política econômica voltada para ganhos dos diferentes grupos sociais durante o segundo mandato do governo Lula da Silva (2007-2010). A crise internacional de 2008 afetou a economia brasileira, mas as ações anticíclicas adotadas pelo governo

---

4 FOLHA ONLINE. "Leia íntegra da carta de Lula para acalmar o mercado financeiro". *Folha*, jul.2016. Disponível em: https://www1.folha.uol.com.br/folha/brasil/ult96u33908.shtml. Acessado em: 11.04.2024.

5 SINGER, André. *Os sentidos do lulismo*. São Paulo: Companhia das Letras, 2012.

(estímulo ao crédito por meio de bancos públicos, política fiscal expansionista e manutenção dos programas sociais) mantiveram e economia ativa e em 2010 o PIB cresceu 7,5%.

A enorme aprovação do governo, amparada pelo lulismo e também pelo apoio da classe empresarial industrial, pavimentou o caminho para a eleição de Dilma Rousseff, que assumiu seu mandato em 2011 com uma ampla base social e política de apoio herdada de seu antecessor. O novo governo gozava do apoio de movimentos sociais, sindicatos e da classe empresarial industrial. Uma parte importante do programa econômico do governo visava atender à agenda da classe empresarial industrial, mas ao final do seu primeiro mandato havia uma indisposição de parcela expressiva desse mesmo grupo com a Presidenta Dilma Rousseff.

Dessa maneira, a questão que inicialmente me incentivou a escrever este livro foi a de compreender como um governo que adotou várias medidas que, na sua visão interna, favoreciam a classe empresarial industrial, perdeu gradativamente esse apoio a um ponto em que muitos de seus representantes, inclusive uma das suas mais importantes entidades de representação, a Federação das Indústrias do Estado de São Paulo (FIESP), passaram a adotar um discurso crítico em relação ao governo, defendendo abertamente a derrubada da Presidenta da República antes do término do seu mandato. A partir dessa problematização, o livro tem como objetivo compreender os motivos que levaram uma parte importante dos representantes da classe empresarial industrial a defender o *impeachment* da Presidenta, o que foi um dos fatores determinantes para a sua consumação.

A hipótese de que o governo adotou uma agenda econômica que atendia aos interesses da classe empresarial industrial implicava três premissas: (i) existe uma separação entre a fração industrial e a fração bancário-financeira;[6] (ii) a fração industrial é homogênea,

---

6 POULANTZAS, Nicos. *Poder político e classes sociais*. São Paulo: Martins Fontes, 1977.

ou seja, os interesses no interior dessa fração de classe são similares e, portanto, determinadas políticas públicas adotadas pelo Estado atendem ao conjunto dos industriais; (iii) as políticas implementadas pelo governo de fato atendiam à fração industrial.

Num primeiro momento, elaborei o questionário das entrevistas para testar as minhas hipóteses de trabalho, que iam ao encontro da ideia inicial de uma agenda de convergência com a indústria. Entretanto, ao longo das conversas e entrevistas, sobretudo com os integrantes do governo que tinham interlocução direta com o setor produtivo, e mesmo com membros da indústria e do mercado financeiro, percebi que essa separação entre as frações industrial e bancário-financeira é imprecisa e que a fração industrial não é homogênea no que diz respeito aos seus interesses. Por fim, os interesses eram mais difusos e intrincados e não necessariamente a agenda que o governo entendia como próxima à indústria era de fato a sua agenda. Mas de nada adiantaria admitir essa imprecisão sem uma proposta alternativa de classificação, que explicasse melhor os distintos interesses no interior da fração industrial, seus laços com a fração bancário-financeira e as suas formas de representação junto ao governo.

Para tanto, parti do conceito de fração de classes,[7] pois ele traduz a heterogeneidade existente dentro da classe capitalista, que são expressas nas suas diferentes frações (comercial, industrial e bancário-financeira). No entanto, com esses conceitos em mente, proponho uma classificação que seja um pouco mais precisa para o objeto de análise do estudo. A proposta de classificação está mais próxima do conceito de “capital financeiro”,[8] que trata da fusão entre o capital bancário e o capital industrial em economias caracterizadas pela primazia do capital monopolista.

---

7 POULANTZAS, Nicos. *Poder político e classes sociais*. São Paulo: Martins Fontes, 1977.

8 HILFERDING, Rudolf. *O Capital Financeiro*. São Paulo: Nova Cultural, 1985.

Portanto, a classificação original que proponho no livro, quando consideradas as frações industrial e bancário-financeira, será dividida entre os grandes grupos oligopólicos, que denominarei como os "donos do PIB", e os grupos não-oligopólicos, que denominarei como os "sobreviventes da indústria". Essa separação é a mais apropriada para analisar o objeto do estudo por quatro razões: (i) os grandes grupos oligopólicos atuam ao mesmo tempo nas áreas de energia, mineração, siderurgia, infraestrutura, financeira, etc., e, portanto, a separação entre fração bancário-financeira e industrial não é a mais apropriada para explicar essa realidade; (ii) esses poucos, e grandes, grupos oligopólicos representam parcela importante do PIB nacional; (iii) eles possuem canais diretos de interlocução e representação, apartado dos demais empresários, junto aos poderes Executivo e Legislativo; (iv) o governo Dilma Rousseff atacou frontalmente o interesse desses grupos e tentou adotar medidas para favorecer a outra parte da indústria. Portanto, por razões constitutivas de estruturação desses grupos e pela estratégia adotada pelo governo, entendo que essa classificação ajuda a compreender de forma mais precisa o objeto de análise da obra.

Após estabelecer os conceitos iniciais que servirão de alicerce para fundamentar o contexto de conflitos e disputas políticas ao longo do governo Dilma Rousseff, proponho duas inovações no livro. Em primeiro lugar, vou desenvolver e aprofundar uma argumentação contida em Singer,[9] que ressalta como aspecto determinante para a crise política e econômica a estratégia de enfrentamento simultâneo a diversos grupos econômicos por parte do governo, sobretudo na agenda regulatória, mas na perspectiva da divisão por mim proposta entre grupos oligopólicos (donos do PIB) e não-oligopólicos

---

9 SINGER, André. "Cutucando onças com varas curtas: o ensaio desenvolvimentista no primeiro mandato de Dilma Rousseff (2011-2014)". *Novos Estudos CEBRAP*, nº 102, 2015.

(sobreviventes da indústria). Dessa maneira, se o lulismo[10] significou um reformismo fraco e conciliação de classes, aquilo que denominarei como "pacto social-produtivo", que foi o arranjo desenhado no governo Dilma Rousseff, representou um projeto de confrontação, especificamente de enfrentamento aos grandes grupos oligopólicos, defesa da agenda dos grupos não-oligopólicos com a manutenção da base "lulista". Em segundo lugar, vou utilizar as entrevistas qualitativas com altos funcionários do governo e lideranças empresariais para robustecer a análise com informações que não constam na literatura sobre o tema.

Por outro lado, ao contrário do argumento proposto por Singer,[11] vou sustentar que o governo não atendeu plenamente às reivindicações da classe empresarial industrial, pois, conforme mencionado anteriormente, o governo desagradou em diversos momentos aos grandes grupos oligopólicos por meio de sua agenda regulatória, sobretudo com políticas de controle de preços, que são de difícil implementação em setores com ampla participação de empresas privadas. Por essa razão, vou argumentar que a divisão proposta,[12] entre "coalizão rentista" e "coalizão produtivista", não é a mais precisa para analisar os dilemas do governo Dilma Rousseff.

De maneira semelhante, a mesma consideração vale para Boito,[13] que advoga ter havido uma política neodesenvolvimentista, que

---

10 SINGER, André. *Os sentidos do lulismo*. São Paulo: Companhia das Letras, 2012.

11 SINGER, André. "Cutucando onças com varas curtas: o ensaio desenvolvimentista no primeiro mandato de Dilma Rousseff (2011-2014)". *Novos Estudos CEBRAP*, nº 102, 2015.

12 SINGER, André. "Cutucando onças com varas curtas: o ensaio desenvolvimentista no primeiro mandato de Dilma Rousseff (2011-2014)". *Novos Estudos CEBRAP*, nº 102, 2015.

13 BOITO JUNIOR, Armando. *As bases políticas do neodesenvolvimentismo*. São Paulo: Fórum Econômico da FGV, 2012. Disponível em: https://bibliotecadigital.fgv.br/dspace/bitstream/handle/10438/16866/Painel3-NovoDesenvBR-Boito-BasesPolNeodesenv-PAPER.pdf.

oporia um campo neodesenvolvimentista e outro neoliberal ortodoxo e que, dentre outras coisas, teria beneficiado o setor produtivo da grande burguesia interna em detrimento da fração bancária. Ao contrário, sustentarei que o grande setor produtivo e a fração bancária são faces da mesma moeda e muitas vezes estão dentro de um mesmo grupo econômico.

Os grupos não-oligopólicos, que não contam com os mesmos canais de interlocução dos grandes grupos oligopólicos, e que são de maneira geral representados pelas entidades de representação da indústria, foram o alvo da estratégia de política econômica do governo. Nesse sentido, Carvalho[14] denominou a política do governo como "agenda FIESP", o que faz sentido, na medida em que vocalizava os interesses desse grupo naquele momento. No entanto, é necessário enfatizar que essa não era a agenda do conjunto da indústria, mas apenas de parte dela.

Portanto, a questão de como compreender os motivos que levaram uma parte importante dos representantes da classe empresarial industrial a defender o *impeachment* da Presidenta deve ser analisada a partir de dois eixos fundamentais. O primeiro eixo, com uma estratégia absolutamente estruturada, tratava daquilo que a própria Presidenta denominou como "agenda da competitividade" e visava intervir em diversos preços da economia. O segundo eixo, que na prática estruturou-se de maneira mais reativa às condições econômicas vigentes, visava manter as taxas de crescimento em níveis elevados por meio de muitos dos instrumentos utilizados no combate à crise internacional de 2008, mas com uma mudança no padrão de política fiscal de uma lógica de investimentos públicos para outra com foco em subsídios e desonerações.[15]

---

14 CARVALHO, Laura. *Valsa brasileira*: do boom ao caos econômico. São Paulo: Todavia AS, 2018.

15 GOBETTI, Sérgio Wulff; ORAIR, Rodrigo Octávio. "Política fiscal em perspectiva: o ciclo de 16 anos (1999-2014)". *Revista de Economia Contemporanea*, vol. 19, nº 3, 2015.

O desenvolvimento dos argumentos para discutir a hipótese central do livro poderia ser feito por diferentes eixos e minha escolha foi traçar a narrativa a partir dos tempos lógico, tendo como centro de gravidade o conceito de pacto social-produtivo, e subsidiariamente cronológico. Dessa maneira, trato primeiramente das medidas que caracterizaram a constituição daquilo que denomino pacto social-produtivo e depois dos elementos que constituem a derrota do pacto social-produtivo. De maneira geral, mas não sempre, o tempo cronológico coincide com o tempo lógico da constituição desse conceito. A desvantagem dessa abordagem é que algumas vezes há uma impossibilidade de compatibilizá-la com o eixo temático, ou seja, há situações em que temas correlatos são tratados em lugares diferentes.

Após fazer uma revisão bibliográfica a respeito da literatura que trata do subdesenvolvimento e do papel do empresário na história do país, são analisados os elementos que fundamentaram a implantação do pacto social-produtivo. Primeiramente, serão brevemente apresentados os aspectos gerais do governo Lula da Silva, que conseguiu, num contexto externo favorável, por meio de uma ampla aliança de classes e de instrumentos como investimento público, a ampliação do crédito, o aumento do salário mínimo e suas políticas sociais, conciliar crescimento econômico, distribuição de renda e controle da inflação, com ganhos para os diferentes grupos da sociedade. Os resultados positivos do governo criaram as condições para a eleição de Dilma Rousseff e fundamentaram os alicerces para a constituição do pacto social-produtivo.

Na sequência, serão discutidos os aspectos conceituais do pacto social-produtivo. A classificação, quando consideradas as frações industrial e bancário-financeira, será constituída pelos grandes grupos oligopólicos, denominados como os donos do PIB, e os grupos não-oligopólicos, chamados de sobreviventes da indústria. A partir disso, será argumentado que o pacto social-produtivo representou um projeto de confrontação, especificamente de enfrentamento aos grandes grupos oligopólicos (donos do PIB), defesa da agenda dos grupos não-oligopólicos (sobreviventes da indústria) com a manutenção da base "lulista" por meio da consolidação e ampliação dos programas sociais[16] e aumento do salário mínimo real.

Posteriormente, serão discutidas as medidas que constituíram a implantação do pacto social-produtivo, a partir dos seus eixos fundamentais, quais sejam a agenda da competitividade e a política macroeconômica. No que se refere ao primeiro eixo, argumentarei que, ao longo do seu primeiro mandato, a implantação do pacto social-produtivo colocou em prática uma agenda que visava, na visão do governo, aumentar a competitividade do país. Dentre essas medidas, discutirei a redução das taxas de juros e dos *spreads*, a reestruturação do setor elétrico, a modicidade tarifária das concessões, o controle de preços dos derivados do petróleo e a reestruturação do setor portuário brasileiro, que possuíam como característica em comum a intervenção em preços estratégicos da economia. Essas intervenções significavam a tentativa de reduzir, na visão do governo, lucros extraordinários de muitos dos grandes grupos oligopólicos que operam no país, os donos do PIB.

Nesse ponto, é importante tecer duas considerações. Em primeiro lugar, a hipótese de que o governo confrontou os donos do PIB nas medidas acima enumeradas não significa que não tenha havido medidas que os favoreceram, mas apenas que essas medidas foram suficientes para criar uma animosidade deles com o governo. Em segundo lugar, também é verdade que algumas políticas, como por exemplo a dos "campeões nacionais", que visava incentivar a constituição de grandes grupos econômicos nacionais para competir em escala global, favoreceram alguns grupos empresariais específicos. Entretanto, ao contrário do que se pode inicialmente imaginar, essas medidas criaram uma animosidade com os grupos empresariais não contemplados com essas políticas e não necessariamente criou um compromisso político de apoio ao governo por parte dos grupos beneficiados.

---

16 Uma avaliação desses programas sociais está fora do escopo do trabalho.

Ainda no que diz respeito à política dos campeões nacionais, é necessário mencionar que existe algum grau de contradição entre o confronto com os grandes oligopólios e essa política, que visava basicamente a internacionalização das grandes empresas brasileiras no exterior. De qualquer forma, a redução de custos para as empresas decorrente da pauta de competitividade também visava auxiliar essas mesmas empresas que seriam objeto de uma política específica de internacionalização.

Em relação ao segundo eixo, argumentarei que o governo, a partir do segundo semestre de 2011, passou a ter uma postura reativa nas suas medidas de política econômica, de maneira a tentar sustentar taxas de crescimento similares ao governo anterior, dobrando a aposta em muitos dos instrumentos utilizados na saída da crise financeira internacional de 2008, mas com uma mudança no padrão de política fiscal de uma lógica de investimentos públicos para outra com foco em subsídios e desonerações. Dentre o rol de medidas, discutirei a redução da taxa básica de juros, as desonerações, medida compensatória que visava minimizar o "efeito-China" e a perda de competitividade histórica da indústria, o Programa de Sustentação do Investimento (PSI) por meio do Banco Nacional de Desenvolvimento Econômico e Social (BNDES), que objetivava o aumento da taxa de investimento do país, o Programa de Investimento em Logística (PIL), um ambicioso programa de investimentos privados por meio de concessões, que substituiria em parte os investimentos públicos, e a estratégia de industrialização por meio da política de conteúdo local.

Portanto, as principais medidas adotadas pelo governo e que caracterizam a implantação do pacto social-produtivo foram a redução da taxa de juros e dos *spreads* dos bancos públicos, a política de desonerações de impostos, a atuação do BNDES, sobretudo por meio do PSI, a reestruturação do setor elétrico brasileiro, o Programa de Investimento em Logística (PIL), o redesenho regulatório do setor portuário, o controle dos preços dos derivados de petróleo e a política de conteúdo local.

Em primeiro lugar, serão analisadas as medidas de caráter restritivo com o objetivo de frear a atividade econômica no início de 2011, além da tentativa de redução da taxa básica de juros da economia, entre 2011 e 2013, e dos *spreads* cobrados pelos bancos públicos como forma de pressionar os bancos privados a fazerem o mesmo.

Em segundo lugar, serão avaliadas as políticas de desonerações e de atuação do BNDES, especialmente por meio do Programa de Sustentação do Investimento (PSI), ressaltando que essas políticas foram concebidas inicialmente como instrumentos anticíclicos de combate à crise internacional de 2008, mas que foram posteriormente normalizadas até 2014 com o intuito de compensar a indústria pelas condições adversas, sobretudo pelo cenário de apreciação da taxa de câmbio, e de reativar a economia a partir de 2012.

Além disso, serão analisados os principais componentes do redesenho do setor elétrico brasileiro, cujo ponto central foi a remuneração de usinas amortizadas pelos seus custos de operação e manutenção. Além disso, serão considerados os obstáculos para a implementação dessa medida, tais como a não adesão das empresas estaduais de energia, a crise hídrica do período, a falta de regras claras para a definição das indenizações dos ativos não amortizados e a condução do processo pela cúpula do governo.

Em seguida, serão considerados os principais aspectos do PIL. No caso das rodovias, discute-se o modelo de modicidade tarifária, que logrou a concessão de vários trechos, mas com crítica de que exigências de muitos investimentos no início da operação da concessão criaram constrangimentos financeiros aos projetos. Nas ferrovias, setor mais malsucedido do PIL, será ponderado que o insucesso deveu-se às dificuldades na elaboração de bons projetos, problemas de legislação que criavam importantes obstáculos para grandes obras, e pela opção do governo de licitar uma obra para um único empreiteiro, o que, diante dos riscos colocados, afastou quaisquer interessados nessa modelagem. Por fim, nas concessões dos aeroportos, será argumentado que houve avanços importantes e diversas obras forma concedidas, apesar da participação da Infraero ter sido um ponto de atrito com as grandes empreiteiras do país. De maneira geral, a mudança do quadro econômico, que afetou as previsões de demanda dos projetos, e a Operação Lava Jato, criaram dificuldades nos financiamentos das concessões e trouxeram inúmeros problemas econômicos para muitos desses projetos.

A última seção tratará da reestruturação do setor portuário brasileiro. A principal alteração no desenho do setor foi a autorização de operação dos terminais de uso privados, com resultados positivos para a logística e a competitividade do país. Os grupos afetados pela medida estavam mais atrelados ao mundo político e, sob esse ponto de vista, foi um processo de bastante desgaste para o governo pelos interesses enfrentados dentro do Congresso Nacional, e significou mais um momento importante para a consolidação do poder do deputado Eduardo Cunha (PMDB-RJ) na Câmara dos Deputados.

Na quarta parte do trabalho, serão discutidas as medidas determinantes para a derrota do pacto social-produtivo. Primeiramente, serão discutidas as principais características gerais das relações entre o Poder Executivo e o Congresso Nacional, a partir do histórico dessas relações do governo Lula da Silva, e principalmente Dilma Rousseff, com o parlamento. Algumas características da condução dessa relação pelo governo Dilma Rousseff, assim como a atuação do deputado Eduardo Cunha e as manifestações de junho de 2013 serão considerados como marcos importantes na deterioração das relações do governo com a sua base parlamentar. Essa deterioração não está diretamente ligada ao rompimento dos donos do PIB e dos sobreviventes da indústria com o governo, mas por ter atingido um nível expressivo em 2015, num contexto de crise econômica e de manifestações contrárias ao governo, serviu como um elemento importante para esse processo.

Em seguida, será realizado um balanço das medidas de política econômica do pacto social-produtivo, com ênfase na política fiscal, caracterizada pela rigidez de algumas rubricas nos gastos, aumento dos benefícios sociais e substituição de investimentos públicos por aumento nos subsídios e desonerações. Uma consequência importante da deterioração do quadro econômico e das medidas do governo de intervenção em preços foi a queda generalizada das taxas de lucro das empresas, tanto as afetadas por essas medidas, sobretudo os donos do PIB, quanto as demais, os sobreviventes da indústria, fato esse que contribuiu para insatisfação tanto dos donos do PIB quanto dos sobreviventes da indústria em relação ao governo.

Se por um lado as medidas de intervenção em preços desagradaram aos "donos do PIB" e fundamentaram a narrativa de intervencionismo e "estatismo" por parte do governo, por outro lado, a inefetividade das medidas de política econômica do governo em manter as taxas de crescimento semelhantes ao período Lula da Silva e a queda vertiginosa das taxas de lucro durante o governo Dilma Rousseff pavimentaram o caminho dos "sobreviventes da indústria" rumo à oposição, o que colocou o conjunto do empresariado contra o governo.

Na última seção, discutirei que como resposta a esse ambiente conflagrado, o governo reeleito decidiu aplicar um receituário recessivo, no plano econômico, e de confronto ao Presidente da Câmara, no plano político. Além disso, argumentarei que a deterioração econômica e o recrudescimento da Operação Lava Jato, amplamente divulgada pela mídia, adicionaram um elemento decisivo, e colocaram os grupos que já eram contrários ao governo, sobretudo as classes médias tradicionais, nas ruas a favor do *impeachment*, que se concretizaria como o afastamento temporário da Presidenta em abril de 2016, e definitivo em agosto do mesmo ano.

Em síntese, o livro deve ser compreendido no contexto do subdesenvolvimento brasileiro. Se, por um lado, foram abordadas questões mais imediatamente relacionadas à cidadania, como programas sociais de distribuição de renda, acesso a bens de consumo e ensino superior, por outro, é importante destacar a incapacidade de um governo de esquerda, em quatro mandatos, superar aspectos estruturantes do subdesenvolvimento, ao contrário do que aconteceu, por exemplo, no caso de alguns países asiáticos.

Por fim, é importante esclarecer ao leitor que eu trabalhei no governo Dilma Rousseff, de janeiro de 2014 a maio de 2016, até o afastamento da Presidenta, no cargo de assessor especial da secretaria-executiva da Casa Civil. O ministério da Casa Civil funcionava como órgão de coordenação de governo e era diretamente subordinado à Presidenta da República. No sistema parlamentarista europeu, o ministro-chefe da Casa Civil seria comparado à figura do primeiro-ministro, e o secretário-executivo era o seu substituto imediato. O cargo de assessor me permitia acesso ao secretário-executivo(a), mas raramente ao ministro(a) (exceto em grandes reuniões) e nenhum acesso à Presidenta. Além disso, a função não conferia protagonismo ou poder de decisão, mas me permitia contribuir com as políticas públicas e decisões de governo por meio de notas técnicas para assessorar tanto o ministro quanto a Presidenta no processo de tomada de decisões, além de representar o ministério em diversas reuniões e colegiados. Por fim, e talvez o mais importante para o livro, a função que desempenhei dentro do Palácio do Planalto me permitiu ser um espectador privilegiado desse importante momento histórico e me deu acesso a diversos contatos, que utilizei no livro.

A razão dessa explicação é dupla. A primeira é para que o leitor compreenda o lugar de fala daquele que escreve o livro. A segunda razão diz respeito ao método, que inclui entrevistas para a análise das hipóteses subjacentes ao trabalho. Além de dados quantitativos, utilizei os contatos que adquiri no governo para fazer entrevistas qualitativas com pessoas que possuíam funções de alto nível no governo e com empresários e lideranças empresariais. Uma constatação interessante do processo de entrevistas é que, de maneira geral, quanto mais alto o nível de cargo que o entrevistado ocupou no governo, ou quanto mais importante o empresário ou a liderança empresarial, menor a restrição para a publicação do conteúdo das entrevistas. Por outro lado, a maior parte das informações de bastidores ou as explicações detalhadas de alguns processos complexos me foram dadas por pessoas que ocupavam cargos estratégicos, mas não eram os protagonistas. Por essas razões, e pelo fato de ter feito algumas dezenas de entrevistas, publiquei aquelas com as figuras que considerei as mais importantes no processo.

Do lado do governo, a entrevista com ex-secretário do Tesouro Arno Augustin se destaca pela sua importância na agenda regulatória do governo, que será um dos temas centrais da obra, sendo considerado por diversos entrevistados e, à época, por muitas pessoas dentro e fora do governo, um primeiro-ministro "de facto", além de ter sido uma das pessoas mais próximas da Presidenta. Além disso, a entrevista com a ex-Ministra Gleisi Hoffmann também é importante por ter sido Ministra-Chefe da Casa Civil por quatro anos (2011-2014). Já a entrevista com o ex-Ministro Nelson Barbosa é central por se tratar de um dos protagonistas da formulação de política econômica nos governos Lula da Silva e Dilma Rousseff. No caso do ex-Ministro-Chefe da Casa Civil Jaques Wagner, vale destacar sua visão do final do processo, no qual ocupou importante papel.

O ex-Presidente do BNDES (Banco Nacional de Desenvolvimento Econômico e Social), Luciano Coutinho, foi um protagonista na execução das políticas do banco, que teve papel crucial na estratégia de política econômica do governo. O ex-Ministro Dyogo Oliveira também foi um importante formulador e articulador da política econômica no governo Dilma Rousseff e assumiu papel de protagonista no governo Michel Temer. Por fim, o professor Luiz Gonzaga Belluzzo teve papel fundamental na elaboração das políticas anticíclicas adotadas na esteira da crise de 2008 pelo Presidente Lula da Silva. Do lado empresarial, as entrevistas tentaram abarcar as opiniões de empresários e executivos importantes na vocalização dos interesses da indústria e do mercado financeiro, além de dirigentes de algumas das principais entidades de representação do setor industrial, como a CNI (Confederação Nacional das Indústrias), a FIESP, a ABDIB (Associação Brasileira da Infraestrutura e Indústrias de Base) e o IEDI (Instituto de Estudos para o Desenvolvimento Industrial). No caso da FIESP, que foi a entidade mais ativa no apoio ao *impeachment* da Presidenta, fiz algumas conversas com o seu alto escalão, mas a publicação das entrevistas não foi autorizada, talvez devido ao papel da FIESP no processo e ao momento atual do país.

PARTE I

SUBDESENVOLVIMENTO E DEPENDÊNCIA: DA DISCUSSÃO CLÁSSICA AO PACTO SOCIAL-PRODUTIVO

CAPÍTULO I

ELEMENTOS GERAIS DO PACTO DE DOMINAÇÃO INTERNO

O processo de interrupção do "experimento desenvolvimentista"[17] liderado pelo Partido dos Trabalhadores (PT), assim como a queda do governo Dilma Rousseff, tem como um de seus eixos centrais o comportamento da burguesia industrial nacional. Essa fração de classe esteve historicamente em disputa pelos diferentes grupos da sociedade, especialmente pelos seus segmentos "progressistas" e "desenvolvimentistas".[18] Na perspectiva da esquerda reformista, uma aliança entre as classes industrial e trabalhadora seria condição

---

17 O termo tenta abarcar as inúmeras contradições das decisões de política econômica dos governos do PT, que oscilaram entre momentos de ortodoxia e heterodoxia econômica, com políticas sociais inclusivas e setoriais específicas de caráter desenvolvimentista. Essa definição será mais explorada ao longo do trabalho. Para uma visão crítica a essa hipótese, ver, por exemplo, FILGUEIRAS, Luiz; GONÇALVES, Reinaldo; COELHO, Eurelino. A economia política do Governo Lula. Rio de Janeiro: Contraponto, 2007.

18 Conforme veremos ao longo do trabalho, na discussão das diferentes escolas de pensamento.

sine qua non para a execução de um projeto Nacional,[19] e mesmo a sua vertente radical, defendida pelo velho Partido Comunista Brasileiro (PCB), antevia a necessidade de uma revolução burguesa como condição para uma ruptura com o modo de produção capitalista.

De certa maneira, a burguesia industrial nacional serviu como pêndulo ao longo da história para a efetivação de projetos mais ou menos "desenvolvimentistas" e, em alguns casos, mais "progressistas". Portanto, o comportamento histórico de classe desse grupo serve como lastro para compreender os momentos "desenvolvimentistas" e "liberais", "progressistas" e "conservadores" de nossa história, assim como seu ato mais importante na última década, qual seja o rompimento com a base de sustentação do governo Dilma Rousseff, que culminou na sua queda.

Para compreensão desse processo, utilizaremos a burguesia industrial nacional como fio condutor da análise de alguns elementos das principais escolas de pensamento do país nas últimas décadas. Uma das questões centrais abordada por essas diferentes linhas, e que será objeto de investigação do trabalho, é a da possibilidade (ou não) de uma frente composta pelas classes trabalhadora e industrial em torno de um projeto Nacional. A crença (ou não) nessa alternativa acarretou numa clivagem entre "reformistas" de um lado e "adesistas" e "revolucionários" de outro, respectivamente.

Evidentemente, governos de corte mais "progressistas", com políticas industrializantes e/ou de defesa da classe trabalhadora, compuseram uma frente nesses termos. Entretanto, projetos que ousaram algo no sentido de garantir autonomia tecnológica e industrial e/ou centralização financeira foram bloqueados por essa mesma burguesia nacional. O governo Vargas e o II PND servem como exemplos claros dessa afirmação. Além disso, o governo Dilma Rousseff, ao esticar a corda do "lulismo" na direção de um projeto de caráter mais intervencionista, sobretudo com interferência em preços-chave

19 Ao longo do texto detalharemos esse conceito.

da economia, com tentativas de avanço nas esferas supracitadas, também sofreu o mesmo veto, dentro de condicionantes históricas específicas que serão analisadas ao longo do livro.

O pano de fundo desse debate é a estrutura do pacto de dominação interna que permeou a construção da nossa "revolução burguesa periférica".[20] Nesse aspecto, é necessário ressaltar o caráter oligárquico e, portanto, excludente desse pacto, bem como seu viés rentista e patrimonialista. Além disso, esteve sempre presente uma visão antiestatista da burguesia industrial, num contexto paradoxal de excessiva dependência do aparelho do Estado para sua constituição e reprodução. Certamente, essa é uma das razões para entender a contradição, no seio do próprio Estado, das políticas monetária, normalmente entregue à "ortodoxia", e de crédito, muitas vezes entregue ao "desenvolvimentismo".[21] Podemos citar como exemplos os governos Vargas, Kubitscheck, Lula da Silva e Dilma Rousseff.

Tal contradição resulta, dentre outros motivos, da constituição de uma burguesia industrial que, por um lado, não construiu instrumentos para sua reprodução autônoma e, por outro, optou pela linha de menor resistência nas suas relações com o capital externo, seja por falta de condições geopolíticas ou de interesses próprios de classe. Portanto, o caráter débil de nossa burguesia industrial e, consequentemente, de nossa "revolução burguesa", tem três razões principais: a inserção tardia no sistema capitalista, o contexto geopolítico, que permitiu a industrialização, mas bloqueou um projeto

---

20 FERNANDES, Florestan. *A revolução burguesa no Brasil*. Rio de Janeiro: Zahar, 1976.

21 Evidentemente, a gestão da política monetária sempre foi a cidadela da fração bancário-financeira. Entretanto, a burguesia industrial jamais ousou questionar sua hegemonia, seja por falta de força política ou disposição.

autônomo e o aspecto cultural, associado à reprodução de padrões de consumo dos países centrais.[22]

A "revolução burguesa periférica", por meio da inserção tardia no sistema capitalista internacional, limitou nossas possibilidades históricas quanto à autonomia tecnológica e à centralização financeira e definiu um padrão de luta de classes distinto daquele estabelecido nos casos clássicos de "revolução burguesa". A necessidade de reprodução dos padrões de consumo de países centrais, por parte das elites locais, numa estrutura industrial atrasada, foi peça fundamental no processo histórico de concentração de renda. Esse circuito fechado, reforçado pelo elevado contingente do exército industrial de reserva, fruto da ausência de uma reforma agrária, limitou o espaço de ampliação da democracia, no sentido de maior participação popular nos processos de decisão política, e resultou na repressão das massas para manutenção do pacto de dominação interna.

---

22 Sobre a discussão da inserção capitalista tardia, ver: FURTADO, Celso. *Desenvolvimento e subdesenvolvimento*. 1ª ed. Rio de Janeiro: Fundo de Cultura, 1961 e MELLO, João Manuel Cardoso de. *O capitalismo tardio*. São Paulo: Brasiliense, 1982. Sobre a questão geopolítica, ver: TAVARES, Maria da Conceição; FIORI, José Luís. *Poder e dinheiro*: uma economia política da globalização. 7ª ed. São Paulo: Vozes, 2017. Sobre a questão cultural, ver: FURTADO, Celso. *Cultura e desenvolvimento em época de crise*. 1ª ed. Rio de Janeiro: Paz e Terra, 1984.

CAPÍTULO II

SUBDESENVOLVIMENTO, DEPENDÊNCIA E OS EMPRESÁRIOS

Ao longo da história do Brasil, é possível identificar diversos momentos de pequenos surtos de industrialização, desde o século XIX. Entretanto, é a partir de 1930 que se consolida a "Revolução Burguesa brasileira", representada e levada a cabo por Getúlio Vargas. A transição de uma sociedade rural para outra de caráter urbano-industrial passa a ser, naturalmente, objeto de estudo das Ciências Sociais. O processo de industrialização das décadas de 1930 e 1940 criou um clima de otimismo no meio intelectual quanto à possibilidade de um projeto industrializante liderado pela nascente burguesia nacional e, no início da década de 1950, consolidaram-se no país duas importantes vertentes de pensamento com viés nacionalista.

De um lado, o Instituto Superior de Estudos Brasileiros (ISEB), liderado intelectualmente por Hélio Jaguaribe, que enxergava no governo Vargas e na conjuntura brasileira da década de 1950 a possibilidade de um projeto nacional-burguês de caráter interclassista, por meio da atuação do Estado:

> Exemplificando, observaremos que os setores dinâmicos tanto na burguesia quanto na classe média e no proletariado

> se encontram, igualmente, vinculados à promoção do desenvolvimento. O desenvolvimento proporciona à burguesia a carreira capitalista e empresarial que não lhe era possibilitada pela estrutura semicolonial antiga. A classe média, com o desenvolvimento, encontra a oportunidade, de que antes não dispunha, de inserir-se no processo produtivo, constituindo os quadros de administradores e técnicos que tripularão os novos empreendimentos. E o proletariado, com o desenvolvimento, se defronta com um aumento da demanda de trabalho e com sua crescente diferenciação e qualificações, que lhe asseguram novos e melhores empregos, com aumento de seus salários reais e de seu padrão de vida.[23]

Portanto, o ISEB exaltava o papel do empresário e, consequentemente, da burguesia industrial nacional, na liderança de um pacto para a industrialização do país. Cardoso[24] faz um contraponto a essa vertente ao divergir da tese de que essa burguesia industrial seria a mola propulsora do desenvolvimento industrial brasileiro. Ao contrário, a ação empresarial moderna seria derivada de padrões tradicionais e até mesmo irracionais do comportamento econômico empresarial. Além disso, na economia subdesenvolvida a industrialização dependeria de aporte de recursos externos ou poupança forçada canalizada pelo Estado.

A condução do processo político coube, num primeiro momento, às antigas classes médias e à recente pequena-burguesia:

> A formulação das soluções e a condução do processo político coube a grupos sociais ligados às antigas classes médias e à pequena burguesia recém-formada. Exprimiu-se através do

---

23 JAGUARIBE, Helio. *O nacionalismo na atualidade brasileira*. Rio de Janeiro: ISEB, 1958, p. 83.

24 CARDOSO, Fernando Henrique. *Empresário industrial e desenvolvimento econômico no Brasil*. 1ª ed. São Paulo: Edição Europeia dos Livros, 1964.

> nacionalismo como uma ideologia "desenvolvimentista" e "estatizante" que teve a defendê-la estudantes, profissionais liberais, militares, funcionários públicos, técnicos etc., que pertenciam às chamadas elites intelectuais. Estas, por causa da tradição antiga de valorização abstrata do "poder da razão" e pela defesa da idéia de "interêsse nacional", cara em geral às camadas médias, se propuseram transformar o nacionalismo num movimento de inspiração intelectualista capaz de tornar-se "aspiração de todo o povo". A vontade coletiva deveria exprimir-se pelo Estado que, acima das classes e orientado por planos racionais de base técnica, deveria conduzir o desenvolvimento econômico. Ao impulso básico nesta direção dado pelos setores de classe média a que aludimos, fizeram côro, embora orientados por outros valôres, grupos políticos de esquerda e sindicatos operários, que viram nas campanhas nacionalistas uma possibilidade de sensibilizar as massas para os problemas políticos e, ao mesmo tempo, uma forma de levar parte dos grupos dominantes a reagir contra o imperialismo.[25]

A visão do ISEB acabou sendo colocada em segundo plano,[26] principalmente pela ascensão do pensamento da Comissão Econômica para a América Latina (CEPAL), também na década de 1950. A escola cepalina concentrava-se mais nas questões econômicas e menos nas relações de classes e seu texto inaugural tratava do problema da deterioração dos termos de troca e da transição de um modelo

25 CARDOSO, Fernando Henrique. *Empresário industrial e desenvolvimento econômico no Brasil*. 1ª ed. São Paulo: Edição Europeia dos Livros, 1964, p. 88.

26 Por essa razão, o pensamento cepalino será analisado com mais profundidade. Para um resumo das ideias do ISEB, ver, por exemplo, BRESSER-PEREIRA, Luiz Carlos. "As três interpretações da dependência". *Perspectivas*, vol. 38, nº jul./dez. 2010.

primário-exportador, *hacia afuera*, para outro urbano-industrial, *hacia adentro*.[27]

No quadro geral, a economia "periférica" era caracterizada pela exportação de bens primários, com demanda relativamente inelástica, e pela importação de bens industriais, de demanda mais elástica. A histórica deterioração dos termos de troca dos bens primários em relação aos industriais criava uma apropriação de excedente por parte dos países centrais, ou seja, ao invés da operação da teoria das vantagens comparativas, observava-se na prática uma transferência dos frutos do progresso técnico dos países periféricos em direção aos países centrais. A razão principal é a rigidez dos preços na fase descendente do ciclo, especialmente em função da capacidade da classe trabalhadora em manter seus salários no "centro", o que deslocava a pressão para os preços na periferia, aonde a classe trabalhadora era desorganizada e havia uma oferta elástica de mão de obra.[28]

Dessa forma, a solução natural para a superação da situação periférica seria o caminho da industrialização. Entretanto, ela significava o aprofundamento da heterogeneidade estrutural, ou seja, a coexistência de um setor arcaico e de outro moderno, fato esse agravado pela absorção de tecnologia estrangeira poupadora de mão de obra. Essa estrutura gerava uma clivagem entre a parcela da população que se apropriava desse excedente direta ou indiretamente e, portanto, detinha capacidade de reproduzir padrões de consumo dos países centrais, e o restante da população.

Adicionalmente, a industrialização periférica criava constantes pressões no balanço de pagamentos, em virtude das diferenças de elasticidade entre produtos primários e aqueles importados para consumo ou insumos e bens de capital para o processo de "substituição

---

27 PREBISCH, Raúl. "El desarrollo económico de la América Latina y algunos de sus principales problemas". *In*: *Estudio económico de la América Latina*. Santiago: CEPAL, 1949.

28 PREBISCH, Raúl. "El desarrollo económico de la América latina y algunos de sus principales problemas". *Trimestre Economico*, 1996.

de importações". Essa explicação tratava das sucessivas crises de balanço de pagamentos que nortearam o processo de industrialização de setores menos sofisticados para os mais complexos do ponto de vista tecnológico.[29]

Na versão mais bem acabada da visão cepalina,[30] o subdesenvolvimento não era definido como uma etapa para o desenvolvimento, mas uma situação histórica particular, representada pela introdução de empresas modernas em estruturas arcaicas, ou seja, havia uma crítica à ideia clássica de que

> se estes países se industrializassem, isso traria consigo um processo cumulativo e autônomo de crescimento: a teoria de Rostow da "arrancada para o crescimento autossustentado". Em boa medida, isso foi consequência de uma transposição mecânica do modelo da Revolução Industrial europeia dos séculos XVIII e XIX para o caso latino-americano.[31]

No caso de estruturas periféricas mais complexas, como o Brasil, a economia poderia ser dividida em três setores: um setor de subsistência, outro voltado para exportação e um terceiro industrial voltado para o mercado interno. Esse último setor desenvolvia-se por meio da "substituição de importações" e da absorção de tecnologia dos países centrais, ou seja, poupadoras de mão de obra, o que tornava lenta a mudança da estrutura ocupacional da mão de obra.[32]

---

29 TAVARES, Maria da Conceição. *Da substituição de importações ao capitalismo financeiro*. Rio de Janeiro: Zahar, 1972.

30 FURTADO, Celso. *Desenvolvimento e subdesenvolvimento*. 1ª ed. Rio de Janeiro: Fundo de Cultura, 1961.

31 SUNKEL, Osvaldo. "Política nacional de desarrollo y dependencia externa". *Estudios Internacionales*, vol. 1, nº 1, 2012, p. 47.

32 FURTADO, Celso. *Desenvolvimento e subdesenvolvimento*. 1ª ed. Rio de Janeiro: Fundo de Cultura, 1961.

Por fim, o desenvolvimento não era visto apenas a partir do prisma do aumento da produtividade de uma economia, mas envolvia também a superação da heterogeneidade estrutural, isto é, a convivência de uma estrutura moderna e outra arcaica no mesmo sistema econômico. Esse processo seria dirigido e liderado pelo Estado, com apoio da burguesia nacional e da classe trabalhadora.

Entretanto, deve-se ressaltar que a atuação da burguesia nacional foi condicionada pelo caráter subdesenvolvido da economia num contexto de formação de uma sociedade de massas.

> Em primeiro lugar, como as análises feitas indicam, o grande impulso de desenvolvimento partiu de fora do grupo empresarial e foi sustentado por capitais estrangeiros e pela participação direta do Estado na economia. O setor privado da economia nacional ficou, dessa forma, obrigado a uma dura opção: apoiar os movimentos populares que pressionavam no sentido da estatização dos setores básicos da economia ou associar-se aos capitais estrangeiros para tentar o desenvolvimento nos moldes clássicos. A primeira alternativa implicava no risco da perda de contrôle da situação e implicava em que se aceitasse desde o início o caráter supletivo da iniciativa privada. A segunda alternativa permitiria que os valôres básicos do "mundo ocidental cristão" se generalizassem, e com êles a penetração maciça dos monopólios internacionais. Em qualquer dos casos, havia o risco da perda da hegemonia política.[33]

A encruzilhada na qual a burguesia nacional encontrava-se começa a se desfazer a partir da década de 1960, em razão da mudança geopolítica internacional e da crise socioeconômica interna do início

---

33 CARDOSO, Fernando Henrique. *Empresário industrial e desenvolvimento econômico no Brasil.* 1ª ed. São Paulo: Edição Europeia dos Livros, 1964, p. 176.

da década.[34] No plano externo, a Guerra Fria e a Revolução Cubana aumentaram o ativismo norte-americano na América Latina. No plano interno, a estagnação do início dos anos 1960 recolocou no palco das disputas políticas os conflitos que culminaram no suicídio de Vargas, que juntamente com os fatores externos mencionados, levaram o país ao golpe de 1964.

O apoio da burguesia industrial ao golpe de 1964 abriu uma crise intelectual no campo da esquerda, na medida em que mostrou a inviabilidade de uma revolução democrático-burguesa liderada por essa mesma burguesia. A Teoria da Dependência surgiu, portanto, para compreender essa nova etapa da história brasileira. Não por acaso, ela ganhou força dentro do campo da Sociologia, pois o eixo central da discussão foi a discussão sobre o papel da burguesia nacional na arena do conflito de classes. Houve uma cisão entre, de um lado, uma visão "radical", que pregava a ruptura como saída, dado o desinteresse dessa burguesia num projeto democrático-burguês, e de outro lado, uma visão "adesista", que, mesmo reconhecendo a debilidade de nossa burguesia, defendia uma associação com o centro capitalista e colocava as agendas da democracia e da justiça social como prioridades.

Um dos marcos iniciais da Teoria da Dependência foi o artigo "O Desenvolvimento do Subdesenvolvimento" de Andre Gunder Frank. Para o autor,

> o subdesenvolvimento não se deve à sobrevivência de instituições arcaicas e à falta de capital em regiões que permaneceram isoladas da corrente geral da história. Ao contrário, o subdesenvolvimento foi e é gerado pelo processo histórico

34 A visão "reformista" da CEPAL começou a ser questionada também nesse período.

> mesmo que gera o desenvolvimento econômico: o próprio desenvolvimento do capitalismo.[35]

A superação do subdesenvolvimento pressupunha a análise de suas raízes históricas.[36] Frank criticava o dualismo da CEPAL e a ideia em voga de que a industrialização e algum nível de desenvolvimento teriam ocorrido em regiões que possuíam laços mais estreitos com suas respectivas metrópoles. Ao contrário, a industrialização teria se concretizado em situações nas quais os laços com a metrópole eram débeis. Além disso, esse processo teria sido viabilizado em situações históricas particulares, nas quais a metrópole praticamente perdia sua capacidade de veto, como por exemplo, a depressão europeia do século XVII, as guerras napoleônicas, a Primeira Guerra Mundial, a depressão dos anos 1930 e a Segunda Guerra Mundial.

Amparado nessa análise, ressaltava que as burguesias periféricas foram formadas nas correntes do comércio internacional e identificavam-se com os interesses do capital internacional e, portanto, eram desprovidas de qualquer projeto nacional ou de aspirações democráticas.

Marini[37] também aprofundou a crítica à concepção de um projeto nacional lastreado na liderança de uma burguesia industrial, conforme preconizado tanto na visão reformista do ISEB e da CEPAL quanto na visão radical do Partido Comunista Brasileiro (PCB), que enxergava a revolução nacional-burguesa como uma etapa para uma

---

35 FRANK, André Gunder. "O desenvolvimento do subdesenvolvimento". *Monthly Review*, vol. 18, nº 4, 1996, p. 21. Disponível em: https://scholar.google.com.br/scholar?q=leontiev&btnG=&hl=pt-BR&as_sdt=0%2C5#0.

36 FRANK, André Gunder. "O desenvolvimento do subdesenvolvimento". *Monthly Review*, vol. 18, nº 4, 1996. Disponível em: https://scholar.google.com.br/scholar?q=leontiev&btnG=&hl=pt-BR&as_sdt=0%2C5#0.

37 MARINI, Rui Mauro. *A Dialética do Desenvolvimento Capitalista no Brasil*. 1971. Disponível em: https://docs.google.com/document/d/1Yr9TzXf9qlktUy_Y2WFX5OJiVZ-mGSqoB89ZWgTo8wI/edit.

revolução comunista. O fracasso do Plano Trienal e a deposição do Presidente João Goulart serviram como importante ponto de inflexão:

> O fracasso do Plano Trienal, no mesmo ano de 1963, não se deveu em última instância ao fato de que se tratava de uma programação defeituosa, mas sim à contradição mesma que se encontrava na base do governo de Goulart. Nascido de um movimento popular, que teve início em agosto de 1961 e culminou com o plebiscito de 1963, esse governo tinha por missão, do ponto de vista da burguesia, restabelecer as condições necessárias à rentabilidade das inversões, quer dizer, deter a tendência à baixa que acusava a taxa de lucros. A longo prazo, isso significava ampliar o mercado interno através de uma reforma agrária que, enquanto não desse resultados, encontraria compensação na ampliação do mercado externo, buscado pela política externa. A curto prazo tratava-se de disciplinar o mercado existente, contendo o movimento reivindicatório das classes assalariadas. O que significa que, trazendo a marca de um governo popular, deveria reprimir as reivindicações das massas. Assim, quando após o protesto dos grupos independentes de esquerda e dos sindicatos, o PCB se viu forçado a condenar o Plano Trienal (o primeiro projeto de um governo que havia recebido todo o seu apoio), não fazia na verdade senão confessar a impossibilidade de sua "frente única" operário-burguesa. Essa condenação, com efeito, teria que ser feita pelo PCB, qualquer que fosse o plano do governo, já que não são as fases cíclicas de depressão as mais indicadas para que se estabeleça uma colaboração de classes entre a burguesia e o proletariado.[38]

---

38 MARINI, Rui Mauro. *A Dialética do Desenvolvimento Capitalista no Brasil*. 1971, p. 11. Disponível em: https://docs.google.com/document/d/1Yr9TzXf9qlktUy_Y2WFX5OJiVZ-mGSqoB89ZWgTo8wI/edit.

Cabe ressaltar o importante paralelo entre a deposição do Presidente João Goulart e o processo de *impeachment* da Presidenta Dilma Rousseff. Marini[39] destaca a tendência de baixa da taxa de lucros, que também foi fator determinante na perda de apoio do governo Dilma Rousseff por parte dos empresários, e a consequente pressão da burguesia nacional contra as reivindicações populares como fator inviabilizador de uma "frente única" operário-burguesa. Além disso, o autor destacava a dificuldade de formação dessa aliança em fases cíclicas de depressão. Conforme veremos adiante, ambos os fatores estavam presentes no governo Dilma Rousseff e foram determinantes para o seu impedimento.

Diante daquela conjuntura, que guardava traços semelhantes à realidade atual, Marini[40] desenvolveu, no bojo do arcabouço marxista, a tese da "superexploração" do trabalho como elemento estrutural para a manutenção e aprofundamento da situação periférica dos países subdesenvolvidos. Em certa medida, o autor buscou explicar a concentração de renda na América Latina pelo fato de sua estrutura produtiva ter se voltado historicamente para o mercado externo, não havendo necessidade de utilização do mercado interno como mecanismo principal de reprodução do Capital, sendo esse o valor que se valoriza.[41]

> Na economia exportadora latino-americana, as coisas se dão de outra maneira. Como a circulação se separa da produção e se efetua basicamente no âmbito do mercado externo, o consumo individual do trabalhador não interfere na realização do produto, ainda que determine a taxa de mais-valia.

---

39 MARINI, Rui Mauro. *Dialética da Dependência*. 1973. Disponível em: https://edisciplinas.usp.br/pluginfile.php/2795191/mod_resource/content/1/DialéticadaDependência-RuyMauroMarini-exp.popular.pdf.

40 MARINI, Rui Mauro. *Dialética da Dependência*. 1973. Disponível em: https://edisciplinas.usp.br/pluginfile.php/2795191/mod_resource/content/1/DialéticadaDependência-RuyMauroMarini-exp.popular.pdf.

41 MARX, Karl. *O Capital*. São Paulo: Boitempo, 2011.

> Em consequência, a tendência natural do sistema será a de explorar ao máximo a força de trabalho do operário, sem se preocupar em criar as condições para que este a reponha, sempre e quando seja possível substituí-lo pela incorporação de novos braços ao processo produtivo. O dramático para a população trabalhadora da América Latina é que essa hipótese foi cumprida amplamente: a existência de reservas de mão de obra indígena (como no México), ou os fluxos migratórios derivados do deslocamento de mão de obra europeia, provocado pelo progresso tecnológico (como na América do Sul), permitiram aumentar constantemente a massa trabalhadora, até o início do século 20. Seu resultado tem sido o de abrir livre curso para a compressão do consumo individual do operário e, portanto, para a superexploração do trabalho.[42]

A superexploração do trabalho estava, além disso, associada ao intercâmbio desigual. O intercâmbio desigual entre países decorreria das transferências de valor sistemáticas a favor ou contra um país devido às desigualdades entre países avançados e países atrasados tecnologicamente. Portanto, as perdas de mais-valia extraordinária que as burguesias latino-americanas sofriam com esse intercâmbio aprofundavam a necessidade de extração do trabalho excedente no plano interno.[43] Por fim, como fator agravante do processo de industrialização latino-americano, o autor ressaltava que a industrialização era subordinada aos fatores externos, tais como crises comerciais e de balanço de pagamentos, que bloqueavam parcialmente o acesso da esfera alta de consumo para o comércio de importação. Até determinado momento histórico, a industrialização latino-americana

---

42 MARINI, Rui Mauro. *Dialética da Dependência*. 1973, p. 16. Disponível em: https://edisciplinas.usp.br/pluginfile.php/2795191/mod_resource/content/1/DialéticadaDependência-RuyMauroMarini-exp.popular.pdf.

43 Para uma visão crítica, ver, p. ex., SERRA, José; CARDOSO, Fernando Henrique. "Desventuras da dialética da dependência". *Estudos CEBRAP*, vol. 23, 1979.

não era capaz de criar sua própria demanda, mas, ao contrário, era caudatária de uma demanda pré-existente.

Também é importante destacar a contribuição de Florestan Fernandes, fundador da Escola de Sociologia da Universidade de São Paulo (USP), epicentro da versão "adesista" da teoria da dependência, que migrou gradativamente para uma posição acadêmica e política socialista.[44] Enfoca a estruturação do capitalismo dependente a partir dos padrões de luta de classes erigidos nos distintos padrões de "revoluções burguesas".

O autor destacava a particularidade do desenvolvimento dependente àquilo que convencionou denominar "padrões clássicos" de revoluções burguesas. No caso latino-americano, e especificamente brasileiro, a inserção tardia no capitalismo foi responsável por um padrão de luta de classes *sui generis*, ou seja, não havia uma relação unívoca entre padrão de transformação capitalista e padrão de dominação burguesa. Portanto,

> a dominação burguesa aparece como conexão histórica não da "revolução nacional e democrática", mas do capitalismo dependente e do tipo de transformação capitalista que ele supõe.[45]

Fernandes[46] também aponta o paradoxo entre a necessidade de uma estrutura de privilégio de classes, consubstanciada na reprodução de padrões de consumo de países desenvolvidos, e que pressupõe um alto nível de concentração de renda, e a constituição de um sistema político representativo e verdadeiramente democrático.

---

44 FERNANDES, Florestan. *A revolução burguesa no Brasil*. Rio de Janeiro: Zahar, 1976.

45 FERNANDES, Florestan. *A revolução burguesa no Brasil*. Rio de Janeiro: Zahar, 1976, p. 214.

46 FERNANDES, Florestan. *Capitalismo dependente e classes sociais na América Latina*. Rio de Janeiro: Zahar, 1975.

As burguesias dependentes não se comportavam como meras "burguesias compradoras", como em economias coloniais e neocoloniais. Elas apoiavam-se no poder econômico, social e político e possuíam o controle do Estado. Além disso, amparavam-se no suporte externo para modernizar as formas de socialização, cooptação, opressão ou de repressão para manter ou ampliar a dominação burguesa. Essa estrutura tornava muito difícil manter as pressões e conflitos "dentro da ordem".[47] Portanto,

> O "retardamento" da Revolução Burguesa, na parte dependente e subdesenvolvida da periferia, adquire assim uma conotação política especial. A burguesia não está só lutando, aí, para consolidar vantagens de classe relativas ou para manter privilégios de classe. Ela luta, simultaneamente, por sua sobrevivência e pela sobrevivência do capitalismo. Isso introduz um elemento político em seus comportamentos de classe que não é típico do capitalismo especialmente nas fases de maturação econômica, sociocultural e política da dominação burguesa na Europa e nos Estados Unidos. Essa variação, puramente histórica, é, no entanto, central para que se entenda o crescente divórcio que se dá entre a ideologia e a utopia burguesas e a realidade criada pela dominação burguesa. Entre a ruína final e o enrijecimento, essas burguesias não têm muita escolha propriamente política (isto é, "racional", "inteligente"' e "deliberada"). O idealismo burguês precisa ser posto de lado, com seus compromissos mais ou menos fortes com qualquer reformismo autêntico, com qualquer liberalismo radical, com qualquer nacionalismo democrático-burguês mais ou menos congruente.[48]

---

47 FERNANDES, Florestan. *A revolução burguesa no Brasil*. Rio de Janeiro: Zahar, 1976.

48 FERNANDES, Florestan. *A revolução burguesa no Brasil*. Rio de Janeiro: Zahar, 1976, p. 296.

Por fim, uma das versões mais elaboradas e vitoriosas, do ponto de vista acadêmico e político, foi a vertente do capitalismo dependente-associado. Essa visão caracterizava-se pela descrença em relação à capacidade de estruturação de uma burguesia nacional capaz de liderar um projeto de superação de dependência. O golpe de Estado de 1964, que uniu num pacto autocrático a elite nacional e os interesses do capital internacional, reforçou esse diagnóstico.[49]

O próprio processo de industrialização não teria sido o resultado da ascensão e imposição de uma burguesia industrial típica, mas de uma política de acordos entre diversos setores, dentre os quais o agrário até o popular-urbano. Sem a constituição de uma burguesia nacional, cabia aos países dependentes associarem-se aos países centrais para buscar oportunidades de desenvolvimento econômico, por exemplo, por meio de poupança externa, e de ampliação do espaço democrático e de demandas de maior justiça social. Nesse caso, não se tratava mais de uma questão de enfrentamento do Imperialismo, mas sim de compreensão das relações de classe internamente e dessas classes na disputa de interesses com as classes sociais dos países centrais.[50]

No plano histórico, o caráter subdesenvolvido de nossa economia e o contexto geopolítico da década de 1960 levaram o país a um golpe de Estado, conforme observado anteriormente. Entretanto, a aliança de sustentação do regime autoritário, que reunia a burguesia nacional e o capital internacional, sob a tutela das Forças Armadas, começou a dar sinais concretos de desgaste em meados da década de 1970, durante a implantação do II Plano Nacional de Desenvolvimento (PND). O Plano consistia na continuação do "milagre

---

49 CARDOSO, Fernando Henrique; FALETTO, Enzo. *Dependência e desenvolvimento na América Latina*: ensaio de interpretação sociológica. 4ª ed. Rio de Janeiro: Zahar, 1970.

50 CARDOSO, Fernando Henrique; FALETTO, Enzo. *Dependência e desenvolvimento na América Latina*: ensaio de interpretação sociológica. 4ª ed. Rio de Janeiro: Zahar, 1970.

econômico"[51] por meio de um padrão de acumulação baseado na estruturação de um setor de bens de capitais, cuja demanda seria atendida sobretudo por compras estatais.[52]

A iniciativa foi recebida de maneira positiva pelos empresários do setor. Entretanto, uma parte expressiva do setor empresarial tratou o plano com desconfiança, na medida em que demandava um esforço de investimento extremamente alto e ampliava o grau de estatização da econômica.[53] O II PND assustou os setores que compunham o sistema de alianças que embasavam o regime autoritário, especialmente as empresas transnacionais e seus setores nacionais subsidiários ligados ao mercado de bens de consumo duráveis.[54]

Além disso, a evolução da crise internacional da década de 1970 criou um obstáculo significativo para as empresas estatais, cujas encomendas oficiais minguaram. Em função dessa conjuntura, os empresários ligados ao setor de bens de capital tornaram-se críticos da política econômica e, posteriormente, em conjunto com outros grupos empresariais já descontentes e demais setores da sociedade civil, do próprio regime autoritário.[55]

No plano político, em abril de 1977, o Presidente Geisel enfrentou dificuldades para aprovar uma reforma do Judiciário e, por essa razão, fechou temporariamente o Congresso Nacional. O chamado "pacote de abril" causou forte reação na sociedade, incluindo a burguesia

---

51 O "milagre econômico" consistiu no período de 1967 a 1973, no qual a taxa média de crescimento da economia foi de 10,2% a.a.

52 LESSA, Carlos. *A estratégia de desenvolvimento 1974-1976*: sonho e fracasso. Campinas: Unicamp, 1998.

53 LESSA, Carlos. *A estratégia de desenvolvimento 1974-1976*: sonho e fracasso. Campinas: Unicamp, 1998.

54 CARDOSO, Fernando Henrique. "O papel dos empresários no processo de transição: o caso brasileiro". *Revista Dados*, vol. 26, nº 1, 1983.

55 LESSA, Carlos. *A estratégia de desenvolvimento 1974-1976*: sonho e fracasso. Campinas: Unicamp, 1998.

nacional.[56] A confluência desses diversos setores foi a responsável por uma ampla coalizão política, que uniu setores empresariais, sindicatos, segmentos de classe média, intelectuais, Igreja Católica, dentre outros, responsável pela transição política para a democracia no país. Tal coalização seria hegemônica no poder durante a década de 1980. Como pano de fundo, os obstáculos enfrentados pelo II PND e a crise internacional da década de 1970 foram fatores que levaram o país a uma crise do balanço de pagamentos, da dívida externa e a um quadro de hiperinflação na década de 1980.

O quadro da economia brasileira era desafiador e o Plano Cruzado (1986), que significou a volta da inflação e a moratória da dívida externa, foi a principal tentativa dessa coalizão, durante o governo Sarney, para enfrentar a hiperinflação e a crise da dívida externa.[57] O fracasso do Plano Cruzado representou também o fracasso dos empresários industriais, que assumiram a liderança do pacto político, na construção de uma saída para a crise brasileira. O colapso do pacto político democrático e popular representou o ocaso da estratégia nacional-desenvolvimentista, que vigorou desde a década de 1930 com contornos mais ou menos democráticos ao longo das décadas subsequentes, e teve como consequência um vazio político e um vácuo de poder nos fins da década de 1980.[58]

---

56 BRESSER-PEREIRA, Luiz Carlos. "Burocracia pública e classes dirigentes no Brasil". *Revista de Sociologia Política*, vol. 28, 2007.

57 Sobre o Plano Cruzado, ver: BELLUZZO, Luiz Gonzaga de Mello; ALMEIDA, Júlio Sérgio Gomes de. *Depois da queda*: a economia brasileira da crise da dívida aos impasses do Real. Rio de Janeiro: Civilização Brasileira, 2002.

58 Em 1988 foi criado o IEDI (Instituto de Estudos para o Desenvolvimento Industrial), que reunia empresários industriais nacionais e excluía as empresas multinacionais. Essa organização foi a principal porta-voz da ala nacional-desenvolvimentista do empresariado nacional. (DINIZ, Eli; BRESSER-PEREIRA, Luiz Carlos. *Depois do Consenso Noeliberal, o retorno dos empresários industriais?* 2007. Disponível em: http://www.bresserpereira.org.br/papers/2007/07.03.EmpresáriosEliDinizBresserPereira.9Outubro07.pdf. Acessado em: 28.03.2025).

No *front* externo, é imperioso mencionar que a mudança no contexto geopolítico internacional na década de 1980, por meio da consolidação da hegemonia liberal da era Reagan-Thatcher[59] e da queda dos regimes socialistas, assim como a crise da dívida vivida pelo Brasil nesse mesmo período, colocou a vertente radical do pensamento sociológico numa posição extremamente desfavorável nos campos político e acadêmico.

A ascensão do "Consenso de Washington", já na década de 1990, representou a consolidação das políticas liberais e de alinhamento à política externa dos EUA dentro do país e o governo Collor representou a ascensão da hegemonia de uma nova coalizão política:

> Em 1991, com o início do segundo governo Collor, ou seja, com a mudança geral do ministério que ocorre e, especialmente, com a mudança da equipe econômica, a nova coalizão política liberal, conservadora e cosmopolita que estava formando-se desde o fracasso do Plano Cruzado, chega ao poder. A partir de então, o país estará sob o domínio do pacto liberal-dependente – um pacto político excludente constituído fundamentalmente pelos grandes rentistas, o setor financeiro, as empresas multinacionais e os interesses estrangeiros em relação ao Brasil. Dele passam também a ser excluídos os empresários industriais e a burocracia pública que, entre 1930 e 1986, haviam sido as duas principais classes dirigentes. Tanto uma quanto a outra haviam ficado marcadas pelo fracasso do Plano Cruzado, que as havia identificado com o protecionismo e o estatismo, as duas "bêtes noires" da ideologia neoliberal que invadia o país naquele momento de forma triunfante. Com o acordo que o Brasil assina com o Fundo Monetário Internacional (FMI),

---

59 Sobre essa discussão, ver: TAVARES, Maria da Conceição; FIORI, José Luís. *Poder e dinheiro*: uma economia política da globalização. 7ª ed. São Paulo: Vozes, 2017.

> em dezembro de 1991, o país subordina-se formalmente à ortodoxia convencional.[60]

Após o interregno do governo Itamar Franco (1992-1994), que assume depois do impedimento do Presidente Collor, o sociólogo Fernando Henrique Cardoso (FHC) assumiu a presidência em 1995 e consolidou a coalizão política liberal-conservadora que governou o país até 2002. O sociólogo-Presidente uniu sua vertente acadêmica cosmopolita e de negação de uma burguesia nacional aos ventos que sopravam em direção às políticas liberais. O resultado foi uma gestão voltada para as privatizações e para a abertura das contas comercial e financeira do balanço de pagamentos. A principal conquista da década de 1990 foi o controle da inflação por meio do Plano Real.[61]

A exclusão da burguesia industrial nacional da coalizão dominante alcançou seu ápice no governo Cardoso.[62] Em resumo:

> verifica-se um retraimento das organizações de representação de interesses, tanto do lado do capital quanto do trabalho, com o esvaziamento político de entidades do porte da Federação das Indústrias do Estado de São Paulo (FIESP), diante de um estilo francamente tecnocrático de governo, do avanço da

---

60 BRESSER-PEREIRA, Luiz Carlos. "Burocracia pública e classes dirigentes no Brasil". *Revista de Sociologia Política*, vol. 28, 2007, p. 26.

61 Sobre a década de 1990 e o Plano Real, ver: BELLUZZO, Luiz Gonzaga de Mello; ALMEIDA, Júlio Sérgio Gomes de. *Depois da queda*: a economia brasileira da crise da dívida aos impasses do Real. Rio de Janeiro: Civilização Brasileira, 2002.

62 Alguns brasilianistas apontam a fragmentação da classe empresarial industrial como principal responsável por sua fraqueza e capacidade de imposição da sua agenda. Ver, p. ex., MAXFIELD, Sylvia; SCHNEIDER, Ben Ross. *Business and the state in developing countries*. Ithaca: Cornell University Press, 1997 e POWER, Timothy J.; DOCTOR, Mahrukh. *The resilience of corporatism*: continuity and change in Brazilian corporatist structures. Oxford: Centre for Brazilian Studies, University of Oxford, 2002.

> reestruturação produtiva, da expansão dos índices de queda da produção e do emprego, com a desativação de inúmeros setores industriais e um processo de desnacionalização de ampla envergadura, que atingiu vários setores econômicos, inclusive o financeiro.[63]

O estilo de gestão do governo centralizava as decisões estratégicas no Ministério da Fazenda e no Banco Central, que formava o núcleo de decisões econômicas, alinhadas aos canais de interlocução do capital internacional. Os demais ministérios tinham poder apenas periféricos. Nesse novo arranjo, os empresários, que defenderam a retirada do Estado da economia e a abertura política, foram excluídos do processo decisório.[64]

Entretanto, os empresários do setor comercial, do agronegócio e da construção apoiaram firmemente as políticas liberais. Os empresários industriais, por sua vez, apoiaram de maneira geral a política macroeconômica, mas defendiam algum grau de protecionismo e subsídio, sobretudo nos setores têxtil, máquinas e equipamentos, autopeças e eletroeletrônicos, que foram os mais afetados por essas políticas.[65]

Apesar da resistência de uma fração dos empresários industriais, especialmente por meio do IEDI, as principais entidades de classes, como a Confederação Nacional das Indústrias (CNI) e as federações industriais dos Estados de São Paulo e Rio de Janeiro

---

63 DINIZ, Eli. "Globalização, elites empresariais e democracia no Brasil dos anos 90". *Ensaios FEE*, vol. 20, nº 1, 1999, p. 155.

64 DINIZ, Eli. "Globalização, elites empresariais e democracia no Brasil dos anos 90". *Ensaios FEE*, vol. 20, nº 1, 1999.

65 DINIZ, Eli; BRESSER-PEREIRA, Luiz Carlos. *Depois do Consenso Noeliberal, o retorno dos empresários industriais?* 2007. Disponível em: http://www.bresserpereira.org.br/papers/2007/07.03.EmpresáriosEliDinizBresserPereira.9Outubro07.pdf. Acessado em: 28.03.2025.

(FIESP e FIRJAN) cooperaram com a agenda liberal.[66] Pode-se dizer que apesar do impacto negativo em inúmeros setores e a vários empresários, não foi formada uma coalizão perdedora.[67] Uma das razões foi o profundo processo de fusão e aquisição da década de 1990, que atingiu empresas tradicionais do Brasil.

> No âmbito das grandes empresas, observou-se um intenso processo de fusão, aquisição ou associação com grupos estrangeiros, atingindo empresas tradicionais do País, como a Metal Leve, a Cofap e a Freios Varga, no setor de autopeças, a Brasmotor, os Grupos Arno e Refripar, no setor eletroeletrônico, ou, ainda, o Grupo Villares, no setor de siderurgia e aço. Esse processo afetou a posição de lideranças expressivas do passado recente, como José Mindlín, Abraham Kasinski, Celso Varga, Hugo Etchenique, Felipe Arno, Sérgio Prosdôcimo e Paulo Villares. Em outros termos, além da mudança na estrutura física do setor produtivo, houve um processo de esvaziamento de lideranças expressivas ligadas ao antigo modelo. De um lado, os grandes conglomerados, capitaneados pelo capital estrangeiro, de outro, a proliferação de pequenos e microempresários, caracterizados por alta taxa de mortalidade e substituição internas, dão ao empresariado um perfil heterogêneo e segmentado, altamente diferenciado setorial e regionalmente.[68]

---

66 Nesse arranjo, as entidades empresariais tiveram um papel secundário e apoiaram especificamente agendas como a reforma tributária, a reforma trabalhista e o estado mínimo.

67 DINIZ, Eli; BRESSER-PEREIRA, Luiz Carlos. *Depois do Consenso Noeliberal, o retorno dos empresários industriais?* 2007. Disponível em: http://www.bresserpereira.org.br/papers/2007/07.03.EmpresáriosEliDinizBresserPereira.9Outubro07.pdf. Acessado em: 28.03.2025.

68 DINIZ, Eli. “Globalização, elites empresariais e democracia no Brasil dos anos 90”. *Ensaios FEE*, vol. 20, nº 1, 1999, p. 169.

Além disso, os processos de fusão e aquisição e as privatizações abriram espaço para o surgimento de novas lideranças, que assumiram empresas nos setores de infraestrutura (portos, ferrovias e energia) e dos grandes serviços de utilidade pública e mineração. Essas lideranças estavam mais comprometidas com o aprofundamento do modelo de mercado e uma maior articulação com o capital internacional, tendo o Estado com o papel de regulador do sistema econômico.[69]

No caso latino-americano, e especialmente no brasileiro, a década de 1990 foi marcada pela integração no sistema global, concretizada pela liberalização das contas capital e financeira. A abertura financeira acarretou flutuações exacerbadas nas taxas de câmbio (a partir de 1999, com a adoção do regime cambial flutuante) e da taxa de juros. Além disso, a política cambial, amparada na liberalização comercial e nas privatizações, foi responsável pela regressão na estrutura produtiva, ou seja, pela maior especialização e menor diversificação da estrutura industrial.[70] A somatória desses fatores gerou uma dinâmica de baixo crescimento e prejudicou a indústria, que teve como consequência a dissidência de parte da classe empresarial industrial em relação às políticas liberais do governo Cardoso.

No campo da representação empresarial, o IEDI e a FIESP adotaram uma postura crítica aos resultados alcançados pelo governo. Os objetos de crítica foram o nível de abertura econômica, o tratamento diferenciado às empresas estrangeiras, o fechamento do processo decisório e a ausência de uma política industrial.[71] A con-

---

69 DINIZ, Eli; BRESSER-PEREIRA, Luiz Carlos. *Depois do Consenso Noeliberal, o retorno dos empresários industriais?* 2007. Disponível em: http://www.bresserpereira.org.br/papers/2007/07.03.EmpresáriosEliDinizBresserPereira.9Outubro07.pdf. Acessado em: 28.03.2025.

70 CARNEIRO, Ricardo. *Desenvolvimento em crise*: a economia brasileira no último quarto do século XX. São Paulo: Unesp, 2002.

71 DINIZ, Eli; BRESSER-PEREIRA, Luiz Carlos. *Depois do Consenso Noeliberal, o retorno dos empresários industriais?* 2007. Disponível em: http://www.bresserpereira.org.br/papers/2007/07.03.

junção desses fatores viabilizou uma frente de apoio que contribuiu para a eleição de Lula da Silva em 2002.

Apesar disso, conforme será observado ao longo do trabalho, o "lulismo" representou uma coalizão ampla, que dessa vez não teria a liderança da classe empresarial, ao contrário do ocorrido no período nacional-desenvolvimentista. Esse protagonismo foi sendo maturado ao longo do segundo mandato de Lula da Silva e foi consolidado com a eleição de Dilma Rousseff em 2011.

No plano partidário, a ascensão do liberalismo e a nova realidade geopolítica também obrigaram a esquerda a fazer uma reflexão sobre o debate da dependência e do subdesenvolvimento e a principal consequência foi a predominância de uma visão reformista, que se refletiu na postura do PT, principal partido de oposição brasileiro no período pós-redemocratização. O PT foi constituído por diversas tendências internas e, dentre outras clivagens, sempre houve alas reformistas e outras radicais.

É importante ressaltar que a década de 1990, devido à queda do muro de Berlim e suas consequências revisionistas no campo da esquerda, assim como em razão da perspectiva e luta pela chegada ao poder por parte de grupos dentro do partido, inclusive na sua cúpula, foi o momento mais importante de inflexão do PT de uma visão radical para outra mais reformista e pragmática.[72]

O ápice dessa transformação foi a vitória, dentro do partido, daquilo que Singer[73] denominou como "espírito do Anhembi", que se caracterizava por uma postura mais amigável ao capital. Essa metamorfose foi ratificada na famigerada "Carta ao Povo Brasileiro",

---

EmpresáriosEliDinizBresserPereira.9Outubro07.pdf. Acessado em: 28.03.2025.

72 Sobre a transição do Partido dos Trabalhadores (PT) para uma visão mais reformista, ver: SINGER, André. "A segunda alma do Partido dos Trabalhadores". *Novos Estudos CEBRAP*, nº 88, 2010.

73 SINGER, André. *Os sentidos do lulismo*. São Paulo: Companhia das Letras, 2012.

de 2002, que reforçava o compromisso de um possível governo Lula da Silva com o cumprimento dos contratos e sua adesão à agenda macroeconômica liberal, que possibilitou a construção de uma ampla coalizão com a presença de parte expressiva dos empresários industriais.

CAPÍTULO III

O NOVO REFORMISMO BRASILEIRO: LULISMO E O PACTO SOCIAL-PRODUTIVO

Em 2002, Lula da Silva venceu as eleições e manteve seu compromisso de campanha por meio da continuidade na condução ortodoxa da política econômica. No seu primeiro mandato, houve manutenção da ortodoxia nas políticas monetária e fiscal e, portanto, de uma relação amigável com as "frações de classe" dominantes. Em 2005, principalmente em razão de escândalos de corrupção divulgados na mídia, houve uma reorientação desse arranjo, com a substituição da classe média urbana pelo subprotelariado na base de sustentação social do governo.

Essa reacomodação, denominada por Singer[74] como "lulismo", num contexto econômico internacional extremamente favorável, permitiu a implementação de uma política econômica voltada para ganhos dos diferentes grupos sociais durante o segundo mandato do governo Lula da Silva (2007-2010). A crise internacional de

---

74 SINGER, André. *Os sentidos do lulismo*. São Paulo: Companhia das Letras, 2012.

2008 afetou, evidentemente, a economia brasileira, mas as ações anticíclicas adotadas pelo governo (estímulo ao crédito por meio de bancos públicos e política fiscal expansionista) mantiveram a economia ativa e em 2010 o PIB cresceu 7,5%.

De acordo com Singer,[75]

> teria havido, a partir de 2003, uma orientação que permitiu, contando com a mudança da conjuntura econômica internacional, a adoção de políticas para reduzir a pobreza – com destaque para o combate à miséria – e para a ativação do mercado interno, sem confronto com o capital. Isso teria produzido, em associação com a crise do "mensalão",[76] um realinhamento eleitoral que se cristaliza em 2006, surgindo o "lulismo". O aparecimento de uma base lulista, por sua vez, proporcionou ao Presidente maior margem de manobra no segundo mandato, possibilitando acelerar a implantação do modelo "diminuição da pobreza com manutenção da ordem" esboçado no primeiro quadriênio.

Esse processo estaria associado à progressiva substituição da classe média pelo subproletariado na base de apoio dos governos do PT. A formação de uma frente tão heterogênea, integrada pelos setores financeiro, empresarial, trabalhadores organizados e subproletariado, dentre outros, só foi possível num contexto internacional favorável, caracterizado pelo *boom* das *commodities*, que aliado a políticas de estímulo ao consumo e ao investimento, permitiu uma solução de ganhos para diferentes grupos sociais.

O "lulismo", portanto, seria caracterizado pelo encontro da figura do ex-Presidente Lula da Silva e uma fração de classe, nos

---

75 SINGER, André. *Os sentidos do lulismo*. São Paulo: Companhia das Letras, 2012, p. 13.

76 O termo refere-se a uma Ação Penal que investigou a compra de apoio parlamentar para votar projetos de interesse do governo.

termos discutidos acima, qual seja o subproletariado. Esse alinhamento ocorreu pela estratégia de redução da pobreza por meio da ativação do mercado interno, sobretudo nas regiões Norte e Nordeste.[77] Por outro lado, após o escândalo do mensalão, houve um realinhamento no outro polo da política brasileira, que concentrou as classes médias urbanas, reforçando a polarização política do país.

No que concerne ao comportamento da classe empresarial industrial durante o governo Lula da Silva, houve uma mudança no sentido de recuperação do espaço político em relação aos anos 1990. Essa reorientação de atuação significou uma maior aproximação e alinhamento com os centros de poder e de diálogo com outros setores da sociedade. No ano de 2004, a eleição de Paulo Skaf para a FIESP teve um significado de politização da estratégia empresarial, na tentativa de recuperação do protagonismo do empresariado no debate público.[78]

O discurso econômico, por sua vez, tanto da FIESP quanto da CNI, sustentou-se principalmente na redução do chamado "custo Brasil", que consistia na redução da carga tributária, redução de custo para o financiamento da infraestrutura e flexibilização da legislação trabalhista.[79] Apesar da incapacidade de liderar a coalizão hegemônica desde a década de 1990, a classe empresarial industrial logrou sucesso na atuação junto ao Congresso Nacional para aprovação de diversas medidas relacionadas ao "custo Brasil".[80] Por fim, o excessivo

---

77 SINGER, André. *Os sentidos do lulismo*. São Paulo: Companhia das Letras, 2012.

78 DINIZ, Eli. "Empresariado industrial, representação de interesses e ação política: trajetória histórica e novas configurações". *Política e Sociedade*, vol. 9, nº 17, 2010.

79 DINIZ, Eli. "Empresariado industrial, representação de interesses e ação política: trajetória histórica e novas configurações". *Política e Sociedade*, vol. 9, nº 17, 2010.

80 MANCUSO, Wagner Pralon. "O lobby da indústria no Congresso Nacional: empresariado e política no Brasil contemporâneo". *Dados*, vol. 47, nº 3, 2004.

conservadorismo da gestão de política monetária das gestões Antônio Palocci (2003-2006), na Fazenda e Henrique Meirelles (2003-2011) no Banco Central, que foi caracterizada pelo binômio taxas de juros altas e taxa de câmbio apreciada, foi objeto de críticas contundentes do setor empresarial. A gestão Guido Mantega (2006-2010), durante o governo Lula da Silva, mudou a orientação da política econômica para um viés desenvolvimentista e foi responsável pelas primeiras fissuras na frente ampla que caracterizou o "lulismo", aumentando o nível de polarização da ampla frente política mencionada.

Essa crescente polarização atingiu seu ápice ao longo do governo Dilma Rousseff e esfacelou a possibilidade de consolidação daquilo que Vianna[81] denominou como "Estado de compromisso", no qual o "lulismo" arbitraria a negociação de grupos de interesse no interior do Estado, acarretando num processo de despolitização do processo político. Além disso, também comprometeu a crítica de Oliveira,[82] na qual no novo pacto de dominação os dominados realizariam a "revolução moral", representada pela eleição de Lula da Silva e pelo programa Bolsa Família no Brasil e comparado à derrota do *apartheid* na África do Sul, transformando o modelo numa forma de exploração desenfreada.

Entretanto, é possível afirmar que até 2010 o "lulismo" logrou êxito, tanto na sua estratégia de gestão de conflitos, quanto nos resultados econômicos alcançados. A enorme aprovação do governo pavimentou o caminho para a eleição de Dilma Rousseff, que assumiu seu mandato em 2011 com uma ampla base social e política de apoio herdada de seu antecessor.

---

81 VIANNA, Luiz Werneck. "O Estado Novo do PT". *Gramsci e o Brasil*, 2007. Disponível em: http://www.acessa.com/gramsci/?page=visualizar&id=755. Acessado em: 31.03.2025.

82 OLIVEIRA, Francisco de. "O avesso do avesso". *Revista Piauí*, nº 37, 2009.

PARTE II

ASPECTOS ECONÔMICOS DA IMPLANTAÇÃO DO PACTO SOCIAL-PRODUTIVO

O pacto social-produtivo é composto por dois eixos fundamentais. O primeiro eixo, com uma estratégia absolutamente estruturada, tratava daquilo que a própria Presidenta denominou como "agenda da competitividade" e visava intervir em diversos preços da economia. O segundo eixo, que na prática estruturou-se de maneira mais reativa às condições econômicas vigentes, visava manter as taxas de crescimento em níveis elevados por meio de muitos dos instrumentos utilizados no combate à crise internacional de 2008, mas com uma mudança no padrão de política fiscal de uma lógica de investimentos públicos para outra com foco em subsídios e desonerações.

No que se refere ao eixo da agenda da competitividade, a implantação do pacto social-produtivo colocou em prática as seguintes medidas: a redução das taxas de juros e dos *spreads*, a reestruturação do setor elétrico, a modicidade tarifária da concessões no âmbito do PIL, o controle de preços dos derivados do petróleo (assunto a ser tratado no âmbito da Operação Lava Jato) e a reestruturação do setor portuário brasileiro, que possuíam como característica em comum a intervenção em preços estratégicos da economia. Essas intervenções significavam a tentativa de reduzir, na visão do governo, lucros extraordinários de muitos dos grandes grupos oligopólicos que operam no país, denominados no trabalho como os donos do PIB.

Em relação ao segundo eixo, cuja agenda possuía convergência com os interesses dos sobreviventes da indústria, o governo passou a ter uma postura reativa nas suas medidas de política econômica, de maneira a tentar sustentar taxas de crescimento similares ao governo anterior, dobrando a aposta em muitos dos instrumentos utilizados na saída da crise financeira internacional de 2008. Dentre o rol de medidas, tem-se a redução da taxa básica de juros, as desonerações, medida compensatória que visava minimizar o "efeito-China" e a perda de competitividade histórica da indústria e o PSI por meio do BNDES, que objetivava o aumento da taxa de investimento do país.

A segunda parte deste livro analisará os elementos da política macroeconômica que constituíram a implementação do pacto socioprodutivo. Na primeira seção, serão brevemente apresentados os aspectos gerais do governo Lula da Silva, que conseguiu, num contexto externo favorável, por meio de uma ampla aliança de classes e de instrumentos como investimento público, a ampliação do crédito, o aumento do salário mínimo e suas políticas sociais, conciliar crescimento econômico, distribuição de renda e controle da inflação, com ganhos para os diferentes grupos da sociedade. Os resultados positivos do governo criaram as condições para a eleição de Dilma Rousseff e fundamentaram os alicerces para a constituição do pacto social-produtivo.

Na segunda seção, serão discutidos os aspectos conceituais do pacto social-produtivo. A classificação proposta, quando consideradas as frações industrial e bancário-financeira, será composta pelos grandes grupos oligopólicos, denominados como os donos do PIB, e os grupos não-oligopólicos, chamados de sobreviventes da indústria. A partir disso, será argumentado que o pacto social-produtivo representou um projeto de confrontação, especificamente de enfrentamento aos grandes grupos oligopólicos, defesa da agenda dos grupos não-oligopólicos com a manutenção da base "lulista" por meio da manutenção e ampliação dos programas sociais e aumento do salário mínimo real. Na sequência, serão discutidos os marcos que definiram a implantação desse arranjo, a partir dos seus eixos fundamentais, quais sejam a agenda da competitividade e a política macroeconômica.

Na terceira seção, serão analisadas as medidas de caráter restritivo com o objetivo de frear a atividade econômica no início de 2011, além da tentativa de redução da taxa básica de juros da economia, entre 2011 e 2013, e dos *spreads* cobrados pelos bancos públicos como forma de pressionar os bancos privados a fazerem o mesmo. Na última seção, serão avaliadas as políticas de isenção tributária, que foram desenhadas com o objetivo de compensar a indústria por condições internacionais adversas.

CAPÍTULO I

O APOGEU DA ERA LULISTA: EXPANSÃO BASEADA NO CONSUMO E INVESTIMENTO

Este capítulo será destinado a uma breve avaliação geral do governo Lula da Silva, sobretudo dos aspectos positivos, que serviram como fatores de sustentação para a eleição da Presidenta Dilma Rousseff, cuja análise de governo consiste o objetivo principal do livro.[83] O governo logrou um conjunto de condições muito particulares na história do país. Ao mesmo tempo, foram alcançados crescimento econômico, distribuição da renda, controle da inflação num ambiente

---

83 A análise do governo Lula da Silva é propositalmente superficial e busca apenas destacar aspectos gerais positivos. Para uma análise positiva mais aprofundada, ver: BARBOSA-FILHO, Nelson Henrique; SOUZA, José Antonio Pereira de. "A Inflexão do governo Lula: política econômica, crescimento e distribuição de renda". *In*: SADER, Emir; GARCIA, Marco Aurelio (Coord.). *Brasil, entre o passado e o futuro*. São Paulo: Fundação Perseu Abramo, 2010. Para uma visão oposta, ver: BARBOSA FILHO, Fernando de Holanda; PESSOA, Samuel. "Desaceleração recente da economia". *In*: CDPP. *Sob a luz do Sol*: uma agenda para o Brasil. Rio de Janeiro: Centro de Debates de Políticas Públicas, 2014. Disponível em: https://cdpp.org.br/wp-content/uploads/2017/02/Coletanea-Sob-a-Luz-do-Sol_v2509.pdf. Acessado em: 28.03.2025.

livre e democrático para os padrões históricos brasileiros. Sem dúvida, o cenário externo foi fator fundamental para o sucesso das políticas do governo. Entretanto, é necessário ressaltar que um conjunto de decisões políticas direcionou o Brasil para essa trajetória. Dentre elas, destacam-se o acúmulo de reservas internacionais, que permitiu a redução da vulnerabilidade externa, os investimentos em infraestrutura, o aumento real do salário mínimo, as transferências de renda por meio de programas sociais e o estímulo ao crédito, que criaram as condições para um círculo virtuoso de crescimento econômico e inclusão social. O economista Luiz Gonzaga Belluzzo, entrevistado 3 (informação verbal),[84] fez a seguinte análise:

> No primeiro momento, o governo Lula foi submetido a uma pressão, que é habitual nessa situação em que os países, sobretudo os periféricos, hoje chamados emergentes, vivem, tanto que a taxa de câmbio chegou a praticamente R$ 4 e houve um comportamento muito negativo do preço dos ativos, como costuma acontecer, e por isso o Lula fez a "Carta aos Brasileiros" (documento apresentado pelo então candidato Lula da Silva, em 2002, que assumia o compromisso de manutenção dos contratos). Além disso, o Brasil vivia uma situação macroeconômica muito difícil no fim do segundo governo Fernando Henrique (Cardoso). Entre 2002 e 2003 inicia-se a escalada chinesa, que foi o período no qual a China cresceu de maneira ainda mais robusta. Ela já havia crescido nos anos 1970, 80 e 90, porém os anos 2000 foram excepcionais. Então houve o que os economistas chamariam do choque positivo de oferta, ao contrário dos anos 1970, no qual houve um choque negativo de oferta. Enfim, o ambiente era muito favorável e houve uma combinação de uma tendência de os manufaturados terem uma redução de seus preços

84 Entrevista concedida por BELLUZZO, Luiz Gonzaga de Mello. Entrevista III. [04.2019]. Entrevistador: Leonardo Loureiro Nunes. São Paulo, 2019. Anexo IV.

> relativos reais, com um aumento do preço das commodities, cuja consequência foi uma baixa taxa de inflação.

O contexto externo benigno, que pode ser observado a partir da Figura 1, indica a evolução favorável dos termos de troca internacionais do país. A curva mostra uma elevação considerável a partir de 2006, devido ao crescimento econômico mundial, puxado principalmente pela China, que impulsionou os preços das *commodities* agrícolas e minerais,[85] inclusive dos principais produtos da pauta de exportação do país, e provocou a redução do preço dos bens industrializados. Ainda de acordo com a figura, a crise financeira de 2008 provocou uma reversão temporária na tendência dos preços dessas *commodities*, mais precisamente até 2009. Entretanto, a partir de 2010, devido ao aumento da liquidez como mecanismo de combate à crise por parte dos países desenvolvidos, houve um novo ciclo de aumento dos preços das *commodities*,[86] com efeito positivo nos termos de troca do país. Em 2010, houve um avanço de quase 20% em relação a 2006.

---

85 OCAMPO, José Antonio. "The macroeconomics of the Latin American economic boom". *Cepal* Review, nº 93, 2007.

86 GALLAGHER, Kevin P. *The China Triangle*: Latin America's China boom and the fate of the Washington consensus. Oxford: Oxford University Press, 2016.

Figura 1 – Índice de Termos de Troca (média móvel de 12 meses, 2006 = 100)

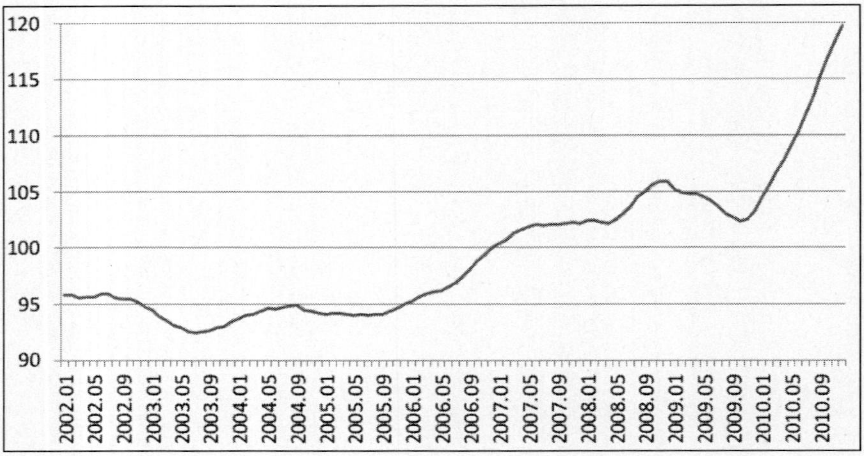

Fonte: Ipeadata/Funcex. Elaboração própria.

O aumento nos preços das *commodities* exportadas pelo Brasil teve impacto significativo na balança comercial brasileira, conforme a Figura 2. Apesar da estabilidade dos termos de troca até 2006, o desempenho da economia mundial impulsionou as exportações, que quase dobraram entre 2002 e 2006. O saldo da balança comercial atingiu US$ 45 bilhões em 2006 e diminuiu ao longo do tempo até 2010, pois o efeito do crescimento interno no período 2006-2010 sobre as importações foi maior do que o efeito da economia mundial nas exportações. De todo modo, no período de 2002 a 2010, as exportações saltaram de aproximadamente US$ 60 bilhões para cerca de US$ 200 bilhões.

Figura 2 – Balança comercial (US$ bi)

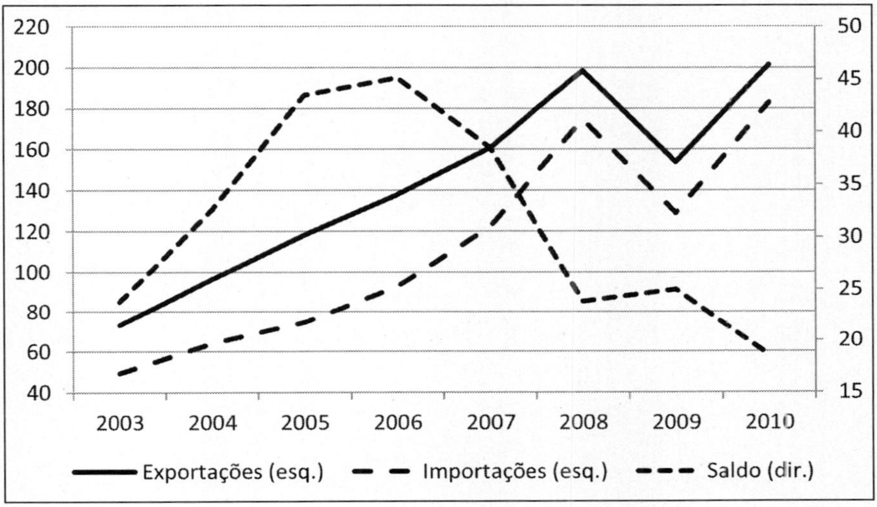

Fonte: Ipeadata/Funcex. Elaboração própria.

O cenário externo favorável, com reflexo na balança comercial brasileira, permitiu a redução da fragilidade externa do país, por meio do acúmulo de reservas internacionais, conforme a Figura 3. As reservas permaneceram estáveis até 2006 e, a partir desse ano, devido a melhora nos termos de troca do país analisada anteriormente, aumentaram consideravelmente, cerca de US$ 57 bilhões em 2006 para aproximadamente US$ 288 bilhões no final de 2010. O acúmulo de reservas gera um custo de carregamento, que consiste na diferença entre o custo de emissão de títulos para esterilizar as reservas, ou seja, para enxugar a liquidez em decorrência da entrada de divisas no país, e o retorno dos títulos nos quais as reservas estão alocadas, que em geral são papéis do Tesouro dos EUA. Apesar desse custo de carregamento, o nível robusto de reservas internacionais, acumuladas de maneira deliberada pelo governo, serviu como importante fator de proteção para que o Brasil não sofresse uma grave crise financeira externa no contexto da crise econômica de 2008.

Figura 3 – Reservas Internacionais – Total (US$ mi)

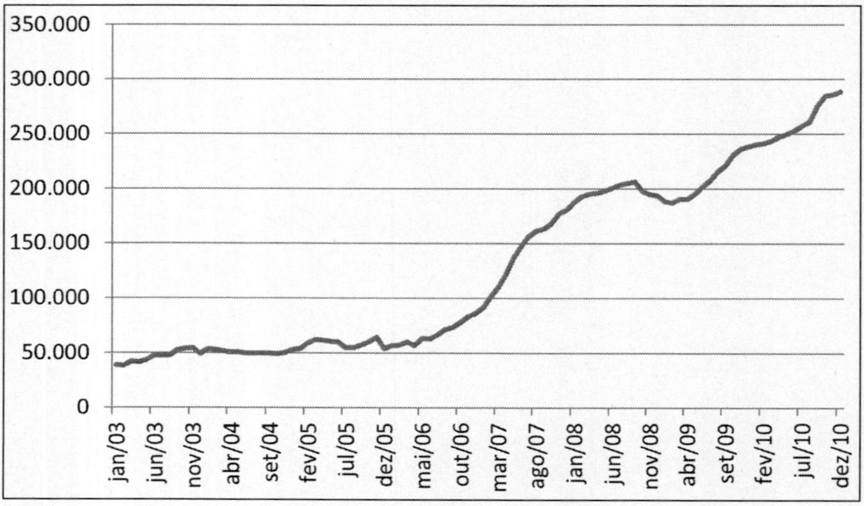

Fonte: BCB. Elaboração própria.

Tabela 1 – Superávit Primário (%PIB)

2003	2004	2005	2006	2007	2008	2009	2010
2,3%	2,7%	2,6%	2,1%	2,2%	2,3%	1,3%	2,0%

Fonte: BCB. Elaboração própria.

No âmbito da política fiscal, o governo Lula da Silva obteve superávit primário durante todos os anos, conforme a Tabela 1. Mesmo a partir 2006, quando ocorreu um relaxamento na política fiscal, o resultado primário foi suficiente para reduzir a trajetória da dívida líquida do setor público em relação ao PIB, como demonstrado na Figura 4. Portanto, a política de crescimento e inclusão social do governo mostrou-se compatível com um sólido resultado fiscal, tanto no que diz respeito ao resultado primário quanto a trajetória do endividamento público. A dívida líquida do setor público, como proporção do PIB, decresceu de cerca de 60% no início de 2003 para menos de 38% em dezembro de 2010.[87]

A melhora do cenário externo contribuiu decisivamente para a trajetória de crescimento da economia brasileira no período. Além disso, o ciclo de consumo e investimento estimulado pelas decisões políticas de governo foram fatores determinantes para o resultado econômico, conforme a Tabela 2. Nela, observamos que o investimento cresceu, no acumulado do período entre 2003 e 2010, 67,4%, enquanto o consumo aumentou no acumulado do mesmo período 41,5%. Por fim, vale destacar que o crescimento econômico, baseado no consumo e no investimento e com o apoio da apreciação da taxa de câmbio, conforme analisado adiante, permitiu o aumento significativo das importações (138,7%), sem pressionar o balanço de pagamentos, em função do comportamento das exportações no contexto internacional já analisado.

87 Para um debate sobre a utilização de indicadores de dívida no Brasil, ver: AFONSO, José Roberto. *Dívida pública no Brasil*: diferentes medidas e significados. EJJL, 2017. Disponível em: https://www.joserobertoafonso.com.br/divida-publica-no-brasil-afonso/. Acessado em: 28.03.2025.

Figura 4 – Dívida Líquida Total – Setor público consolidado – % PIB

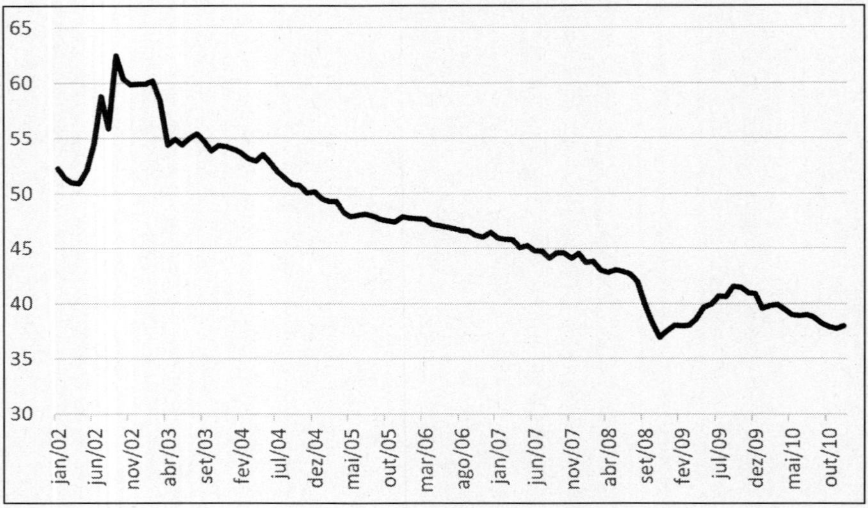

Fonte: BCB. Elaboração própria.

Tabela 2 – Variação % PIB (Componentes da Demanda)

Ano	2003	2004	2005	2006	2007	2008	2009	2010	Variação acumulada 2003-2010
Consumo das famílias	-0,78	3,82	4,47	5,20	6,07	5,67	4,19	7,04	41,5
Consumo do governo	1,15	4,09	2,30	2,58	5,13	3,17	3,90	3,31	28,6
Formação bruta de capital fixo	-4,59	9,12	3,63	9,77	13,85	13,57	-10,30	21,85	67,4
Exportação de bens e serviços	10,40	15,29	9,33	5,04	6,20	0,55	-10,20	11,52	56,3
Importação de bens e serviços	-1,62	13,30	8,47	18,45	19,88	15,36	-11,48	36,18	138,7
PIB	1,15	5,71	3,16	3,96	6,09	5,16	-0,64	7,49	36,6

Fonte: IBGE. Elaboração própria.

O ciclo virtuoso entre consumo e investimento teve como um de seus fundamentos o aumento real do salário mínimo e do salário do funcionalismo público. Tal fato teve reflexo no rendimento do trabalho, conforme a Figura 5. Entre 2003 e 2010, houve um aumento real de mais de 16% no rendimento médio real habitual. Além disso, o crescimento econômico reduziu o desemprego e a taxa de desocupação, que era de 11,6% em 2003, caiu para 6,7% no final de 2010, conforme a Figura 6. Por fim, o crescimento econômico, em conjunto com o fortalecimento dos salários e redução da taxa de desemprego, permitiu o fortalecimento do mercado de trabalho por meio do aumento da proporção de trabalhadores com carteira assinada, conforme a Figura 7. O percentual de trabalhadores formalizados aumentou de 54%, em 2002, para quase 64% em 2010.

Figura 5 – Rendimento médio real habitual (pessoas ocupadas – R$)
Regiões Metropolitanas

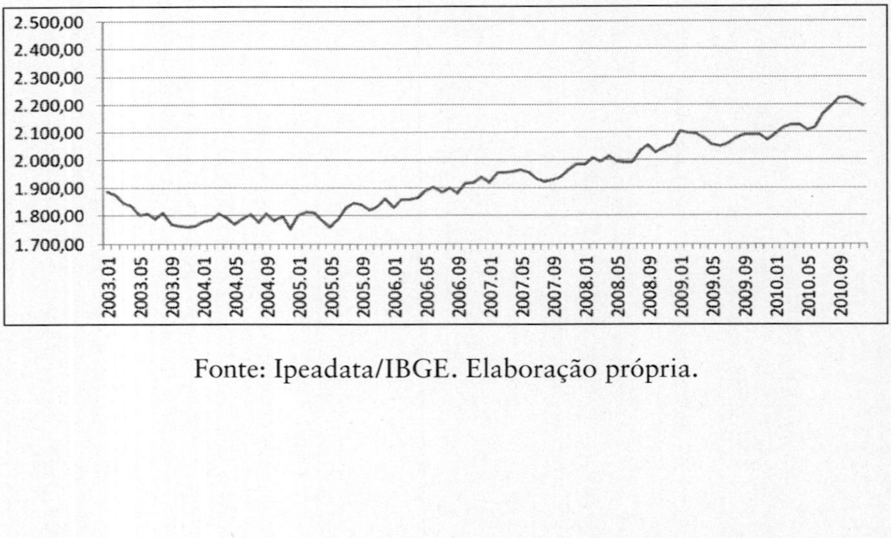

Fonte: Ipeadata/IBGE. Elaboração própria.

Figura 6 – Taxa de desemprego – Regiões metropolitanas

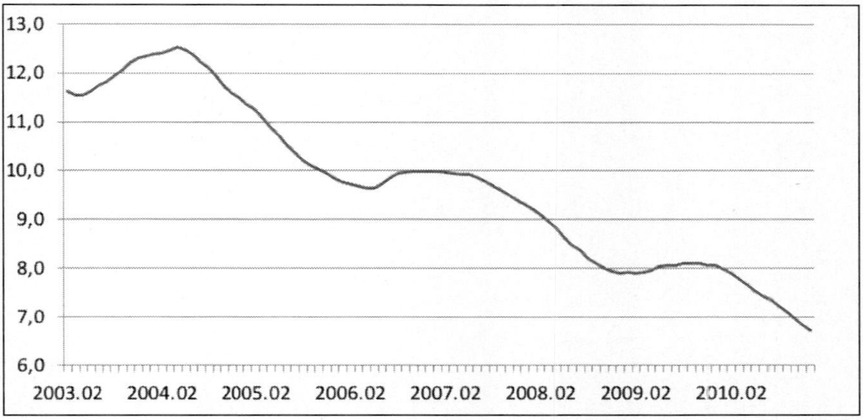

Fonte: IBGE. Elaboração própria.

Figura 7 – Percentual de pessoas com carteira de trabalho assinada, no total de empregados no trabalho principal (%)

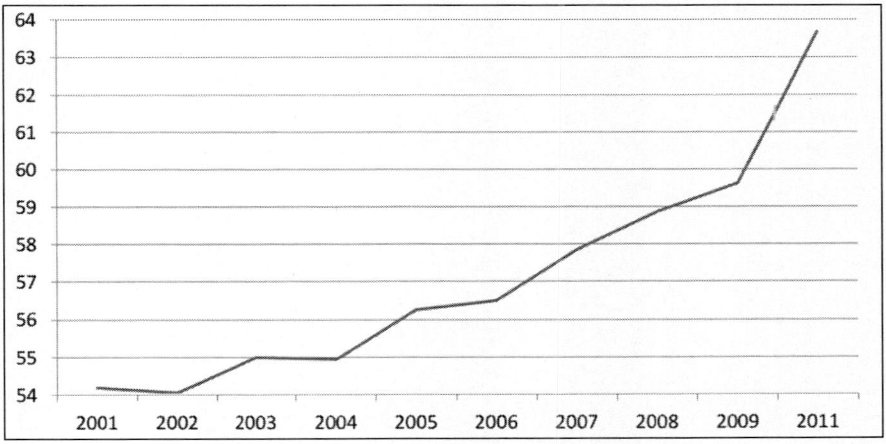

Fonte: PNAD. Elaboração própria.

Outro fator importante a ser destacado no governo Lula da Silva é a inclusão social. O crescimento econômico, num contexto internacional favorável, com geração de emprego e formalização do mercado de trabalho, também permitiu uma melhora na distribuição de renda. A significativa redução da desigualdade do período pode ser explicada pelos seguintes fatores: Trabalho (58%), Previdência (19%), Bolsa Família (13%), Benefício de Prestação Continuada (4%) e Outras Rendas (6%).[88] A consequência do conjunto de políticas de crescimento, salariais e programas de transferência de renda foi a redução do índice de Gini de 0,589 em 2002 para 0,543 em 2009 (Figura 8). Além disso, sob a ótica da renda domiciliar, a participação dos 50% mais pobres subiu de 12,6% em 2002 para 15,5% em 2009, enquanto a participação dos 10% mais ricos decresceu de 47,03% em 2002 para 42,74% em 2009 (Figura 9). Finalmente, houve também um significativo aumento do PIB *per capita*, com aumento de aproximadamente 25% entre 2002 e 2010 (Figura 10).

Figura 8 – Índice de Gini

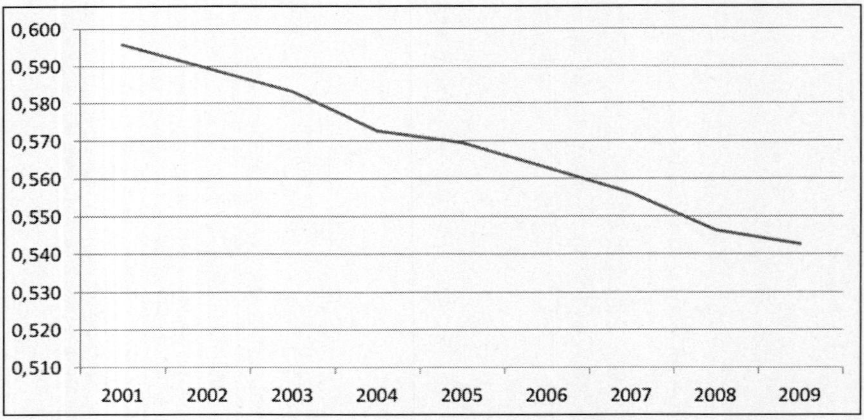

Fonte: Ipea. Elaboração própria. Obs.: Em 2010 não houve PNAD devido à realização do Censo Demográfico.

88 NERI, Marcelo Côrtes; SOUZA, Pedro Herculano Guimarães Ferreira de. *A década inclusiva (2001-2011)*: desigualdade, pobreza e políticas de renda. Brasília: Instituto de Pesquisa Econômica Aplicada (Ipea), 2012.

Figura 9 – Renda domiciliar (%)

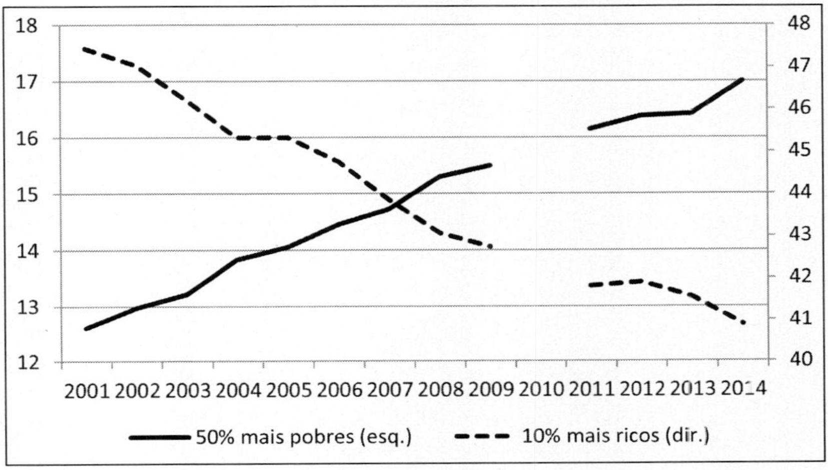

Fonte: Ipeadata e IBGE. Elaboração própria. Obs.: Em 2010 não houve PNAD devido à realização do Censo Demográfico.

Figura 10 – PIB *per capita* real (Índice, 2002=100)

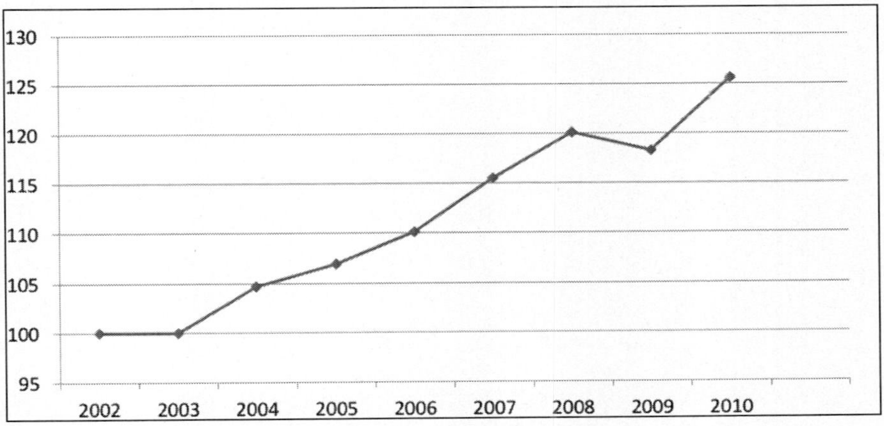

Fonte: Ipeadata e IBGE. Elaboração própria.

O governo Lula da Silva também foi marcado pelo controle da inflação. A estratégia de política econômica visava à manutenção do chamado tripé macroeconômico[89] que consistia num regime cambial flutuante, realização de superávit primário para o controle do endividamento público e um intervalo para a taxa de inflação.[90] Em 2002, ano da primeira eleição de Lula da Silva, a taxa de inflação superou os 12%, devido à pressão cambial gerada pelas incertezas relacionadas à possível política econômica do então candidato Lula da Silva (Figura 11). Ao longo do ano de 2002, a taxa de câmbio real depreciou-se mais de 50% (Figura 12). Entretanto, o Presidente Lula da Silva cumpriu o compromisso de campanha e manteve a mesma arquitetura de política econômica.

O principal instrumento para o controle da taxa de inflação foi a taxa de juros,[91] que chegou a 26% a.a. em 2003 (Figura 13) e permaneceu em patamares elevados durante todo o primeiro mandato (2002/2006). A taxa de juros começa a ser reduzida a partir de 2006, período que coincide com a substituição do Ministro Antônio Palocci, de viés ortodoxo, pelo Ministro Guido Mantega, de viés desenvolvimentista. A elevada taxa de juros permitia o controle da taxa de inflação pela significativa apreciação da taxa de câmbio real,[92] devido ao fluxo de divisas que entravam no país em

---

89 O tripé macroeconômico foi adotado em 1999, início do segundo mandato do ex-Presidente Cardoso (1995-2002). O compromisso com a manutenção dessa estratégia de política econômica foi um dos compromissos do Presidente Lula da Silva para amenizar sua relação com a fração "bancário-financeira".

90 O intervalo da meta de inflação é definido pelo Conselho Monetário Nacional (CMN), que era formado pelos ministros da Fazenda e do Planejamento e pelo Presidente do Banco Central.

91 NUNES, Leonardo Loureiro. *As restrições à política cambial num país com moeda inconversível*: uma interpretação da experiência brasileira recente de apreciação cambial (2003-2007). Campinas: Unicamp, 2008.

92 Sobre o debate da relação entre taxa de câmbio e inflação (*pass-through*), ver: FARHI, Maryse. *Análise comparativa do regime de metas de inflação*: pass-through, formatos e gestão nas economias emergentes.

busca dos juros altos, tendo atingido algo em torno de 100% entre o início do primeiro mandato até agosto de 2008, véspera da crise financeira mundial.

Figura 11 – IPCA (% a.a.)

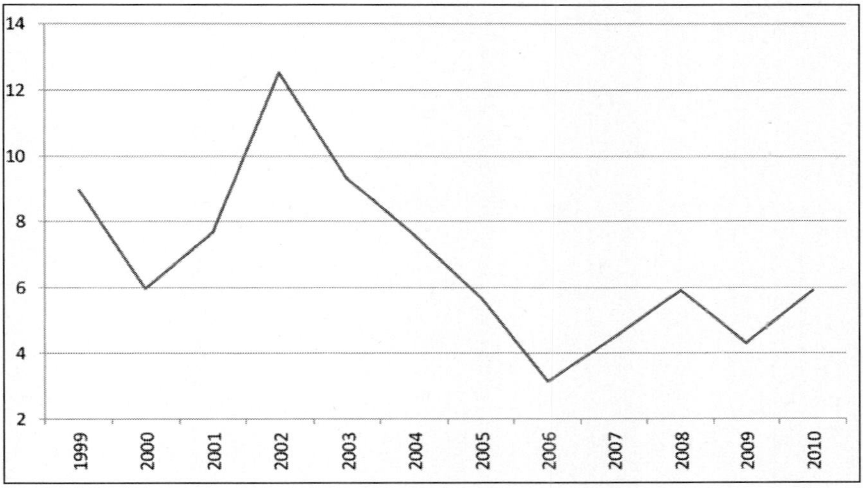

Fonte: IBGE. Elaboração própria.

Campinas: Instituto de Economia Unicamp, 2007. Disponível em: https://www3.eco.unicamp.br/cecon/images/arquivos/publicacoes/publicacoes_23_1395270353.pdf. Acessado em: 28.03.2025 e CORREA, Arnildo da Silva; MINELLA, André. "Nonlinear mechanisms of the exchange rate pass-through: a Phillips curve model with threshold for Brazil". *Revista Brasileira de Ciências Sociais*, vol. 64, nº 3, 2010.

Figura 12 – Índice da taxa de câmbio real efetiva (IPCA) – Jun./1994=100

Fonte: BCB. Elaboração própria.

Figura 13 – Taxa Selic Nominal x Real (IPCA) – acumulado 12 meses

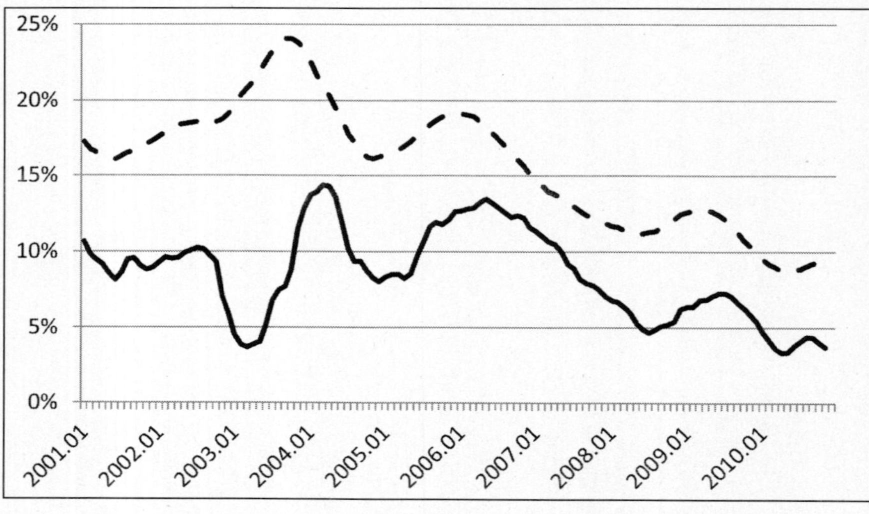

Fonte: BCB e IBGE. Elaboração própria.

A apreciação cambial barateava os produtos "comercializáveis", devido à competição com os importados e esse foi um dos principais fatores que permitiram os ganhos de padrão de consumo da população nesse período. Por outro lado, essa mesma apreciação cambial causou impactos negativos na indústria. A produção industrial da indústria da transformação aumentou aproximadamente 27% entre 2004 e 2010, apesar da redução de 12% durante 2008 e 2009, período da crise financeira internacional (Figura 14).

Entretanto, a desindustrialização não deve ser mensurada pelo crescimento físico da produção industrial, mas por outros fatores, dentre os quais: a proporção de empregos industriais no total de empregos de uma economia, a participação da indústria no PIB ao longo do tempo,[93] o coeficiente de penetração das importações (CPI), que mede a participação do produto importado no consumo aparente do produto e o coeficiente de insumo industrial (CII) importado, que mede a participação dos insumos importados utilizados por um setor na produção de um bem.

---

93 Oreiro e Feijó (OREIRO, José Luis; FEIJÓ, Carmem A. "Desindustrialização: conceituação, causas, efeitos e o caso brasileiro". Revista de Economia Política, vol. 30, nº 2, 2010) observam que a desindustrialização não necessariamente associa-se a "re-primarização" da pauta exportadora, pois pode estar ligada ao aumento de participação de produtos com maior conteúdo tecnológico e maior valor adicionado na pauta de exportações. Por outro lado, quando a desindustrialização está associada à reversão da pauta exportadora, pode haver um sintoma da "doença holandesa". Esse fenômeno decorre da apreciação da taxa de câmbio em função da existência de recursos naturais escassos direcionados para o mercado externo. Sobre a "doença holandesa", ver: PALMA, G.; OTHERS. "Four sources of de-industrialisation and a new concept of the Dutch Disease". *Beyond reforms: structural dynamics and macroeconomic vulnerability*. vol. 3, nº 5, 2005 e BRESSER-PEREIRA, Luiz Carlos; MARCONI, Nelson. "Existe doença holandesa no Brasil?" *IV Fórum de Economia da Fundação Getúlio Vargas*, 2008. Disponível em: http://www.bresserpereira.org.br/papers/2008/08.14.Existe.doença.holandesa.comNelson.Marconi.5.4.08.pdf. Acessado em: 28.03.2025. Esse debate será retomado na análise do governo Dilma Rousseff.

Em 2003 e 2004, a participação da indústria da transformação no PIB cresceu de 14,5% para 17,4%, possivelmente como reflexo defasado da desvalorização da taxa de câmbio em 2002. A partir de 2004, período do *boom* das *commodities* e de apreciação da taxa de câmbio essa participação declina até 2010, conforme a Figura 15. Por sua vez, a participação do emprego industrial no emprego total permaneceu estável em 13,7% entre 2003 e 2010.[94] Por fim, a Figura 16 mostra uma tendência crescente tanto do coeficiente de penetração das importações quanto do coeficiente de insumo industrial em quase todo o período, exceto no auge da crise financeira em 2008 e 2009.

Figura 14 – Produção industrial – indústria de transformação – quantum – índice (média 2002 = 100)

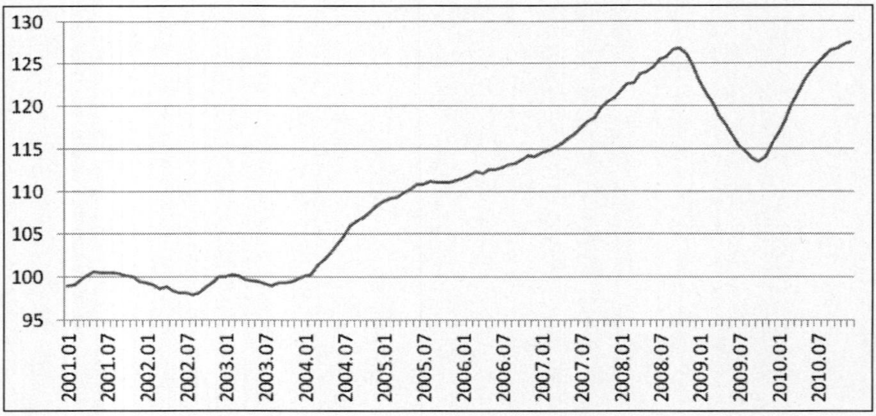

Fonte: IBGE. Elaboração própria.

94 UNIDO. *Industrial Development Report 2016*. Vienna, 2016.

Figura 15 – Indústria da Transformação (%PIB)

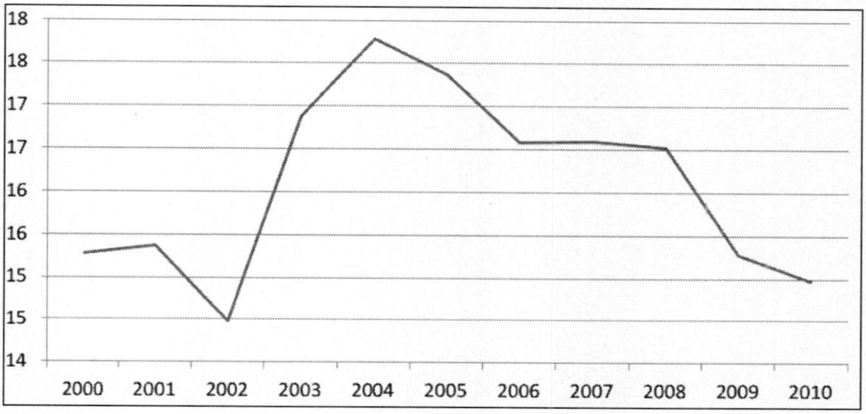

Fonte: Ipeadata e IBGE. Elaboração própria.

Figura 16 – Coeficiente de insumos industriais importados e coeficiente de penetração das importações (Indústria de transformação)

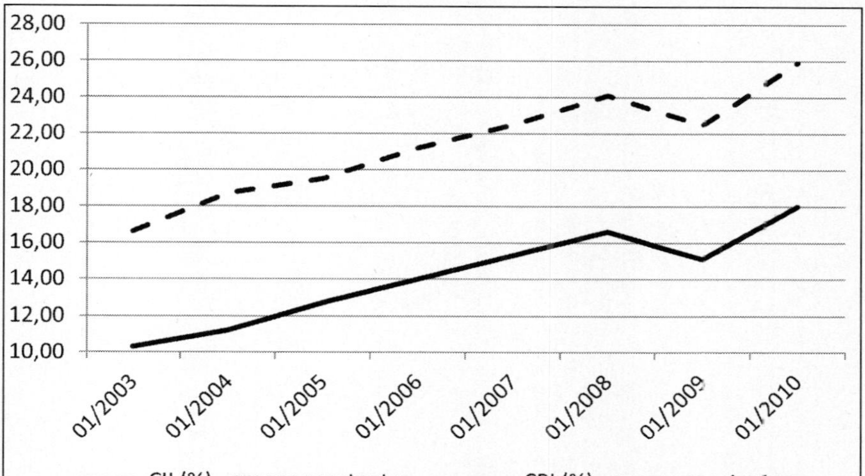

O ciclo de crescimento impulsionado pelo consumo e investimento dependia dos seguintes fatores para manter o seu dinamismo: evolução dos salários e emprego, continuidade do processo de distribuição da renda (aumento do salário mínimo e políticas de transferência de renda), comportamento da taxa de câmbio e, principalmente, crédito para as famílias. Esses diversos componentes deterioraram-se ao longo do governo Dilma Rousseff, conforme analisado adiante, mas alguns sinais de esgotamento já eram notados, especialmente no tocante ao crédito. O endividamento das famílias como proporção da renda cresceu de 15% em 2005 para mais de 30% ao final de 2010 Figura 17. Além disso, do lado da oferta de crédito, os bancos privados adotaram uma postura mais conservadora na concessão de novos financiamentos a partir da crise de 2008, conforme a Figura 18, que mostra uma estagnação da relação entre estoque de crédito em relação ao PIB para instituições financeiras privadas. Tal fato foi compensado pela atuação dos bancos públicos, por decisão política do governo, que aumentaram significativamente seu estoque de dívida em relação ao PIB no período, também conforme a Figura 18.

Figura 17 – Endividamento das famílias (% renda acumulada em 12 meses), exceto crédito habitacional

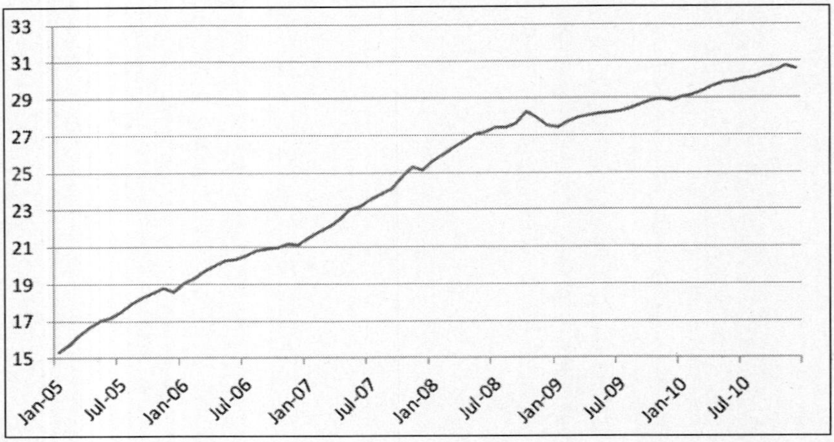

Fonte: BCB. Elaboração própria.

Figura 18 – Saldo das operações de crédito das instituições financeiras (%PIB)

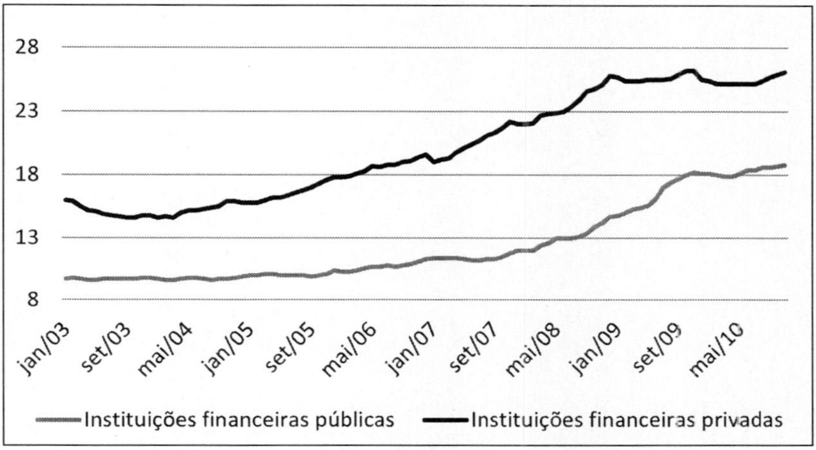

Fonte: BCB. Elaboração própria.

Portanto, pode-se afirmar que o governo Lula da Silva foi marcado pelas seguintes características, talvez únicas quando tomadas em conjunto num único momento histórico: crescimento econômico, distribuição de renda, controle da inflação num ambiente democrático. O *boom* das *commodities* gerou um aumento significativo das exportações brasileiras, que teve como consequência a apreciação da taxa de câmbio. O comportamento da taxa de câmbio, associado à política fiscal e de crédito expansionista e às políticas sociais, impulsionou o crescimento econômico pelo consumo e pelo investimento, gerando um círculo virtuoso na economia.

Apesar dos efeitos deletérios à indústria e aos sinais de esgotamento do ciclo, especialmente no que diz respeito ao crédito, a trajetória econômica do período permitiu a construção de um arco de alianças, amparados no "lulismo", que logrou ganhos para os diferentes setores da sociedade e, por essa razão, viabilizou a vitória da candidata Dilma Rousseff em 2010.

CAPÍTULO II

CARACTERÍSTICAS GERAIS DO PACTO SOCIAL-PRODUTIVO

Lula da Silva terminou seu mandato como o Presidente mais bem avaliado da história do país, sendo que 83% dos brasileiros consideravam seu governo "bom ou ótimo".[95] A ampla popularidade do Presidente fortaleceu o capital político da Presidenta eleita e sua margem de manobra. Esse contexto ajuda a entender as condições objetivas e a natureza da estruturação do pacto social-produtivo.

O pacto social-produtivo não constituiu em um avanço inercial do lulismo. Ao contrário, significou uma repactuação dos acordos vigentes. Não se deve depreender a partir da afirmação anterior que havia um plano completo pré-concebido para a estruturação dessa

95 Ver: FOLHA DE S. PAULO. "Acima das expectativas, Lula encerra mandato com melhor avaliação da história". *Folha de S. Paulo*, 20 dez. 2010. Disponível em: http://datafolha.folha.uol.com.br/opiniaopublica/2010/12/1211078-acima-das-expectativas-lula-encerra-mandato-com-melhor-avaliacao-da-historia.shtml. Acessado em: 21.05.2025.

arquitetura, conforme análise do ex-Ministro da Fazenda Nelson Barbosa, entrevistado 6 (informação verbal):[96]

> a leitura *a posteriori* sempre procura racionalizar o que aconteceu como parte de um plano pré-concebido, mas dificilmente as coisas acontecem desse jeito para quem tem experiência de governo.

Poulantzas[97] apresenta o conceito de frações de classes, que traduz a heterogeneidade existente dentro da classe capitalista e expressa-se nas suas diferentes frações (comercial, industrial e bancário-financeira). Apesar da existência de interesses heterogêneos no interior da classe capitalista, o contexto a ser analisado requer uma classificação um pouco diferente daquela proposta pelo referido autor. No caso do pacto social-produtivo, a classificação está mais próxima do conceito de "capital financeiro" contido em Hilferding,[98] que trata da fusão entre o capital bancário e o capital industrial em economias caracterizadas pela primazia do capital monopolista, na qual os entrelaçamentos entre a produção e as finanças estão cada vez mais fortes e complexos e os movimentos financeiros especulativos interferem fortemente na dinâmica da acumulação.[99]

O pacto socioprodutivo é um arranjo que confronta os interesses do bloco no poder,[100] que pode ser definido pelas relações entre as

---

96 Entrevista concedida por BARBOSA FILHO, Nelson Henrique. Entrevista VI. [05.2019]. Entrevistador: Leonardo Loureiro Nunes. Brasília, 2019. Anexo VII.

97 POULANTZAS, Nicos. *Poder político e classes sociais*. São Paulo: Martins Fontes, 1977.

98 HILFERDING, Rudolf. *O Capital Financeiro*. São Paulo: Nova Cultural, 1985.

99 SABADINI, Mauricio de Souza. "Sobre o conceito de capital financeiro". *Temporalis*, vol. 30, jul./dez. 2015.

100 POULANTZAS, Nicos. *Poder político e classes sociais*. São Paulo: Martins Fontes, 1977.

classes dominantes em suas interações com o Estado capitalista. A hegemonia restrita de uma dessas frações de classe dentro do bloco no poder pode ser definida por sua capacidade de liderar interesses em relação a outras frações de classe dentro do bloco no poder.

Quando essa hegemonia atinge a sociedade como um todo, temos o conceito de hegemonia definido por Gramsci.[101] Para ele, a hegemonia, em sentido amplo, ocorre quando, por meio de seus interesses políticos, ideológicos e econômicos, a classe dominante ou fração da classe dominante assume protagonismo no padrão de acumulação da sociedade.

Portanto, para a análise do pacto social-produtivo, as frações industrial e bancário-financeira devem ser discutidas a partir do prisma dos grandes grupos oligopólicos, denominados aqui os donos do PIB, e dos grupos não-oligopólicos, denominados os "sobreviventes da indústria". Essa separação é a mais apropriada por quatro razões:

(i) os grandes grupos oligopólicos atuam ao mesmo tempo nas áreas de energia, mineração, siderurgia, infraestrutura, financeira, etc., e, portanto, a separação entre fração bancário-financeira e industrial não é a mais apropriada para explicar essa realidade;

(ii) esses poucos, e grandes, grupos oligopólicos representam parcela importante do PIB nacional;

(iii) eles possuem canais diretos de interlocução e representação, apartado dos demais empresários, junto aos Poderes Executivo e Legislativo;

(iv) o governo Dilma Rousseff atacou frontalmente o interesse desses grupos e tentou adotar medidas para favorecer a outra parte da indústria.

---

101 GRAMSCI, Antonio. *Maquiavel, a política e o Estado moderno*. Rio de Janeiro: Civilização Brasileira, 1978.

De acordo com dois ex-Presidentes do BNDES, Luciano Coutinho, entrevistado 12 (informação verbal)[102] e Dyogo Oliveira, entrevistado 4 (informação verbal),[103] respectivamente, a análise dos grupos empresariais pode ser vista das seguintes maneiras:

> Essa turma tem conexão. O empresário está em diversos setores, se analisarmos os grupos econômicos, como por exemplo o Grupo Cosan, que está em logística, açúcar e álcool, distribuição de combustíveis, gás. O grupo Feffer estava em petroquímica, mas vendeu, concentrou-se em celulose, mas ele é grande cliente de logística (porto, ferrovia, rodovia), que é de alto interesse para ele. O grupo Votorantim tem banco, cimento, suco de laranja, indústria de metais. Se analisarmos os grandes grupos, veremos que há um entrelaçamento entre essas agendas, ou seja, há um entrelaçamento dos interesses do grande capital. Não é que tem um grupo da indústria, um outro grupo da infraestrutura, não é isso... analisando a grande banca privada nacional, ela empresta para todo mundo e é permeada por todos esses interesses. O grande capital é monopolista ou oligopolista e tem o pé em múltiplos negócios.
>
> Hoje em dia, vários grupos econômicos são muito financeirizados e intimamente relacionados com instituições financeiras e, ao mesmo tempo, a classe empresarial é muito heterogênea. Desse modo, o que interessa para um grupo de empresários não necessariamente interessa a todos os empresários.

Os grupos não-oligopólicos, que não contam com os mesmos canais de interlocução dos grandes grupos oligopólicos, por meio de acesso direto aos Poderes Executivo e Legislativo, e que são de

---

102 Entrevista concedida por COUTINHO, Luciano Galvão. Entrevista XII. [06.2019]. Entrevistador: Leonardo Loureiro Nunes. São Paulo, 2019. Anexo XIII.

103 Entrevista concedida por OLIVEIRA, Dyogo Henrique de. Entrevista IV. [06.2019]. Entrevistador: Leonardo Loureiro Nunes. São Paulo, 2019. Anexo V.

maneira geral representados pelas entidades de representação da indústria, foram o alvo da estratégia de política econômica do governo. Nesse sentido, Carvalho[104] denomina a política do governo como "agenda FIESP", o que faz sentido, na medida em que vocalizava os interesses desse grupo naquele momento. No entanto, é necessário enfatizar que essa não era a agenda do conjunto da indústria, mas apenas de parte dela.

Portanto, os grandes grupos oligopólicos (donos do PIB) possuem ao mesmo tempo empresas de diversos setores, como infraestrutura e logística, petróleo e gás e outros empreendimentos de energia, petroquímica e química, metalurgia, mineração, além dos maiores grupos de agronegócio e dos investidores institucionais do mercado financeiro. Quando consideramos as cinquenta maiores empresas e bancos que operam no Brasil em termos de faturamento líquido, mais da metade deles estão inseridos nessa classificação.[105] Esses grandes grupos caracterizam-se por três fatores importantes:

(i) uma alta dependência do Estado, seja por questões de natureza regulatória, por possuírem algum tipo de subsídio ou por serem prestadores de serviços ou administradores de concessões;

(ii) possuem canais de interlocução diretos com o Poder Executivo e Legislativo, ou seja, para questões mais sensíveis a seus interesses particulares, não necessitam das confederações, federações ou órgãos setoriais de representação;

---

104 CARVALHO, Laura. *Valsa brasileira*: do boom ao caos econômico. São Paulo: Todavia AS, 2018.

105 Para o ranking das maiores empresas que operam no Brasil, ver: https://www.valor.com.br/valor1000/2018/ranking1000maiores. Para o ranking dos maiores bancos que operam no país, ver: https://www.valor.com.br/valor1000/2018/ranking100maioresbancos?colunas=id_coluna_1-id_coluna_2-id_coluna_3-id_coluna_5-id_coluna_9-id_coluna_10-id_coluna_14-.

(iii) capacidade de influenciar a mídia e de dirigir as narrativas que sejam convergentes com suas aspirações. Nas palavras do ex-Presidente do BNDES, Luciano Coutinho, entrevistado 12 (informação verbal):[106]

> nós não podemos confundir as federações e o Sistema CNI, com as lideranças das grandes empresas industriais... o empresário, o grande empresariado industrial, é pequeno em termos de número de pessoas, e ele opera fora dessa linha, é um circuito de diálogo separado do circuito das federações. As federações representam, na verdade, o pequeno e o médio empresário, que é mobilizado por aquele sistema e que tem outro tipo de inserção. Ele é muito mais massa de manobra, não é um formador de opinião, e não está dentro da sua influência, digamos assim, dirigir a mídia para lá ou para cá. A grande elite empresarial está mais próxima da elite financeira e tem canais próprios de conexão com o governo.

No plano do discurso, é importante ressaltar a proeminência do sistema financeiro, conforme análise do ex-Ministro Dyogo Oliveira, entrevistado 4 (informação verbal):[107]

> o sistema financeiro brasileiro é muito poderoso, um sistema que tem capacidade de influenciar a imprensa, a academia, contrata os melhores economistas. Eles têm uma capacidade muito grande de criar um senso comum sobre as políticas econômicas e isso também foi altamente subestimado.

---

106 Entrevista concedida por COUTINHO, Luciano Galvão. Entrevista XII. [06.2019]. Entrevistador: Leonardo Loureiro Nunes. São Paulo, 2019. Anexo XIII.

107 Entrevista concedida por OLIVEIRA, Dyogo Henrique de. Entrevista IV. [06.2019]. Entrevistador: Leonardo Loureiro Nunes. São Paulo, 2019. Anexo V.

Os grupos não-oligopólicos compreendem os médios, pequenos e microempresários, incluindo os do agronegócio, e parte da indústria da transformação, que tem perdido participação no PIB ao longo das décadas, os aqui chamados sobreviventes da indústria, cujos interesses são vocalizados sobretudo pelas entidades de representação empresarial, como as confederações, federações e órgãos setoriais. Isso não significa dizer que os donos do PIB não se utilizam desses canais de interlocução, mas de maneira secundária e complementar. As federações e confederações possuem um papel mais institucional e de representação de interesses mais gerais. Na avaliação de um dirigente da FIESP, entrevistado 14 (informação verbal)[108] e do diretor CNI, José Fernandes, entrevistado 9 (informação verbal),[109] respectivamente:

> ...existe uma macro pauta da FIESP que é mais ou menos o mínimo múltiplo comum da indústria... a indústria automotiva na FIESP está diluída, a indústria petroquímica na FIESP está diluída... Então, se enumerarmos a indústria, eu diria que há uma sub-representação neste sentido, ou seja, o peso da indústria não reflete um voto, um peso de voto... a FIESP de fato é mais fluida, mais democrática em relação aos setores da indústria, ela vocaliza uma grande posição capilarizada da indústria.
>
> A CNI é uma organização mais horizontal, ou seja, dificilmente a CNI se envolve com políticas setoriais, como a política do setor automobilístico, da indústria têxtil, etc. Os únicos momentos nos quais a CNI se envolve com algum setor são aqueles que envolvem um setor em formação. Na medida em que o setor começa a ter empresários ativos, que eles formam

108 Entrevista concedida em caráter anônimo. Entrevista XIV. [04.2019]. Entrevistador: Leonardo Loureiro Nunes. São Paulo, 2019. arquivo mp3 (50 min).

109 Entrevista concedida por FERNANDES, José Augusto. Entrevista IX. [05.2019]. Entrevistador: Leonardo Loureiro Nunes. Brasília, 2019. Anexo X.

> as suas organizações, a CNI se recolhe. O mais usual é a CNI se concentrar naquilo que afeta o conjunto da indústria.

Nesse sentido, a atuação das entidades pode ser exemplificada pela seguinte declaração de um dirigente da FIESP, entrevistado 14 (informação verbal):[110]

> ...se você colocar uma bandeira na frente da FIESP para defender a redução do custo de energia, redução dos juros, redução dos tributos, essas pautas são fáceis de construir dentro da FIESP e fáceis de vocalizar para fora. A questão da legislação trabalhista, toda a indústria quer a flexibilixação da legislação trabalhista. Então são pautas que eu chamo de macro pautas e sobre as quais existe um consenso na indústria. Qualquer pauta setorial ou mais específica na FIESP é difícil de chegar num consenso e depois vocalizar...

Portanto, as entidades de representação vocalizam pautas mais gerais, aquelas de médios, pequenos e microempresários, e eventualmente dos grandes grupos, mas não se pode afirmar que atender à agenda de uma entidade signifique algo próximo de defender a agenda da indústria como um todo. De acordo com ex-secretário do Tesouro Carlos Kawall, entrevistado 5 (informação verbal):[111]

> essa agenda que você mencionou é uma agenda de parte da indústria. Eu acho que a FIESP, assim como o IEDI, estão longe de representar os interesses gerais da indústria... A CNI é um pouco mais ampla, mas a FIESP é muito representativa de uma indústria que de certa forma envelheceu, e um dos

110 Entrevista concedida em caráter anônimo. Entrevista XIV. [04.2019]. Entrevistador: Leonardo Loureiro Nunes. São Paulo, 2019. arquivo mp3 (50 min).

111 Entrevista concedida por FERREIRA, Carlos Kawall Leal. Entrevista V. [05.2019]. Entrevistador: Leonardo Loureiro Nunes. São Paulo, 2019. Anexo VI.

> símbolos disso é o fechamento dessa fábrica da Ford aqui em São Paulo, ou seja, aquela coisa do setor automotivo, autopeças, metalmecânica. Claro que, se o empresário é beneficiado pela desoneração da folha, redução do custo de energia, ele não critica, ele se beneficia e fica calado, mas eu acho que de uma maneira geral essa orientação mais populista de controle de preço, de intervencionismo no setor, virou um grande nó e sempre prevalecia uma visão hostil em relação ao setor privado.

Conforme já enunciado, o pacto social-produtivo deve ser visto como um arranjo que tentou reunir os interesses dos sobreviventes da indústria, da base tradicional "lulista", mas à custa do enfrentamento de interesses dos donos do PIB.[112] No plano macroeconômico, a chamada "agenda FIESP"[113] incluía a redução dos juros, a desvalorização do real, a contenção dos gastos e investimentos públicos, desonerações tributárias e crédito subsidiado, especialmente por meio do BNDES. Em outras palavras, a condição para a redução dos juros seria dada por uma política fiscal mais rígida e os investimentos públicos seriam em parte substituídos pelos investimentos privados, que seriam estimulados por essa política fiscal, pelas desonerações e por um programa de investimentos ambicioso, com financiamento a taxas subsidiadas pelo BNDES.

Quando comparada ao segundo governo Lula da Silva, sobretudo após a crise de 2008, as desonerações, o crédito subsidiado por meio dos bancos públicos (BNDES, Caixa Econômica Federal e Banco do Brasil), em doses muito maiores, os programas sociais e política de elevação do salário mínimo são pontos de convergência com um dos dois eixos do pacto social-produtivo, que incluía os interesses dos sobreviventes da indústria e da base lulista. Entretanto, havia duas

---

112 Quando considerado o conjunto dos grupos de interesses da sociedade, as classes médias tradicionais também se sentiram alijadas desse arranjo, mas essa avaliação foge ao escopo do trabalho.

113 CARVALHO, Laura. *Valsa brasileira*: do boom ao caos econômico. São Paulo: Todavia AS, 2018.

diferenças importantes. Em primeiro lugar, a tentativa de redução dos juros e dos *spreads* pelos bancos públicos com a consequente desvalorização da taxa de câmbio. Em segundo lugar, o padrão de política fiscal, que substituiu uma lógica de investimento público para outra de subsídios e desonerações.[114]

Além disso, o pacto social-produtivo incluía medidas de caráter regulatório e de intervenção em preços (agenda da competitividade), tais como a MP 579, que visava a redução do custo da energia, o Programa de Investimento em Logística (PIL), que tinha como objetivo a ampliação da infraestrutura do país, a MP dos Portos, que criava um novo regramento para o setor de Portos ao liberar, dentre outras coisas, os Terminais de Uso Privado (Tups) e a política de preços e de conteúdo local da Petrobras. Na visão do governo, um importante entrave para o desenvolvimento do país era a existência de lucros extraordinários em setores oligopolizados, que geravam ineficiência para o país. Nas palavras do ex-secretário do Tesouro Arno Augustin, entrevistado 10 (informação verbal):[115]

> A principal diferença entre o segundo mandato do Lula e o primeiro da Dilma não é o apoio na indústria, pois isso já era feito no governo do Lula. O que tem de diferente são as mudanças institucionais, relevantes no sentido de modernizar o Brasil, ou seja, a diferença não é o desenvolvimentismo no sentido mais amplo. O desgaste surgiu porque o governo buscou colocar o Brasil na rota de competição. Então, quando o governo diz que as ferrovias não vão mais ser monopólio, que os portos não vão mais ter barreira de entrada, que vai ter infraestrutura e, portanto, alguns preços vão cair, que a

---

114 GOBETTI, Sérgio Wulff; ORAIR, Rodrigo Octávio. "Política fiscal em perspectiva: o ciclo de 16 anos (1999-2014)". *Revista de Economia Contemporanea*, vol. 19, nº 3, 2015.

115 Entrevista concedida por AUGUSTIN FILHO, Arno Hugo. Entrevista X. [05.2019]. Entrevistador: Leonardo Loureiro Nunes. Porto Alegre, 2019. Anexo XI.

> energia elétrica vai cobrar o que custa, é claro que isso gera um desgaste. Essas medidas institucionais retiravam privilégios de alguns setores, o que é um pouco diferente de ser mais ou menos desenvolvimentista no sentido amplo. Foram mudanças absolutamente necessárias para o crescimento no médio e longo prazo no sentido de tornar o Brasil um país mais desenvolvido, com regras mínimas de capitalismo e de competição, que não existiam em alguns setores... Na minha avaliação havia diálogo. Todas essas políticas foram muito discutidas com os setores e tiveram apoio suficiente para serem implementadas, e de maneira geral foram aprovadas no Congresso, mesmo contrariando interesses relevantes. Se o governo ganhou é porque tinha apoio de alguém, de setores que conseguiram enxergar algo positivo. Por outro lado, quando você quebra interesses, os setores atingidos passam a querer te derrubar. Se diálogo é não fazer mudanças estruturais...

É também importante ressaltar que as medidas contidas no pacto social-produtivo não foram vistas de maneira positiva pelo mercado financeiro, conforme a seguinte análise do ex-secretário do Tesouro e ex-economista chefe do Banco Safra, Carlos Kawall, entrevistado 5 (informação verbal):[116]

> O divisor de águas da maneira como o governo via essa questão de incentivos específicos é a crise de 2008. Para mim, a transição dos governos do PT de uma coisa mais baseada no tripé (regime de câmbio flexível, metas de inflação e superávit primário) para algo que caminha e depois termina na direção da nova matriz econômica é a crise de 2008. Além disso, evidentemente, a Presidenta Dilma sempre foi uma pessoa muito mais ideológica do que o Presidente Lula, que tinha boa relação com os empresários... De uma maneira geral, a crise criou uma justificativa ideológica para um maior

---

116 Entrevista concedida por FERREIRA, Carlos Kawall Leal. Entrevista V. [05.2019]. Entrevistador: Leonardo Loureiro Nunes. São Paulo, 2019. Anexo VI.

> intervencionismo, maior gasto público, banco público passou a ser bom, dentro daquele contexto anticíclico. Isso deu a eles uma sensação de que de fato, sem uma maior intervenção estatal, sem maior peso das políticas públicas, o capitalismo por si só gera crises. Então, a partir disso vem o PSI, todas essas coisas, e isso entra no status quo da política, ou seja, deixa de ser anticíclico e passa a ser permanente.

Dessa maneira, se o "lulismo"[117] significou um reformismo fraco e conciliação de classes, o pacto social-produtivo representou um projeto de confrontação, especificamente de enfrentamento aos grandes grupos oligopólicos, defesa da agenda dos grupos não-oligopólicos com a manutenção da base "lulista". Por essa razão, ao contrário do argumento proposto por Singer,[118] o governo não atendeu plenamente às reivindicações da burguesia industrial, divididas no trabalho entre os donos do PIB e os sobreviventes da indústria, pois desagradou em diversos momentos aos grandes grupos oligopólicos por meio de sua agenda regulatória, sobretudo com políticas de controle de preços, que são de difícil implementação em setores com ampla participação de empresas privadas, e sobretudo em mercados oligopolizados.

De maneira semelhante, a mesma consideração vale para Boito,[119] que advoga ter havido uma política neodesenvolvimentista, com uma ampla frente política dirigida pela grande burguesia interna brasileira e que englobou também frações da classe trabalhadora que

---

117 SINGER, André. *Os sentidos do lulismo*. São Paulo: Companhia das Letras, 2012.

118 SINGER, André. "Cutucando onças com varas curtas: o ensaio desenvolvimentista no primeiro mandato de Dilma Rousseff (2011-2014)". *Novos Estudos CEBRAP*, nº 102, 2015.

119 BOITO JUNIOR, Armando. *As bases políticas do neodesenvolvimentismo*. São Paulo: Fórum Econômico da FGV, 2012. Disponível em: https://bibliotecadigital.fgv.br/dspace/bitstream/handle/10438/16866/Painel3-NovoDesenvBR-Boito-BasesPolNeodesenv-PAPER.pdf.

se encontravam excluídas do bloco no poder (baixa classe média, operariado, campesinato e trabalhadores da massa marginal). Essa frente teria enfrentado o campo neoliberal ortodoxo, representado pelo grande capital financeiro internacional, a fração burguesa integrada e subordinada a esse capital, setores do agronegócio e a alta classe média. Ao contrário, o grande setor produtivo e a fração bancária são faces da mesma moeda e muitas vezes estão dentro de um mesmo grupo econômico. Feitas essas considerações a respeito das características gerais do pacto social produtivo, serão escrutinados os seus principais elementos constitutivos a partir da próxima seção.

CAPÍTULO III

2011 – AJUSTE FISCAL E A BATALHA DOS JUROS E DOS *SPREADS*

O início do primeiro mandato do governo Dilma Rousseff foi marcado por um conjunto de medidas de caráter restritivo com o objetivo de frear a atividade econômica e conter a aceleração inflacionária diante do *boom* de 2010. A leitura do governo que se iniciava incorporava a necessidade de um ajuste, devido ao ambiente de crescimento do ano anterior, e o primeiro ano de governo, quando considerado o ciclo político, seria a melhor ocasião para fazê-lo, conforme declaração do ex-Ministro da Fazenda Nelson Barbosa, entrevistado 6 (informação verbal):[120]

> a mudança de foco que houve na política econômica do governo Dilma, que acontece muito mais a partir de 2012, pois 2011 foi um ambiente de continuidade. A mudança de foco tem relação com as condições econômicas, as condições

120 Entrevista concedida por BARBOSA FILHO, Nelson Henrique. Entrevista VI. [05.2019]. Entrevistador: Leonardo Loureiro Nunes. Brasília, 2019. Anexo VII.

econômicas na virada para 2012, que eram diferentes do que o Lula tinha enfrentado. Em 2010, houve grande expansão fiscal em função da crise de 2009, e em 2011 o governo começou uma consolidação fiscal.

A inflação, no acumulado de 12 meses, subiu de 4,49% em agosto de 2010 para 5,99% em janeiro de 2011, com trajetória ascendente até setembro do mesmo ano (7,31%), conforme a Figura 19. Considerando o teto da meta de inflação em 6,5%, e seu intervalo de 2,5%,[121] houve a avaliação de que medidas restritivas deveriam ser adotadas. As principais medidas implementadas foram o aumento gradual da taxa básica de juros da economia, a adoção de instrumentos macro prudenciais com vistas à redução de crédito, e consequentemente contenção da demanda, e uma política fiscal restritiva. A taxa Selic subiu de 11%, em dezembro de 2010, para 12,5% em julho de 2011, conforme a Figura 20.

Figura 19 – IPCA acumulado em 12 meses

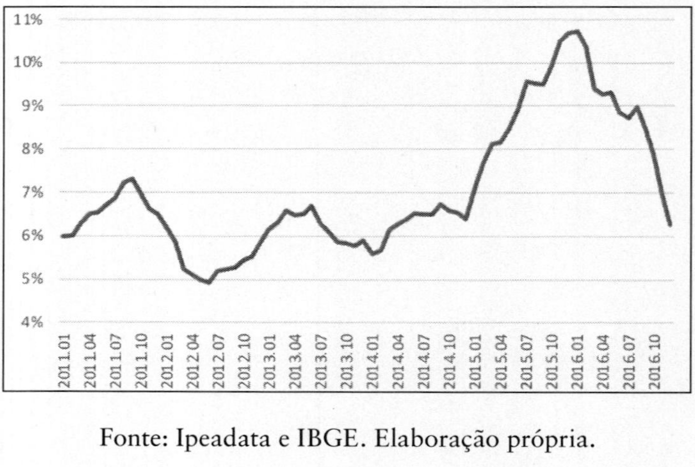

Fonte: Ipeadata e IBGE. Elaboração própria.

121 Sobre a série histórica das metas de inflação e seus respectivos intervalos, ver: https://www.bcb.gov.br/controleinflacao/historicometas.

Figura 20 – Taxa de juros nominal e real

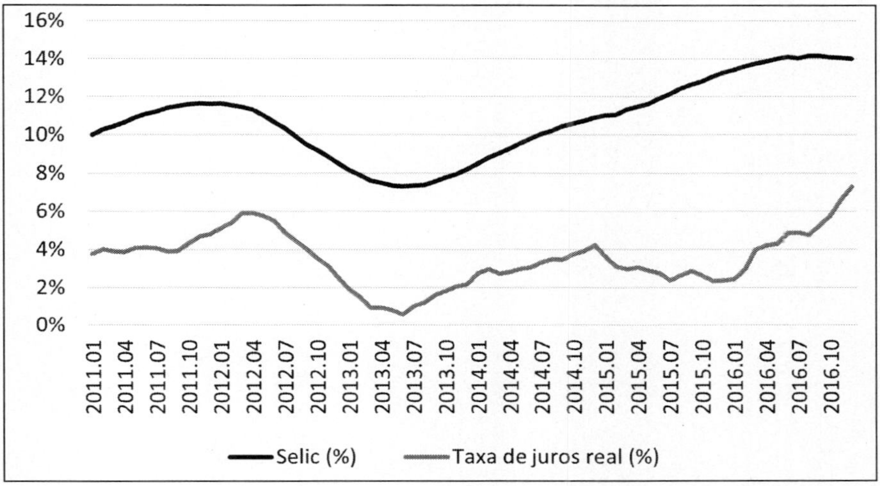

Fonte: BCB. Elaboração própria.

As medidas macro prudenciais foram adotadas de maneira complementar ao aumento da taxa de juros, devido ao diagnóstico de que a variável consumo era fundamental para explicar a pressão inflacionária e também pela avaliação de que havia um alto endividamento das famílias, que poderia ser responsável por uma instabilidade no mercado de crédito. Além disso, a adoção dessas medidas permitiria uma dose menor de aumento da taxa de juros, diminuindo o custo fiscal de rolagem da dívida pública mobiliária. No início de dezembro de 2010, o governo publicou as normas que balizaram essas medidas macro prudenciais.

O BCB elevou, por meio da Circular 3.514, o adicional do compulsório sobre depósitos à vista e a prazo, e por meio da Circular 3.515, aumentou a exigência de capital mínimo para operações de crédito a pessoas físicas com prazo superior a 24 meses, de 11% para 16,5%. O objetivo dessas medidas era principalmente conter o aumento do crédito para aquisição de veículos e empréstimos consignados, que tiveram alta considerável nos anos anteriores e eram potenciais motivadores de instabilidades no mercado de crédito.[122]

Além disso, com o objetivo de desmontar a estrutura de incentivos dadas ao sistema financeiro nacional para evitar sua contaminação pela crise financeira internacional de 2008, o CMN, por meio da Resolução 3.931, estabeleceu um cronograma para extinção dos Depósitos a Prazo com Garantia Especial, que foram criados em 2009 para incentivar a captação de recursos por instituições financeiras de pequeno e médio porte. A Circular 3.513 elevou a alíquota de recolhimento sobre depósitos a prazo de 15% para 20% e reduziu o limite máximo de dedução das compras de carteiras de crédito e depósito interfinanceiros da exigibilidade do compulsório sobre os depósitos a prazo.[123]

No plano fiscal, o governo também adotou uma política restritiva, que o levou no fim do ano ao cumprimento da meta de superávit primário. Essa estratégia foi tomada num ambiente externo que já se mostrava adverso, sobretudo pelas primeiras manifestações da crise do euro.[124] Para atingir esse objetivo, o governo reduziu seus gastos sobretudo na rubrica investimento. A diminuição ocorreu tanto para o governo central (redução real de 17,9%) quanto para as empresas estatais (redução real de 7,8%).[125] No caso das empresas estatais, houve uma redução nos investimentos na comparação entre 2010 e 2011, de 2,23% para 1,99% do PIB. A Petrobras, que

---

122 CAGNIN, Rafael Fagundes *et al.* "A gestão macroeconômica do governo Dilma (2011 e 2012)". *Novos Estudos CEBRAP*, 2013.

123 Para detalhes sobre essas medidas macroprudenciais, ver: CAGNIN, Rafael Fagundes *et al.* "A gestão macroeconômica do governo Dilma (2011 e 2012)". *Novos Estudos CEBRAP*, 2013.

124 NUNES, Leonardo Loureiro. "Portugal, Grécia, Itália e Espanha: uma análise das razões das crises da dívida e alternativas para sua superação". *Boletim de Economia e Política Internacional – IPEA*, vol. 15, 2013.

125 SERRANO, Franklin; SUMMA, Ricardo. "Demanda agregada e a desaceleração do crescimento econômico brasileiro de 2011 a 2014". *Center for economic and policy research*, 2015.

à época respondia por cerca de 85% de todos os investimentos das empresas estatais, reduziu seus investimentos em 0,24% do PIB.[126] Na avaliação do ex-Ministro da Fazenda Nelson Barbosa, entrevistado 6 (informação verbal):[127]

> Eu concordo que o ajuste de 2011 foi excessivo, não há dúvida. Voltando a 2011, o que o governo fez? Em 2010 houve expansão fiscal muito forte e, portanto, não dava para manter a política no mesmo patamar em 2011. As políticas fiscal e monetária tinham que ser mais restritivas, quando comparadas com 2010. Só que a consolidação foi muito forte. Como o governo, do lado monetário, estava muito preocupado em não subir a Selic, ele tentou evitar isso dobrando o compulsório. Em apenas 3 ou 4 meses, o compulsório dobrou enquanto, do lado fiscal, houve elevação do resultado primário. Aqui tem um detalhe importante. O governo fixou o resultado primário de 2011, quase próximo do nível de 2010, em percentual do PIB. Porém, em 2010 houve grande receita atípica do petróleo. Em 2011 não haveria isto, ou seja, o mesmo resultado primário representava, na verdade, forte contração fiscal. A meta de consolidação fiscal foi inicialmente muito ambiciosa para 2011-2012, o que acabou gerando grande frustração. Acho que primário deveria subir, mas não tão fortemente em 2011.

As políticas restritivas, tanto macro prudenciais quanto de aumento dos juros, foram uma resposta ao significativo crescimento econômico de 2010, de 7,53%, e ao fato da inflação ter terminado o ano de 2010 em 5,9%, ou seja, um valor acima do centro da meta de inflação. Por outro lado, essas medidas tiveram como efeito uma

---

126 AFONSO, José Roberto; FAJARDO, Bernardo. *Investimentos das Empresas Estatais em 2014*: a grande retração. IBRE/FGV, 2015. Disponível em: https://www.joserobertoafonso.com.br/investimento--das-empresas-estatais-afonso-fajardo/. Acessado em: 28.03.2025.

127 Entrevista concedida por BARBOSA FILHO, Nelson Henrique. Entrevista VI. [05.2019]. Entrevistador: Leonardo Loureiro Nunes. Brasília, 2019. Anexo VII.

desaceleração da demanda, especialmente no final de 2011. Essa desaceleração, aliada à consolidação fiscal de 2011, que seria uma pré-condição para a redução dos juros, e a um cenário externo de início da crise do euro, criou a justificativa para o início do ciclo de redução da taxa Selic, a partir de agosto de 2011. De acordo com a Ata do Comitê de Política Monetária do Banco Central do Brasil:

> A demanda doméstica ainda se apresenta robusta, em grande parte devido aos efeitos de fatores de estímulo, como o crescimento da renda e a expansão do crédito. Entretanto, iniciativas recentes reforçam um cenário de contenção das despesas do setor público. Também se apresentam como importantes fatores de contenção, a substancial deterioração do cenário internacional e ações macro prudenciais implementadas. Esses elementos e os desenvolvimentos no âmbito parafiscal são parte importante do contexto no qual decisões futuras de política monetária serão tomadas, com vistas a assegurar a convergência tempestiva da inflação para a trajetória de metas... Nesse contexto, o Copom decidiu reduzir a taxa Selic para 12,00% a.a., sem viés, por cinco votos a favor e dois votos pela manutenção da taxa Selic em 12,50% a.a.[128]

O ciclo de redução da taxa de juros pode ser considerado como o marco da primeira fissura do governo com o bloco no poder.[129] É importante observar que a redução dos juros pelo Copom não foi decidida por unanimidade, o que não é um fato normal. Os críticos da iniciativa, que pertencem sobretudo ao campo liberal e estão

---

128 BANCO CENTRAL DO BRASIL. *Ata do Copom*: 161ª Reunião. 2011. Disponível em: https://www.bcb.gov.br/publicacoes/atascopom/31082011. Acessado em: 13.02.2020.

129 TEIXEIRA, Rodrigo; PINTO, Eduardo. "A economia política dos governos FHC, Lula e Dilma: dominância financeira, bloco no poder e desenvolvimento econômico". *Economia e Sociedade*, vol. 21, nº spe, 2012. Disponível em: http://www.scielo.br/scielo.php?script=sci_arttext&pid=S0104-06182012000400009&lng=pt&tlng=pt. Acessado em: 31.03.2025.

associados à visão predominante do mercado financeiro, destacavam a falta de condições para o ciclo de redução da taxa de juros e também a forma como a estratégia foi implementada. De acordo com Mesquita:[130]

> A inflexão da política monetária foi uma das decisões mais controversas tomadas pelo Copom desde sua criação, tanto pelo caráter inédito (a primeira mudança de direção entre duas reuniões consecutivas), quanto pelas condições iniciais (inflação corrente e esperada bem distantes do centro da meta).

De fato, não é comum na história do Copom um movimento de mudança de direção na taxa de juros em duas reuniões consecutivas, e essa foi uma crítica reconhecida pelo ex-Ministro da Fazenda Nelson Barbosa, entrevistado 6 (informação verbal):[131]

> houve decisão de ir contra o rentismo, via redução da taxa básica de juros, que começa no final de 2011, mas que foi feita de modo atabalhoado, sem comunicação adequada pelo Banco Central. Hoje, quando você roda os modelos, os próprios fundamentos do regime de metas da inflação recomendavam redução de juros naquele momento, mas isto não foi comunicado da maneira correta. Foi feito de modo abrupto... O primeiro marco seria esse, que eu me lembre, em agosto de 2011. O Banco Central, havia aumentado os juros na reunião anterior, de julho ou junho, e na reunião seguinte, sem qualquer sinalização prévia, ele baixou. Não existe caso na nossa história de meta de inflação, em que o Banco Central

130 MESQUITA, Mário. "A política econômica do governo Dilma: a volta do experimentalismo". *In*: CDPP. *Sob a luz do Sol*: uma agenda para o Brasil. Rio de Janeiro: Centro de Debates de Políticas Públicas, 2014. Disponível em: https://cdpp.org.br/wp-content/uploads/2017/02/Coletanea-Sob-a-Luz-do-Sol_v2509.pdf. Acessado em: 28.03.2025.

131 Entrevista concedida por BARBOSA FILHO, Nelson Henrique. Entrevista VI. [05.2019]. Entrevistador: Leonardo Loureiro Nunes. Brasília, 2019. Anexo VII.

> suba os juros em uma reunião baixe na seguinte, a não ser que ocorra um cataclisma. Essa virada do Banco Central foi um motivo de bastante discussão posterior. Obviamente o Banco Central era autônomo, mas havia pressões do governo para baixar os juros, e eu lembro desses debates. Seja qual for a opinião do Banco Central, ele tem de administrar a SELIC de maneira transparente. Se era para baixar no final de 2011, primeiro ele para de subir e, na reunião seguinte ele baixa. Não pode virar a chave sem qualquer aviso ou sinalização. Aquilo ali já foi um marco de desgaste. Ali o Banco Central perdeu bastante credibilidade, não tanto pela redução dos juros em si... Pela forma como ela foi feita, não anunciada.

A segunda polêmica travada dizia respeito à existência das condições que viabilizassem esse ciclo de queda da taxa de juros, que chegou a uma mínima histórica, até aquele momento, de 7,25% a.a. em termos nominais, e menos de 1% a.a. em termos reais (Figura 20), e que durou até abril de 2013. Havia uma trajetória de alta na inflação em 2011, que durou até o mês de setembro, mas ela foi revertida até a metade de 2012 (Figura 19). Uma das críticas ao processo considerava que as condições de ociosidade da economia não autorizavam esse ciclo de redução dos juros, pois, diferentemente do ciclo de redução de 2009, havia nesse momento, menos desemprego, menos capacidade ociosa e uma maior expectativa em relação à inflação.[132] Conforme relato do ex-secretário do Tesouro Carlos Kawall, entrevistado 5 (informação verbal):[133]

---

132 MESQUITA, Mário. "A política econômica do governo Dilma: a volta do experimentalismo". *In*: CDPP. *Sob a luz do Sol*: uma agenda para o Brasil. Rio de Janeiro: Centro de Debates de Políticas Públicas, 2014. Disponível em: https://cdpp.org.br/wp-content/uploads/2017/02/Coletanea-Sob-a-Luz-do-Sol_v2509.pdf. Acessado em: 28.03.2025.

133 Entrevista concedida por FERREIRA, Carlos Kawall Leal. Entrevista V. [05.2019]. Entrevistador: Leonardo Loureiro Nunes. São Paulo, 2019. Anexo VI.

> Havia um hiato do produto, mercado de trabalho, tudo mostrando que não dava para fazer aquilo e, além disso, a maneira como foi feita a intervenção no câmbio. Na verdade, tudo isso está muito em linha com a ideia da nova matriz econômica.

Por outro lado, o economista Luiz Gonzaga Belluzzo, entrevistado 3 (informação verbal),[134] fez a seguinte análise:

> A taxa de juros é artificial por natureza. Eles (liberais) têm a ideia austríaca, ou digamos clássica, de uma taxa de juros natural. Qual é a taxa de juros natural? Aquela que compatibiliza o crescimento da economia sem inflação. É a taxa neutra. Isso é uma contradição, é um absurdo. Será que o Roosevelt, em 1934, quando tabelou os juros, estava desrespeitando a taxa neutra? Ele não estava se importando com a taxa neutra. Ou o (Hjalmar) Schacht, na Alemanha, quando saiu da depressão e regulou a taxa de juros, também estava desrespeitando a taxa neutra? Isso é uma espécie de "boneco de bolso" da ortodoxia, a existência de uma taxa neutra, que serve para tirar um pouco a capacidade de ação, mas isso funciona para eles como uma espécie de violação de uma regra que não se pode violar... É um dogma. A economia está cheia de dogmas, você sabe disso. Então eles montaram essa gritaria, que ela (Dilma Rousseff) alterou artificialmente os juros. Como assim? Juros é uma coisa natural como a lei da gravidade? Não, juros é uma coisa que depende da decisão, da relação do Banco Central com os demandantes de crédito e da riqueza, é uma coisa muito mais complicada. Você pode dizer que isso desagradou os detentores de riqueza líquida, sem dúvida, mas aí é outro problema, é um problema político de correlação de forças. Em todas as ocasiões que se tem um conflito desse tipo, ele é resolvido do ponto de visto político.

134 Entrevista concedida por BELLUZZO, Luiz Gonzaga de Mello. Entrevista III. [04.2019]. Entrevistador: Leonardo Loureiro Nunes. São Paulo, 2019. Anexo IV.

Na estratégia vislumbrada pelo pacto social-produtivo, a redução da taxa de juros seria importante para incentivar e financiar os investimentos privados, que substituiriam em parte o protagonismo dos investimentos públicos, a partir do ambicioso programa de concessões que seria estruturado sobretudo em 2012. O Banco Central manteve a trajetória de queda da taxa de juros até o início de 2013, com a inflação acelerando já no segundo semestre de 2012. Entretanto, com a resiliência do aumento da inflação e o anúncio do *tapering* pelo Federal Reserve, o governo sucumbiu e a taxa de juros voltou a subir em abril de 2013, voltando a ser essencialmente um instrumento de política monetária do regime de metas de inflação, fato esse que minou um importante pilar de sustentação do pacto social-produtivo.

Além da tentativa de redução da taxa básica de juros da economia, o governo, para reduzir o custo do crédito para o tomador final, decidiu reduzir os *spreads* cobrados pelos bancos públicos como forma de pressionar os bancos privados a reduzirem seus *spreads*. Essa, mais do que a redução da taxa Selic, foi uma fonte importante de desgaste do governo com a fração bancário-financeira (donos do PIB), na medida em que afetava, por meio de uma intervenção direta no mercado de crédito, o *market share* e a lucratividade das instituições financeiras. No último dia de abril, a Presidenta da República fez um pronunciamento pelo Dia do Trabalho, no qual criticava assertivamente as altas taxas de juros do país:

> Cuidar do desenvolvimento das pessoas significa lutar incessantemente para acabar com a pobreza extrema em todas as regiões do país; significa enxergar o trabalhador como cidadão e, por isso, pleno de direitos civis; enxergá-lo também como consumidor, com condição de comprar todos os bens e serviços que sua família precise para viver de maneira cômoda e feliz. Faz parte desta luta o esforço do governo para reduzir os juros. A economia brasileira só será plenamente competitiva quando nossas taxas de juros, seja para o produtor, seja para o consumidor, se igualarem às taxas praticadas

no mercado internacional. Quando atingirmos este patamar, nossos produtores vão poder produzir e vender melhor, e nossos consumidores vão poder comprar mais e pagar com mais tranquilidade. Vem daí o esforço que o governo faz para equilibrar a economia, o que tem permitido a queda contínua da taxa básica de juros. Vem daí também a posição firme do governo para que bancos e financeiras diminuam as taxas de juros cobradas aos clientes nos empréstimos, nas compras a prazo e nos cartões de crédito. Nos últimos anos, nosso sistema bancário é um dos mais sólidos do mundo. Está entre os que mais lucraram. Isso tem lhes dado força e estabilidade, o que é bom para toda a economia. Mas isso também permite que eles deem crédito melhor e mais barato aos brasileiros. É inadmissível que o Brasil, que tem um dos sistemas financeiros mais sólidos e lucrativos, continue com um dos juros mais altos do mundo. Estes valores não podem continuar tão altos. O Brasil de hoje não justifica isso. Os bancos não podem continuar cobrando os mesmos juros para empresas e para o consumidor, enquanto a taxa básica Selic cai, a economia se mantém estável e a maioria esmagadora dos brasileiros honra, com presteza e honestidade, os seus compromissos. O setor financeiro, portanto, não tem como explicar essa lógica perversa aos brasileiros. A Selic baixa, a inflação permanece estável, mas os juros do cheque especial, das prestações ou do cartão de crédito não diminuem. A Caixa Econômica Federal e o Banco do Brasil escolheram o caminho do bom exemplo e da saudável concorrência de mercado, provando que é possível baixar os juros cobrados aos seus clientes em empréstimos, cartões, cheque especial, inclusive no crédito consignado. É importante que os bancos privados acompanhem essa iniciativa para que o Brasil tenha uma economia mais saudável e mais moderna. É bom também que você, consumidor, faça prevalecer seus direitos, escolhendo as empresas que lhe ofereçam melhores condições.[135]

---

135 ROUSSEFF, Dilma. *Pronunciamento à nação da Presidenta da República, Dilma Rousseff, por ocasião do Dia do Trabalho*. 2012. Disponível em: http://www.biblioteca.presidencia.gov.br/discursos/

A estratégia do governo gerou reação por parte do setor financeiro, conforme declaração do ex-Ministro da Fazenda Nelson Barbosa, entrevistado 6 (informação verbal):[136]

> Com o intuito de aumentar a concorrência no sistema bancário, os bancos públicos começam a ter uma postura mais agressiva de redução do spread, o que, diga-se de passagem, não gerou esse excesso de crédito que as pessoas falam, nem excesso de taxa de inadimplência ou crise financeira. A política era aumentar a concorrência e funcionou por um tempo... A Febraban, como toda a associação, se defende. A reação dos bancos privados foi, no mesmo momento que os públicos estavam aumentando suas bases de crédito, os privados começaram a ter redução de crédito. Ali teve uma questão mais de mercado mesmo. Então, na oferta de crédito comercial livre, a dos bancos públicos continua subindo, já a dos bancos privados começa a cair...

Primeiramente, é necessário ressaltar que o mercado bancário no Brasil é altamente concentrado, sendo seus principais *players* o Banco do Brasil, a Caixa Econômica Federal, o BNDES (públicos), Itaú Unibanco, Bradesco e Santander Brasil (privados). Quando considerados as diferentes modalidades de crédito, tais como pessoa física ou jurídica, crédito imobiliário e rural, a participação total desses grupos varia de aproximadamente 70% a 90% do mercado, a depender da modalidade.[137] Portanto, ao utilizar os bancos públicos para forçar uma redução dos *spreads*, o governo basicamente

---

discursos-da-presidenta/pronunciamento-a-nacao-da-presidenta-da-republica-dilma-rousseff-por-ocasiao-do-dia-do-trabalho. Acessado em: 30.03.2019.

136 Entrevista concedida por BARBOSA FILHO, Nelson Henrique. Entrevista VI. [05.2019]. Entrevistador: Leonardo Loureiro Nunes. Brasília, 2019. Anexo VII.

137 BANCO CENTRAL DO BRASIL. *Relatório de Economia Bancária*. Brasília, 2018.

enfrentou dois dos maiores conglomerados nacionais e um grande conglomerado financeiro estrangeiro.

De fato, conforme a Figura 21, a partir do anúncio da Presidenta, em abril de 2012, os *spreads* foram reduzidos de 26,84% para 21,43% em dezembro de 2013. Após 2014, o *spread* para recursos livres volta à sua trajetória ascendente e atinge 39,84%. O *spread* médio total também foi reduzido, no mesmo período, de 14,29% para 13,44%, sobretudo pelo comportamento do *spread* livre. Da mesma maneira, a taxa de juros média de operações crédito foi reduzida, entre novembro de 2011 e dezembro de 2013, de 26,90% a.a. para 22,04% a.a., sobretudo pela queda da taxa média de operações de crédito com recursos livres, que no mesmo período foi reduzida de 37,95% para 32,67% (Figura 22).

Figura 21 – *Spread* Médio das operações de crédito

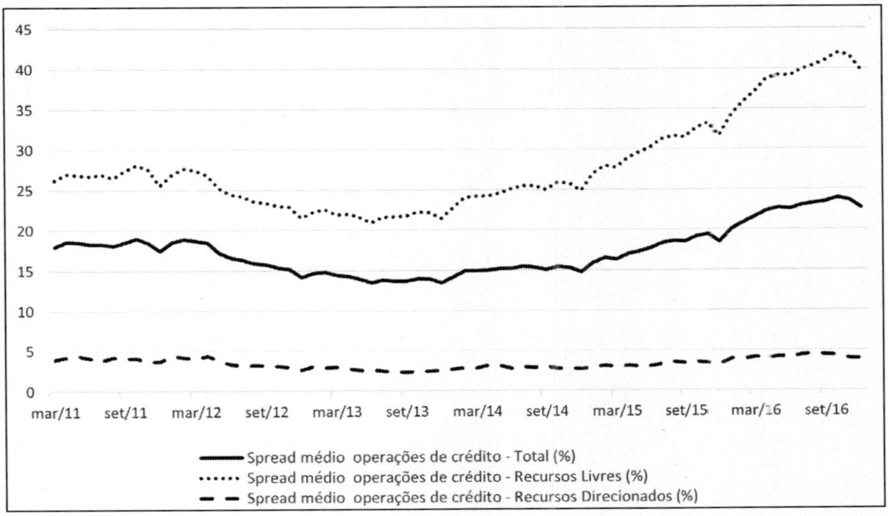

Fonte: BCB. Elaboração própria.

Figura 22 – Taxa de juros média de operações de crédito

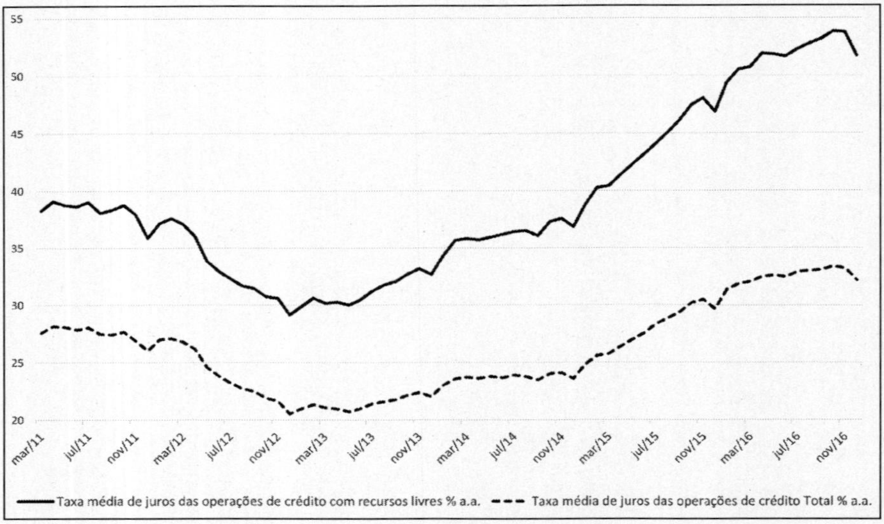

Fonte: BCB. Elaboração própria.

No que diz respeito à participação do crédito em relação ao PIB, as instituições financeiras públicas cresceram. Entre julho de 2012 e junho de 2013, a carteira de crédito dos bancos públicos expandiu-se em 29,3%, enquanto que a carteira dos bancos privados (nacionais e estrangeiros) aumentou apenas 5,7%.[138] Além disso, conforme a Figura 23, o saldo de operações das instituições financeiras públicas como proporção do PIB aumentou de 19,28% para 26,08%, entre setembro de 2011 e dezembro de 2013. No mesmo período, o saldo para as instituições privadas (nacionais e estrangeiras) foi reduzido de 26,02% para 24,77%.

138 BANCO CENTRAL DO BRASIL. *Relatório de Estabilidade Financeira*. Brasília, 2013.

Figura 23 – Saldo de operações de crédito (%PIB)

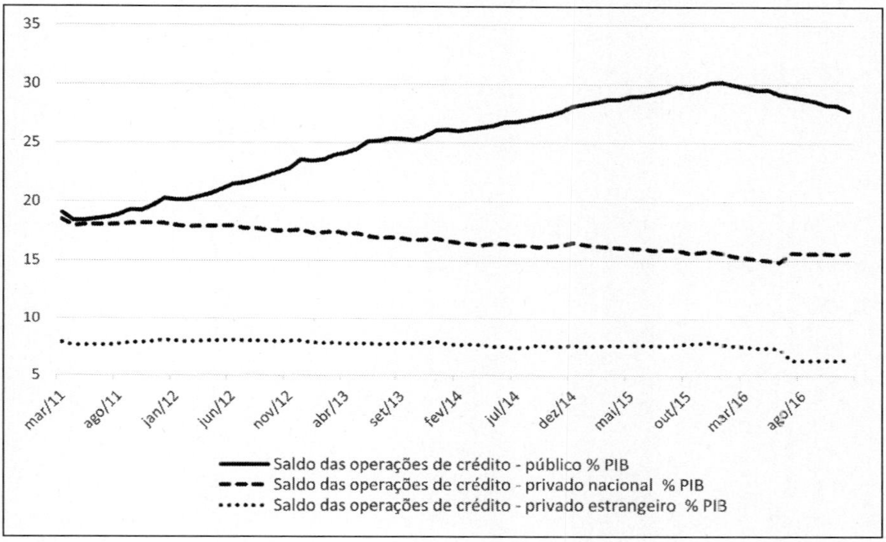

Fonte: BCB. Elaboração própria.

Como resultado, a redução da participação percentual de mercado e a política de redução dos *spreads* por parte dos bancos públicos comprometeu a rentabilidade dos bancos privados, conforme o "Relatório de Estabilidade Financeira" do Banco Central:

> Ao longo de 2012, a desaceleração do crescimento da carteira de crédito dos bancos privados prejudicou o RSPL. Em um período marcado pela estabilização da margem bruta de crédito em nível historicamente baixo, o desempenho menos vigoroso das concessões contribuiu fortemente para o recuo de R$1,5 bilhão no lucro líquido (LL)... Como consequência, o RSPL anual declinou de 14,7% em junho para 13,5% em dezembro de 2012.[139]

139 BANCO CENTRAL DO BRASIL. *Relatório de Estabilidade Financeira*. Brasília, 2013.

Por fim, essa estratégia de confrontação em relação à fração bancário-financeira (donos do PIB) também foi revertida na esteira do movimento de aumento da taxa básica de juros em meados de 2013 e também devido à mudança dos ambientes político e econômico a partir desse momento, cuja discussão se travará nas próximas sessões. De acordo com diversos relatos do setor industrial, como o do diretor-executivo do IEDI, Júlio de Almeida, entrevistado 6 (informação verbal),[140] o governo poderia ter avaliado outras formas de abordar essa questão:

> Eu acho que faltou negociação, porque deveria ter sido feito algum tipo de programa junto aos bancos para liberar compulsório, por exemplo, como contrapartida à redução dos spreads. Além disso, o governo deveria ter negociado com os bancos um programa de eficiência administrativa, porque eles também sofrem dos problemas de eficiência e parcela do alto valor dos spreads se explica por um custo administrativo alto. Então faltou envolver essa iniciativa de redução da taxa de juros num modelo mais robusto. Houve a iniciativa dos bancos públicos em liderar esse processo, que estava correto, mas isso deveria ter sido acompanhado de outras medidas. No fim, levou o carimbo de uma medida voluntarista. Há medidas que, mesmo pertinentes, devem ser acompanhadas de uma política, negociação com os agentes e atores do processo inseridos num plano de governo. Desse modo, faltou um pouco de capacidade de coordenação e houve exageros.

Inicialmente, a utilização dos bancos públicos para a redução dos *spreads* foi uma alternativa interessante, dada a concentração do mercado de crédito e a importância dos bancos públicos na participação nesse mercado. Entretanto, o governo optou por não tentar estabelecer uma agenda negociada com o setor financeiro,

---

140 Entrevista concedida por ALMEIDA, Júlio Sérgio de. Entrevista I. [04.2019]. Entrevistador: Leonardo Loureiro Nunes. São Paulo, 2019. Anexo II.

que talvez tornasse mais duradouro o processo de redução dos *spreads*. As dificuldades do governo na condução dessa questão, que se materializaram nas críticas do setor financeiro, e mesmo do setor produtivo, contribuíram para inviabilizar a queda mais perene dos *spreads* e fortaleceu a narrativa de excessivo intervencionismo por parte do governo.

CAPÍTULO IV

A POLÍTICA DE DESONERAÇÕES

Conforme mencionado anteriormente, as políticas públicas, e sua intensidade, muitas vezes são elaboradas mais como respostas a um contexto conjuntural específico do que a uma estratégia estruturada aprioristicamente. No caso das desonerações e da atuação do BNDES, especialmente por meio do Programa de Sustentação do Investimento (PSI), essas políticas foram concebidas inicialmente como instrumentos anticíclicos de combate à crise internacional de 2008, mas foram posteriormente normalizadas até 2014 com o intuito de compensar a indústria pelas condições adversas, sobretudo pelo cenário de apreciação da taxa de câmbio, e de reativar a economia no início de 2012, momento no qual os dados de crescimento não eram tão alvissareiros, conforme declaração do ex-Ministro da Fazenda Nelson Barbosa, entrevistado 6 (informação verbal):[141]

> No meio de 2012, final do segundo trimestre, quando os números do IBGE apontaram que a economia ia crescer zero.

---

141 Entrevista concedida por BARBOSA FILHO, Nelson Henrique. Entrevista VI. [05.2019]. Entrevistador: Leonardo Loureiro Nunes. Brasília, 2019. Anexo VII.

> Diante disso, no meio de 2012, o Ministro (Guido) Mantega resolve mudar a orientação, e faz uma curva de 180 graus. Quando ele vê que a economia desacelerou fortemente, dá um certo pânico, e aí cria-se o PSI com taxa de 2,5%, bota-se mais dinheiro no BNDES, aumenta-se a desoneração, o que era inconsistente com a meta de resultado primário inicialmente estabelecida para o ano.

A política de desoneração tributária foi um importante instrumento utilizado para incentivar a indústria, a geração de empregos, para a formalização da economia e para contribuir no combate à inflação ao longo do governo Dilma Rousseff, mas posteriormente foi alvo de muitas críticas, principalmente por seu significativo custo fiscal. Quando questionado sobre a questão das desonerações de maneira geral, o ex-Ministro da Fazenda Nelson Barbosa, entrevistado 6 (informação verbal),[142] deu a seguinte declaração:

> ...há vários tipos de desoneração. Quando alguém fala para você que no Brasil o problema são as desonerações ele já está te dando um atestado de que não sabe o que tá falando... É a mesma coisa que falar que o problema do Brasil é o crédito. Qual crédito? Pegam aquela conta, o Brasil está gastando 4% do PIB em desonerações. Gastava 2%, o adicional foi de 2%. Dizer que há 4% do PIB em desoneração dá ideia, para quem não é especialista, de que se eu parar de dar desoneração, arrecado mais 4% do PIB imediatamente, o que é um erro. Se você não tivesse a desoneração provavelmente você ia empurrar muita gente para a informalidade. E do total de 4% do PIB, 2% são de desonerações que já existem há muito tempo. É desoneração da poupança, é desoneração do imposto de renda de saúde e educação da classe média, é Zona Franca

142 Entrevista concedida por BARBOSA FILHO, Nelson Henrique. Entrevista VI. [05.2019]. Entrevistador: Leonardo Loureiro Nunes. Brasília, 2019. Anexo VII.

de Manaus. E então, na realidade, o aumento da desoneração foi de cerca de 2% do PIB entre 2007 e 2014.

De fato, é necessário separar as desonerações que já existiam daquelas que foram instituídas nos últimos anos. Uma análise sobre o total das desonerações existentes pode ser feita sob a ótica dos gastos tributários, que refletem as escolhas de política pública dos governos. Os gastos tributários são necessariamente desonerações tributárias, mas nem toda desoneração é um gasto tributário.

> Gastos tributários são gastos indiretos do governo realizados por intermédio do sistema tributário, visando a atender objetivos econômicos e sociais e constituem-se em uma exceção ao Sistema Tributário de Referência, reduzindo a arrecadação potencial e, consequentemente, aumentando a disponibilidade econômica do contribuinte.[143]

Na Tabela3, pode-se ver os gastos tributários acumulados entre 2011 e 2014 e sua participação no total dos gastos tributários. O Simples Nacional, que é uma simplificação na cobrança de tributos para microempresas e empresas de pequeno porte e que existe desde 2006,[144] foi responsável por 28% do total dos gastos tributários no período. Na sequência, as entidades sem fins lucrativos isentas de impostos contribuíram com 11% para o total de gastos tributários do período e as deduções e isenções do imposto de renda para pessoa física, somadas, contribuíram com 14%. O governo introduziu a desoneração da folha, que será analisada adiante e significou 5% do total dos gastos tributários, num valor de aproximadamente R$

143 RECEITA FEDERAL DO BRASIL. "Gasto tributário – conceito e critérios de classificação". *Centro de Estudos Tributários e Aduaneiros*, 2019. Disponível em: http://receita.economia.gov.br/dados/receitadata/renuncia-fiscal/demonstrativos-dos-gastos-tributarios/arquivos-e-imagens/sistema-tributario-de-referencia-str-v1-01.pdf.

144 Disponível em: http://www8.receita.fazenda.gov.br/SimplesNacional/Documentos/Pagina.aspx?id=3.

38 bilhões. Por fim, a desoneração para agricultura e agroindústria, que inclui a cesta básica, teve um custo de cerca de R$ 62 bilhões.

Tabela 3 – Gastos Tributário

	2011-2014	Participação (%)	Acumulado (%)
SIMPLES Nacional	224.187.318	28%	28%
Zona Franca de Manaus e Áreas de Livre Comércio	87.712.436	11%	38%
Entidades Sem Fins Lucrativos - Imunes / Isentas	70.842.932	9%	47%
Rendimentos Isentos e Não Tributáveis - IRPF	67.236.413	8%	55%
Agricultura e Agroindústria - Desoneração Cesta Básica	62.855.668	8%	63%
Deduções do Rendimento Tributável - IRPF	49.786.749	6%	69%
Desoneração da Folha de Salários	38.007.286	5%	74%
Outros	213.103.922	26%	
Total	**813.732.723**	100%	

Fonte: RFB. Elaboração própria.

Dado esse quadro geral, para que se possa analisar a política de desonerações do governo Dilma Rousseff, é necessário considerar as desonerações instituídas durante o seu governo, cujos dados se refletem na Tabela 4. De acordo com a Tabela 4, a desoneração do IOF para pessoa física, que atingiu R$ 3,9 bilhões em 2014, visava expandir o crédito para o consumo com o objetivo de estimular a economia. Além disso, o governo ampliou em algumas oportunidades o limite de enquadramento no Simples Nacional, com o objetivo de aumentar o grau de formalização da economia, alcançando um valor de R$ 7,2 bilhões em 2014. A Cide,[145] uma contribuição que incide sobre o preço da gasolina e do diesel, foi zerada entre junho de 2011 e janeiro de 2015, com o objetivo de reduzir o custo do combustível para combater a inflação. A renúncia fiscal, nesse caso, chegou a R$ 12,7 bilhões em 2014. No caso do IPI, tratou-se principalmente de uma prorrogação de desonerações concedidas anteriormente e visavam o estímulo ao investimento. A principal desoneração do período, a da folha de pagamentos, tinha inicialmente como objetivo,

145 Disponível em: https://www12.senado.leg.br/noticias/entenda-o-assunto/cide.

mesmo que de maneira compensatória, dar competitividade aos setores submetidos à concorrência internacional e intensivos em mão de obra. Seu valor chegou a R$ 21,5 bilhões em 2014. Por fim, a desoneração da cesta básica teve um custo fiscal expressivo (R$ 22,5 bilhões em 2013 e 2014), mas foi instituída por uma manobra da oposição ao governo, conforme relato do ex-Ministro da Fazenda Nelson Barbosa, entrevistado 6 (informação verbal):[146]

Tabela 4 – Desonerações

Desonerações	**2014**	**2013**	**2012**
Folha de Salários	21,568	12,284	3,703
Cide-Combustível	12,717	11,481	8,461
IPI-Total	10,796	11,822	9,673
Cesta Básica	9,331	6,764	995
Simples e MEI	7,235	6,315	5,740
IOF-Crédito PF	3,982	3,595	2,278
Outros	38,417	26,474	15,614
Total	**104,046**	**78,735**	**46,464**

Fonte: RFB. Elaboração própria.

> O que realmente empurrou a desoneração para cima? Uma foi a energia, cortou os encargos, mas hoje já voltou a cobrar. A outra foi um projeto do PSDB, no início de 2013, que hoje todo mundo critica, mas o pessoal esquece que foi a oposição que pediu e forçou: a desoneração da cesta básica. O governo não autorizou a cesta básica, porque carne pode ser para rico, pode ser para pobre. É melhor você dar um cheque para o pobre, como no Bolsa Família. Mas aí o PSDB aprovou a

146 Entrevista concedida por BARBOSA FILHO, Nelson Henrique. Entrevista VI. [05.2019]. Entrevistador: Leonardo Loureiro Nunes. Brasília, 2019. Anexo VII.

> desoneração da cesta básica no final de 2012. Então a desoneração da cesta básica não foi uma decisão do governo Dilma.

Portanto, no âmbito do incentivo à produção industrial e geração de emprego, a desoneração da folha de pagamentos é a mais importante e será objeto central de análise. Antes disso, é importante ressaltar que a política de desonerações tributárias já havia sido adotada no segundo governo Lula da Silva, por meio de desonerações que se caracterizaram como instrumentos de incentivo ao investimento no âmbito do Programa de Aceleração do Crescimento (PAC) e da política anticíclica para combater os efeitos da crise internacional de 2008. Dentre as medidas, podemos citar a redução das alíquotas reduzidas do Imposto sobre Produtos Industrializados (IPI) de bens duráveis e materiais da construção civil e do Imposto sobre Operações Financeiras (IOF) sobre crédito das pessoas físicas.

No governo Dilma Rousseff, a política de desonerações tributárias aumentou significativamente de valor e passou a fazer parte da chamada "agenda da competitividade", que foi concretizada no Plano Brasil Maior (PBM). O PBM possuía três grandes objetivos: reduzir os custos dos fatores de produção (trabalho e capital) para induzir o desenvolvimento tecnológico; defender o mercado interno por meio do desenvolvimento das cadeias produtivas; promover as exportações e adotar medidas de defesa comercial.[147]

Na prática, o PBM caracterizou-se pelas seguintes medidas: desoneração da folha de pagamentos, desoneração do Imposto sobre Produtos Industrializados (IPI) e PIS/COFINS sobre bens de investimento, Programa de Sustentação do Investimento (PSI) e programas setoriais por meio do BNDES, Inova Empresa (crédito, recursos de subvenção para empresas, financiamentos não-reembolsáveis para

---

147 BRASIL. *Brasil Maior*: Balanço Executivo – 2 anos. 2013. Disponível em: http://www.protec.org.br/uploads/paginas/file/PlanoBrasilMaior-Balanço Executivo-2anos.pdf. Acessado em: 02.03.2020.

ICTs, recursos em renda variável e subscrição de ações, direta ou por meio de fundos), políticas de compras públicas e margem de preferência, Inovar-Auto para estimular o setor automotivo, regimes especiais tributários para o setor de defesa, indústria química, tecnologia da informação e comunicação, regime especial tributário para empresas exportadoras e medidas de proteção comercial como ex-tarifário, antidumping e aumento do imposto de importação.[148]

O ponto a ser destacado é a política de desonerações tributárias, especialmente sobre a folha de pagamentos, que foi viabilizada pela demanda dos sobreviventes da indústria em função do contexto econômico vivido pelo país naquele momento. Em 2011, a produtividade da indústria reduziu-se em 0,2%, o que representava o segundo pior desempenho dos dez anos anteriores, a frente apenas de 2009 (-2,2%), no auge da crise financeira internacional. A queda da produtividade da indústria explicava-se por cinco fatores fundamentais. Em primeiro lugar, a base de comparação era muito alta, devido ao robusto crescimento da economia em 2010. Em segundo lugar, a política de aumento de juros e restrição de crédito ao longo de 2011, analisada anteriormente, teve efeitos contracionistas na produção industrial.[149]

Em terceiro lugar, houve o aspecto demográfico, devido à redução da taxa de natalidade, que causou o menor crescimento da população economicamente ativa. Num ambiente de baixa taxa de desemprego e sem sinais de grave deterioração econômica, as empresas não tinham tanto incentivo para demitir devido aos custos

148 A análise detalhada das medidas do PBM e uma avaliação da sua efetividade estão fora do escopo desse trabalho. (BRASIL. *Brasil Maior*: Balanço Executivo – 2 anos. 2013a. Disponível em: http://www.protec.org.br/uploads/paginas/file/PlanoBrasilMaior-Balanço Executivo-2anos.pdf. Acessado em: 02.03.2020).

149 IEDI. *A Estagnação da Produtividade Industrial em 2011*. 2012. Disponível em: https://iedi.org.br/artigos/artigos/artigos/chamada_carta_509.html. Acessado em: 28.03.2025.

de demissão e recontratação. Essa escassez relativa de mão de obra, num quadro de declínio da produtividade industrial e de pressão salarial, prejudicavam a competitividade da indústria.[150]

Em quarto lugar, o ambiente pós-crise internacional de 2008 gerou um aumento da concorrência internacional e excesso de capacidade ociosa da produção industrial chinesa, resultado de sua política anticíclica, que causou efeitos deletérios sobre as exportações industriais do Brasil.[151] Por fim, a sobrevalorização do câmbio, resultado, dentre outros motivos, da política monetária dos países centrais, estimulava um "vazamento de demanda" por meio da importação de produtos manufaturados, sobretudo chineses, e desestimulava a produção para a exportação.

De acordo com a Figura 12, a taxa de câmbio real do início de 2011 estava próxima do nível de maior apreciação vigente durante a implantação do Plano Real, o que representava de certa maneira uma abertura unilateral da economia brasileira. O argumento do "vazamento de demanda" foi alvo de intensos debates na literatura. Serrano e Summa[152] argumentam que a importação teve um pequeno aumento quando considerada a oferta total da economia. Squeff,[153] também rejeita essa hipótese, pelo fato das taxas de crescimento

---

150 IEDI. *A Estagnação da Produtividade Industrial em 2011*. 2012. Disponível em: https://iedi.org.br/artigos/artigos/artigos/chamada_carta_509.html. Acessado em: 28.03.2025.

151 DE CONTI, Bruno; BLIKSTAD, Nicholas. "Impactos da economia chinesa sobre a brasileira no início do século XXI: o que querem que sejamos e o que queremos ser". *In*: CARNEIRO, Ricardo; BALTAR, Paulo; SARTI, Fernando (Coord.). *Para além da política econômica*. São Paulo: Unesp, 2017.

152 SERRANO, Franklin; SUMMA, Ricardo. "Demanda agregada e a desaceleração do crescimento econômico brasileiro de 2011 a 2014". *Center for economic and policy research*, 2015.

153 SQUEFF, Gabriel Coelho. "Rigidez produtiva e importações no Brasil: 1995-2009". *In*: ____. *Dinâmica macrossetorial brasileira*. Brasília: IPEA, 2015.

entre PIB e importações serem similares. Sarti e Hiratuka,[154] por sua vez, argumentam que há um descolamento entre as importações de bens industriais e as outras categoria de demanda e entre o consumo aparente e os bens intermediários, o que seria um indício de desadensamento de cadeias produtivas. Também numa visão mais estruturante,[155] Diegues sugere que a consolidação do padrão de organização estrutural da indústria brasileira limita sua capacidade de contribuição ao seu desenvolvimento com relativo grau de independência.

Para além das discussões mais estruturantes da industrialização brasileira, observa-se que o argumento de boa parte da indústria, conforme relatos coletados durante as entrevistas, de que havia naquele momento uma "invasão chinesa" na economia brasileira, possuía algum fundamento. De fato, conforme a Figura 24, observa-se que houve um incremento significativo das importações chinesas ao longo da década, mais expressivo em termos de volume, entre os bens intermediários. Entre 2007 e 2014, esse aumento foi de US$ 8 bilhões para US$ 19,7 bilhões.

---

154 SARTI, Fernando; HIRATUKA, Célio. "Desempenho recente da indústria brasileira no contexto de mudanças estruturais domésticas e globais". *In*: CARNEIRO, Ricardo; BALTAR, Paulo; SARTI, Fernando (Coord.). *Para além da política econômica*. São Paulo: Unesp, 2017.

155 DIEGUES, Antônio Carlos. "Os limites da contribuição da indústria ao desenvolvimento nos períodos Lula e Dilma: a consolidação de uma nova versão do industrialismo periférico?" *Texto para Discussão*, Campinas, nº 372, 2020.

Figura 24 – Importações China

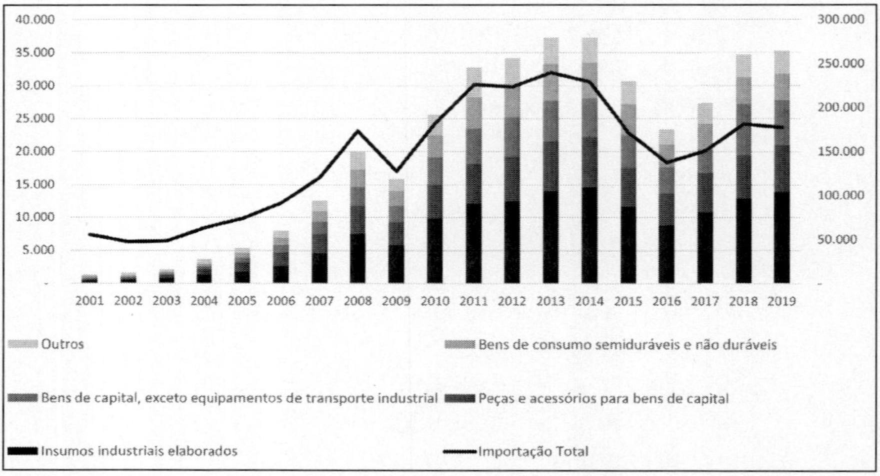

Fonte: Funcex. Elaboração própria.

Diante do quadro descrito acima, havia uma demanda por parte de algumas das principais entidades de representação da indústria, que representavam os "sobreviventes da indústria", para que o governo adotasse medidas que endereçassem esse conjunto de problemas. As políticas monetária e cambial eram instrumentos utilizados com o objetivo de colocar a inflação na meta estabelecida pelo Conselho Monetário Nacional (CMN). Em 2012, o governo já adotara a estratégia de redução dos juros para viabilizar o pacto social-produtivo, ou seja, descolando-a do objetivo precípuo de controle da inflação. Entretanto, seu impacto sobre o câmbio ainda não era significativo, levando o Ministro da Fazenda, Guido Mantega, a acusar as maiores economias do mundo de travarem uma "guerra cambial".[156]

156 FOLHA DE SÃO PAULO. "Mantega culpa Estados Unidos por 'guerra cambial'". *Folha de S. Paulo*, out. 2010. Disponível em: https://www1.folha.uol.com.br/fsp/mercado/me2210201005.htm. Acessado em: 16.04.2024.

A principal solução encontrada foi a desoneração da folha de pagamentos das empresas que sofriam impacto da concorrência internacional. É importante ressaltar que essa era uma medida considerada apenas compensatória por parte da indústria, pois não atacava as causas estruturais da ampliação da concorrência externa aos produtos manufaturados brasileiros. Na avaliação do Diretor-executivo do IEDI, Júlio de Almeida, entrevistado 1 (informação verbal):[157]

> 2011 representa o ano da invasão chinesa com o nosso câmbio relativamente valorizado, e todos esses fatores colocavam uma ameaça muito grande para a indústria.

Havia, nesse sentido, uma convergência entre a visão de boa parte da indústria e do governo, conforme análise do ex-secretário do Tesouro, Arno Augustin, entrevistado 10 (informação verbal):[158]

> Era necessário fazer alguma coisa senão a indústria iria quebrar. A indústria sofreu com o problema cambial e o Brasil deveria ter mais apoio à indústria, e não menos. É um erro achar que um país não pode apoiar a sua indústria.

A desoneração da folha de pagamentos significou a substituição da cobrança patronal ao Instituto Nacional do Seguro Social (INSS)[159] por um imposto sobre o faturamento das empresas. Inicialmente, os setores beneficiados eram os exportadores e intensivos em mão

---

157 Entrevista concedida por ALMEIDA, Júlio Sérgio de. Entrevista I. [04.2019]. Entrevistador: Leonardo Loureiro Nunes. São Paulo, 2019. Anexo II.

158 Entrevista concedida por AUGUSTIN FILHO, Arno Hugo. Entrevista X. [05.2019]. Entrevistador: Leonardo Loureiro Nunes. Porto Alegre, 2019. Anexo XI.

159 O INSS é uma organização pública prestadora de serviços previdenciários para a sociedade brasileira. Ver: https://www.inss.gov.br/acesso-a-informacao/institucional/.

de obra. Entretanto, na passagem de uma base de tributação para a outra, houve uma renúncia fiscal por parte do governo, conforme a análise do Diretor-executivo do IEDI, Júlio de Almeida, entrevistado 1 (informação verbal):[160]

> conceitualmente todo mundo sabe que a oneração da folha pela contribuição patronal é algo ruim, e atrapalha a indústria. A Presidente, corretamente, tirou a contribuição social das empresas e colocou um imposto sobre faturamento dedutível. O problema é que na passagem de uma coisa para outra, para obter adesão, foi oferecido também um subsídio para mudar, e isso pesou. Quando se fala de desoneração da folha, na verdade juntaram as duas coisas, desoneração da folha e o subsídio, na passagem para a mudança de base tributária, ou seja, o governo propôs uma mudança de base e foi negociado um subsídio. Na medida em que o quadro fiscal foi se deteriorando, isso passou a ser muito questionado. Eu acho que não haveria questionamento se fosse só mudança de base, mas talvez houvesse muita resistência à mudança.

A Medida Provisória 540, de agosto de 2011, convertida na Lei n. 12.546 de 14 de dezembro de 2011,[161] viabilizou a mudança na legislação tributária sobre a folha de pagamentos, substituindo a contribuição sobre a folha de salários para outra sobre o faturamento. Inicialmente, a desoneração da folha de pagamentos seria uma medida compensatória, por não atingir os fatores estruturais relativos à competitividade da indústria, e pontual, ou seja, abrangeria apenas os setores expostos à concorrência internacional. A MP 540 abarcava quatro setores: tecnologia da informação e comunicação, confecções, couro e calçados e *call center.*

---

160 Entrevista concedida por ALMEIDA, Júlio Sérgio de. Entrevista I. [04.2019]. Entrevistador: Leonardo Loureiro Nunes. São Paulo, 2019. Anexo II.

161 BRASIL. *Lei n. 12.546*, de 14 de dezembro de 2011. Brasília: Diário Oficial da União, 2011.

A Medida Provisória (MP)[162] é um instrumento com força de lei, que a princípio deveria ser utilizado pelo Presidente da República em casos de relevância e urgência. Ela produz efeitos imediatos, mas requer a aprovação do Congresso Nacional para que se transforme definitivamente em lei. O prazo de vigência de uma MP é de sessenta dias, prorrogáveis uma vez por igual período. No Brasil, esse instrumento foi de certa maneira banalizado por ser uma espécie de atalho para a edição de leis por parte do Poder Executivo.

Ao enviar uma MP para o Congresso Nacional, é formada uma comissão de parlamentares que, no decurso da sua análise, pode propor alterações no seu conteúdo. A política de desonerações, que inicialmente seria pontual e restrita a alguns setores, tornou-se muito maior do que o previsto devido à atuação de grupos de *lobbies* que passaram a defender, junto ao governo e ao Congresso Nacional, o interesse de setores que muitas vezes não tinham relação com os objetivos da medida.

Além disso, a desoneração da folha de pagamentos, assim como outras medidas de política econômica adotadas pelo governo numa dose muito maior do que aquelas adotadas no segundo governo Lula da Silva, teve motivações reativas diante do quadro econômico de 2011 e início de 2012, conforme declaração do ex-Ministro da Fazenda Nelson Barbosa, entrevistado 6 (informação verbal):[163]

> Ela começa como uma coisa temporária, para alguns setores exportadores: calçado, têxtil, móveis, depois serviços de informática, só que ao longo de 2012, em novembro quando vem a crise, o (Guido) Mantega resolve apertar todos os botões, ele resolve transformar a desoneração da folha num grande

---

162 Disponível em: https://www2.camara.leg.br/comunicacao/assessoria-de-imprensa/medida-provisoria.

163 Entrevista concedida por BARBOSA FILHO, Nelson Henrique. Entrevista VI. [05.2019]. Entrevistador: Leonardo Loureiro Nunes. Brasília, 2019. Anexo VII.

> programa de estímulo ao empresário. Aí vai para construção civil, para o próprio setor de transportes urbanos para não aumentar tarifa. O que era para ser uma coisa focada em competitividade virou panaceia para todos os males.

No final das contas, uma política que deveria se concentrar em quatro setores incorporou cinquenta e seis setores, com impactos fiscais significativos.[164] A Tabela 5 resume a evolução da incorporação dos diferentes setores.

Tabela 5 – Setores incorporados nas MPs de desonerações

Ato Normativo	Número de setores incorporados
MP 540/11	4
MP 563/12	11
PLV 18/12	10
MP 852/13	15
MP 610/13	16

Os relatos de membros do governo e do meio empresarial são mais convergentes na análise dos efeitos da desoneração da folha de pagamentos. Ela foi elaborada como uma medida compensatória para a indústria, em razão da taxa de câmbio excessivamente apreciada e de outras dificuldades enumeradas que prejudicavam a sua competitividade, mas foi excessivamente ampliada pelos *lobbies* do Congresso Nacional e por uma reação do governo ao quadro econômico de 2011 e 2012, que o estimularam a adotar medidas

164 Sobre o impacto fiscal das desonerações, ver: AFONSO, José Roberto; PINTO, Vilma. "Composição da Desoneração (Completa) da Folha de Salários". *Instituto Brasileiro de Economia (FGV/IBRE)*, 2014 e ORAIR, Rodrigo Octávio; AGUILAR, Daniel Luiz Fonseca de. "Desonerações em alta com rigidez da carga tributária: o que explica o paradoxo do decênio 2005-2014?" *Economia Aplicada*, 2016.

que tentassem alavancar o desempenho econômico. Na questão do papel do Congresso Nacional, os relatos abaixo exemplificam a sua importância, conforme relato da ex-Ministra-Chefe da Casa Civil Gleisi Hoffmann, entrevistada 7 (informação verbal):[165]

> O exagero foi culpa do Legislativo e nós não soubemos enfrentar. Como a gente estava no lado mais frágil, tivemos dificuldade de fazer maioria para não deixar passar. Os setores que foram elencados para desoneração tinham lógica de ser, mas quando veio para o Congresso todo mundo queria incluir um setor a mais... Então ia para lá (Palácio do Planalto) e havia uma pressão muito grande para que ela (Dilma Rousseff) não vetasse. Então deu no que deu, ou seja, um exagero imenso e isso foi fundamental para a crise fiscal.

Essa visão é compartilhada com aquela da indústria, conforme diversos relatos e exemplificadas pelas declarações do Presidente e Diretor-executivo do IEDI, Pedro Wongtschowski, entrevistado 11 (informação verbal),[166] e Júlio de Almeida, entrevistado 1 (informação verbal),[167] respectivamente:

> Fazia sentido conceitualmente, para um número pequeno de setores altamente intensivos em mão de obra, mudar a sistemática de tributação dos encargos, de modo a fazê-los proporcional à folha salarial. Entretanto, na tramitação do projeto no Congresso Nacional, o conceito foi ampliado

165 Entrevista concedida por HOFFMANN, Gleisi Helena. Entrevista VII. [05.2019]. Entrevistador: Leonardo Loureiro Nunes. Brasília, 2019. Anexo VIII.

166 Entrevista concedida por WONGTSCHOWSKI, Pedro. Entrevista XI. [06.2019]. Entrevistador: Leonardo Loureiro Nunes. São Paulo, 2019. Anexo XII.

167 Entrevista concedida por ALMEIDA, Júlio Sérgio de. Entrevista I. [04.2019]. Entrevistador: Leonardo Loureiro Nunes. São Paulo, 2019. Anexo II.

> beneficiando uma série de outros setores econômicos em que a desoneração não era necessária, ou seja, houve uma redução da receita do Estado e uma transferência ineficiente do benefício para o setor privado.
>
> No início, a ideia era que valesse apenas para a indústria. Não havia motivo para incorporar os demais setores que não eram tradeables. Entretanto, quando foi para o Congresso, virou uma "colcha de retalhos". O lado ruim desse processo é que se perdeu uma boa direção.

Por fim, de acordo com a análise do economista Luiz Gonzaga Belluzzo, entrevistado 3 (informação verbal):[168]

> A desoneração foi concebida, em primeira instância, para compensar a valorização cambial. Os setores que inicialmente tinham sido escolhidos eram os tradeables, mas o Congresso ampliou o número de setores e essa política transformou-se simplesmente numa perda de receita, e mesmo apesar disso houve superávit primário em todos os anos, à exceção de 2014. Isso ocorreu porque o PIB cresceu e, por essa razão, a receita fiscal também cresceu. A receita fiscal não vem do planeta Marte, mas sim da atividade da economia. Então o crescimento amplia a renda das pessoas, amplia o emprego, as transações e a receita fiscal sobe.

Além do elevado custo fiscal (Tabela 4), a desoneração da folha de pagamentos tem um caráter regressivo e desvincula a contribuição patronal da folha de pagamentos. O primeiro aspecto é importante porque, assim como o imposto sobre o consumo, o imposto sobre o faturamento atinge a todos os contribuintes, independentemente do nível de renda. Ademais, ele pode incidir sobre fases intermediárias da produção, o que gera o chamado efeito "cascata". No que

168 Entrevista concedida por BELLUZZO, Luiz Gonzaga de Mello. Entrevista III. [04.2019]. Entrevistador: Leonardo Loureiro Nunes. São Paulo, 2019. Anexo IV.

se refere à sua efetividade, não é trivial a avaliação dessa política, o que torna ainda mais questionável a sua utilização.[169] O segundo aspecto é também relevante, pois a desvinculação da previdência em relação à contribuição patronal, num contexto de elevação do salário mínimo, pode gerar um problema de financiamento da previdência.

Por seu turno, os resultados econômicos foram agravados devido ao cenário econômico de baixo crescimento, que será tratado posteriormente. Os empresários, sobretudo os sobreviventes da indústria, sem uma expectativa de demanda para vender seus produtos, utilizaram a renúncia fiscal do governo para recompor suas margens de lucro, e não necessariamente para ampliar sua capacidade produtiva e gerar empregos.

Uma importante crítica à estratégia de isenções, câmbio valorizado e aumento de salários acima da produtividade vem da corrente novo desenvolvimentista. De acordo com essa corrente, o desenvolvimento deve ser alcançado a partir de uma estratégia *export led*, ou seja, exportar produtos manufaturados que acelerem a acumulação de capital e introduzam novas tecnologias. Além disso, é necessária uma política cambial ativa e uma política fiscal austera, mas com algum grau de investimento público. A competitividade cambial pressupõe uma política cambial ativa e moderação salarial, vinculando aumentos salariais ao aumento da produtividade do trabalho. A combinação de política fiscal responsável e moderação salarial garantiria inflação em um nível baixo e estável, o que permitiria

---

169 Para uma análise da efetividade da política de desonerações da folha de pagamentos, ver: FGV – FUNDAÇÃO GETÚLIO VARGAS. *Avaliação do impacto da desoneração tributária da folha de pagamento nos setores de confecções, couro e calçados e tecnologia de informação e comunicação*. São Paulo: FGV Projetos, 2013; SCHERER, Clóvis. *Payroll tax reduction in Brazil*: effects on employment and wages. Rotterdam, 2015; SILVA, Wilton Bernardino da; PAES, Nelson Leitão; OSPINA, Raydonal. "A substituição da contribuição patronal para o faturamento: efeitos macroeconômicos, sobre a progressividade e distribuição de renda no Brasil". *Revista Brasileira de Economia*, vol. 68, nº 4, 2014.

uma política monetária que estabilizasse a atividade econômica e reduzisse a taxa de juros real.[170]

Do ponto de vista político, esse tipo de medida setorial pode desagradar aos setores não-contemplados, ao mesmo tempo em que não torna os contemplados aliados automáticos do governo, conforme análise do ex-Ministro do Planejamento e ex-Presidente do BNDES Dyogo Oliveira, entrevistado 4 (informação verbal):[171]

> Nesse caso, o cerne da questão é o seguinte: quando o governo faz algo que beneficia um grupo de setores, todos os outros ficam descontentes. O aprendizado que qualquer governo precisa ter daqui para frente é de que não adianta fazer esse tipo de coisa, pois o governo não ganha apoio com isso, o que também vale para a política de campeões nacionais. Essas práticas geram muito mais ressentimento no meio empresarial por parte dos excluídos do que gratidão por parte dos beneficiados.

Por fim, a política de desonerações não deve ser reduzida a da folha de pagamentos, mas deve ser compreendida num contexto maior de renúncias fiscais que tem sido utilizado há tempos por diferentes governos, conforme análise do ex-Ministro da Fazenda Nelson Barbosa, entrevistado 6 (informação verbal):[172]

> A desoneração da folha começa como uma coisa localizada, mas a partir de 2012, ela já se expande. Em 2013, para não

---

170 BRESSER-PEREIRA, Luiz Carlos; OREIRO, José Luís; MARCONI, Nelson. *Macroeconomia desenvolvimentista*: teoria e política do novo-desenvolvimentismo. Rio de Janeiro: Elsevier, 2016.

171 Entrevista concedida por OLIVEIRA, Dyogo Henrique de. Entrevista IV. [06.2019]. Entrevistador: Leonardo Loureiro Nunes. São Paulo, 2019. Anexo V.

172 Entrevista concedida por BARBOSA FILHO, Nelson Henrique. Entrevista VI. [05.2019]. Entrevistador: Leonardo Loureiro Nunes. Brasília, 2019. Anexo VII.

> subir muito a tarifa de ônibus, a desoneração da folha é ampliada para o setor de transporte. Depois disso virou a mãe de todos, todo mundo passa a querer desoneração da folha. Então, seja com a cesta básica, seja com a desoneração da folha, onde o governo exagerou, hoje já estamos voltando atrás. A própria Dilma começou a voltar atrás. As outras duas grandes desonerações são fatores que são mais tópicos do governo anterior. Você tem o Super Simples, que desonerou pequenas e médias empresas, o governo Lula ampliou demais isso. No segundo governo Dilma foi criada uma transição mais suave, mas antes disso você expandiu os setores que poderiam optar pelo Super Simples, e expandiu a faixa de faturamento. E você tem também a Zona Franca de Manaus, que recebeu aumento de incentivo. Então quando se fala em desoneração eu pergunto: qual desoneração? A desoneração da folha era para ser pequena, só que desvirtuou, começou a ser revertido com a própria Dilma, em 2015. No caso do Super Simples e da Zona Franca de Manaus, foi o Congresso que ampliou, não o governo. O Congresso condicionava a aprovação de algumas coisas ao aumento do incentivo do Super Simples, ou a mais benefícios para Manaus. Então tem que separar uma desoneração da outra. Geralmente, as que chamam mais atenção são as desonerações da folha e do setor automotivo, só que as duas tinham prazo para acabar. Já o Super Simples, e os incentivos da Zona Franca de Manaus, só esses 2 itens, dos 4% do PIB, devem ser 1,5% do PIB.

Além das desonerações tributárias, o governo utilizou-se de subsídios volumosos para o financiamento da produção nacional como forma de reduzir o custo do financiamento da produção, sobretudo para os sobreviventes da indústria. Os bancos públicos, sobretudo a Caixa Econômica Federal, o Banco do Brasil e o BNDES, sempre tiveram uma participação significativa no sistema de crédito brasileiro. Entretanto, após a crise de 2008 e durante o primeiro mandato do governo Dilma Rousseff, houve uma ampliação da participação dos bancos públicos no total de crédito fornecido, especialmente por meio do BNDES.

PARTE III

ASPECTOS DE INFRAESTRUTURA DA IMPLEMNTAÇÃO DO PACTO SOCIAL-PRODUTIVO

Na terceira parte do trabalho, serão analisados os elementos da política setorial que constituíram a implementação do pacto social-produtivo. Na primeira seção, serão avaliadas as políticas de desonerações e de atuação do BNDES, especialmente por meio do Programa de Sustentação do Investimento (PSI), ressaltando que essas políticas foram concebidas inicialmente como instrumentos anticíclicos de combate à crise internacional de 2008, mas que foram posteriormente normalizadas até 2014 com o intuito de compensar a indústria pelas condições adversas, sobretudo pelo cenário de apreciação da taxa de câmbio, e de reativar a economia a partir de 2012.

Na segunda seção, serão analisados os principais componentes do redesenho do setor elétrico brasileiro, cujo ponto central foi a remuneração de usinas amortizadas pelos seus custos de operação e manutenção. Além disso, serão considerados os obstáculos para a implementação dessa medida, tais como a não adesão das empresas estaduais de energia, a crise hídrica do período, a não realização do leilão A-1, que obrigou as distribuidoras a contratarem energia no mercado à vista por um preço muito mais alto, a falta de regras claras para a definição das indenizações dos ativos não amortizados e a condução do processo pela cúpula do governo.

Na terceira seção, serão considerados os principais aspectos do PIL. No caso das rodovias, discute-se o modelo de modicidade tarifária, que logrou a concessão de vários trechos, mas com crítica de que exigências de muitos investimentos no início da operação da concessão criaram constrangimentos financeiros aos projetos. Nas ferrovias, setor mais malsucedido do PIL, será ponderado que o insucesso se deveu às dificuldades na elaboração de bons projetos, problemas de legislação que criavam importantes obstáculos para grandes obras, e pela opção do governo de licitar uma obra para um único empreiteiro, o que, diante dos riscos colocados, afastou quaisquer interessados nessa modelagem. Por fim, nas concessões dos aeroportos, será argumentado que houve avanços importantes e diversas obras forma concedidas, apesar da participação da Infraero ter sido um ponto de atrito com as grandes empreiteiras do país. De maneira geral, a mudança do quadro econômico, que afetou as previsões de demanda dos projetos, e a Operação Lava Jato, criaram dificuldades nos financiamentos das concessões e trouxeram inúmeros problemas econômicos para muitos desses projetos.

A última seção tratará da reestruturação do setor portuário brasileiro. A principal alteração no desenho do setor foi a autorização de operação dos terminais de uso privados, com resultados positivos para a logística e a competitividade do país. Os grupos afetados pela medida estavam mais atrelados ao mundo político e, sob esse ponto de vista, foi um processo de bastante desgaste para o governo pelos interesses enfrentados dentro do Congresso Nacional, e significou mais um momento importante para a consolidação do poder do deputado Eduardo Cunha (PMDB-RJ) na Câmara dos Deputados.

CAPÍTULO I

A ATUAÇÃO DO BNDES

O BNDES foi fundado em 1952 e tem como objetivo ser o formulador e executor da política nacional de desenvolvimento econômico. O banco possui fontes de recursos governamentais e de mercado (domésticas, externas e institucionais). Historicamente, a principal fonte de financiamento do BNDES provém do Fundo de Amparo ao Trabalhador (FAT). Atualmente, 28% da arrecadação do PIS-PASEP[173] destinada ao FAT é transferida ao BNDES.

Além do FAT, o BNDES também opera por meio de fundos de natureza vinculada, como é o caso do Fundo de Marinha Mercante (FMM), FI-FGTS (Fundo de Investimento do Fundo de Garantia do Tempo de Serviço), FGTS (Fundo de Garantia do Tempo de Serviço), dentre outros. No caso das captações externas, o BNDES opera com a emissão de títulos externos (*bonds*) e recursos de instituições

173 São contribuintes do PIS/PASEP as pessoas jurídicas de direito privado, empresas públicas e sociedades de economia mista e suas subsidiárias, excluídas as microempresas e as empresas de pequeno porte submetidas ao regime do Simples Nacional. A alíquota do PIS é de 0,65% ou 1,65% sobre a receita bruta ou 1% sobre a folha de salários, nos casos de entidades sem fins lucrativos.

multilaterais e agências governamentais.[174] Além do BNDES, a Agência Especial de Financiamento Industrial (Finame) e a BNDES Participações S/A (BNDESPAR) compõem o Sistema BNDES. A Finame tem como objetivo fomentar a produção de máquinas e equipamentos no Brasil e financiar a importação de máquinas e equipamentos não produzidos no país. A BNDESPAR existe para realizar operações visando à capitalização de empreendimentos controlados por grupos privados, observados os planos e políticas do BNDES.[175] Ela foi a principal responsável pela implementação da política de "campeões nacionais", que visava a criação de grandes grupos brasileiros para competir em escala global por meio da participação acionária do BNDES.

A atuação da BNDESPAR tem como objetivo fortalecer o mercado de capitais no país e, consequentemente, ampliar essa alternativa de capitalização para as empresas, dado que no país sempre houve escassez de crédito de longo prazo com participação importante dos bancos públicos. No que se refere à sua carteira, em dezembro de 2016, a BNDESPAR possuía participações acionárias em 111 companhias, sendo 68 de capital aberto e 43 de capital fechado, debêntures conversíveis emitidas por 41 companhias e 46 fundos de investimento, totalizando um apoio direto (ações e debêntures) a 140 companhias e uma participação indireta (via fundos) em 148 empresas.[176] A Tabela 6 mostra a participação da carteira da BNDES por setores econômicos.

---

174 Disponível em: https://www.bndes.gov.br/wps/portal/site/home/relacoes-com-investidores/fontes-de-recursos.

175 Disponível em: https://www.bndes.gov.br/wps/portal/site/home/quem-somos/governanca-controle/empresas-sistema-bndes/empresas-do-sistema-bndes.

176 BNDES. *Livro Verde*: nossa história tal como ela é. Rio de Janeiro: BNDES, 2017. Disponível em: https://bit.ly/4kF1ehm. Acessado em: 28.03.2025.

Tabela 6 – Participação da carteira do BNDES por setores

Petróleo e Gás	28%
Energia Elétrica	20%
Mineração	17%
Papel e Celulose	11%
Alimentos	11%
Outros	13%

Fonte: BNDES. Elaboração própria.

Apesar da sua diversificação, o BNDES, por meio da BNDESPAR e de suas linhas de financiamento, destinou seus recursos para a estratégia de criação dos "campeões nacionais", que visava a constituição de grandes grupos econômicos nacionais para competir globalmente no mercado externo, durante os governos Lula da Silva e Dilma Rousseff. O setor de proteína animal foi o mais paradigmático e o objetivo dessa política era consolidar o Brasil como o maior exportador mundial de proteína animal e torná-lo o maior setor exportador do agronegócio brasileiro. Entre 2005 a 2016, o BNDES desembolsou R$ 31,2 bilhões para frigoríficos, dos quais R$ 18,8 bilhões em financiamentos e R$ 12,4 bilhões em operações de mercado de capitais.[177] A Tabela 7 mostra a composição da carteira de empresas abertas da BNDESPAR em 2019, em um total de R$ 114 bilhões. Pode-se observar sua concentração em quatro grandes empresas, sendo uma a maior empresa, de capital misto, do país (Petrobras), uma estatal (Eletrobras), uma empresa privatizada, que é uma das maiores mineradoras do mundo (Vale), e a JBS, maior empresa de proteína animal do Brasil, que foi a principal beneficiada pela política de "campeões nacionais" do BNDES:

---

177 BNDES. *Livro Verde*: nossa história tal como ela é. Rio de Janeiro: BNDES, 2017. Disponível em: https://bit.ly/4kF1ehm. Acessado em: 28.03.2025.

Tabela 7 – Composição da carteira da BNDESPAR

	R$ (bi)	% de participação na carteira
Petrobras	51,93	40,69
JBS	19,96	14,93
Vale	15,44	12,10
Eletrobras	10,21	8,00
Outros	34,92	24,05

Fonte: BNDES. Elaboração própria.

No caso específico da JBS, o resultado líquido até 2016, considerando comissões, prêmios, alienação de ativos e valorização das ações, foi positivo no valor de R$ 3,56 bilhões.[178] Entretanto, mesmo que a estratégia fizesse sentido, na parte política houve muito questionamento devido às denúncias de corrupção associadas a essas operações,[179] e a própria formatação da política de "campeões nacionais", que era menos setorial e tratava diretamente de estimular algumas empresas específicas, dava margem a esse tipo de crítica.[180]

No âmbito dos financiamentos, a parcela dos recursos obrigatórios a ser repassada ao BNDES, conhecida como FAT Constitucional, é

178 BNDES. *Livro Verde*: nossa história tal como ela é. Rio de Janeiro: BNDES, 2017. Disponível em: https://bit.ly/4kF1ehm. Acessado em: 28.03.2025.

179 FOLHA DE S. PAULO. "Procuradoria acusa JBS de fraude no BNDES e cobra devolução de R$ 21 bi". *Folha de S. Paulo*, dez. 2019. Disponível em: https://www1.folha.uol.com.br/mercado/2019/12/mpf-cobra-devolucao-de-mais-de-r21-bilhoes-por-fraudes-no-bndes-em-beneficio-da-jbs.shtml?origin=folha. Acessado em: 16.05.2025.

180 Sobre a política de "campeões nacionais, ver: BUGIATO, Caio. "A política de financiamento do BNDES à burguesia brasileira". *Cadernos do Desenvolvimentoesenvolvimento*, vol. 9, nº 14, 2014; FERRAZ, João Carlos; ALÉM, Ana Cláudia; MADEIRA, Rodrigo Ferreira. "A contribuição dos bancos de desenvolvimento para o financiamento de longo prazo". *Revista do BNDES*, 2013.

remunerada pela Taxa de Juros de Longo Prazo (TJLP), para projetos contratados até 2017 e concedidos em reais.[181] No caso das exportações, os recursos repassados são remunerados pela Taxa de Juros para Empréstimos e Financiamentos no Mercado Interbancário de Londres (Libor), mais a variação do dólar ou euro, no caso de financiamentos concedidos em moeda estrangeira. A TJLP, definida pelo Conselho Monetário Nacional (CMN), ficou historicamente abaixo da taxa básica que remunera os títulos da dívida mobiliária interna do país e sempre possuiu uma volatilidade menor que a taxa Selic.

A baixa volatilidade e seu nível abaixo da taxa básica de juros da economia serviam para estimular o financiamento de longo prazo no país. A diferença entre a TJLP, que é a taxa cobrada pelo BNDES na maior parte dos seus financiamentos e que remunera o FAT, e a taxa básica de juros da economia, é chamada de subsídio implícito, pois ele não é aprovado pelo Congresso Nacional e não impacta os gastos primários do governo, dado que o FAT é um fundo de natureza contábil-financeira e, portanto, seus recursos não passam pela Conta Única do Tesouro Nacional.[182] De acordo com a Figura 25, que mostra as diferentes fontes de composição do Passivo do BNDES, e a Tabela 8, que mostra a participação percentual das diferentes fontes governamentais no Passivo do BNDES, observa-se que o FAT foi a principal fonte de financiamento do banco até 2008, ano da crise internacional, responsável por aproximadamente metade dos passivos do banco.

---

181 A partir de 2017, a TJLP vai ser gradativamente substituída pela Taxa de Longo Prazo (TLP), que tem como referência as taxas de mercado livres de risco dos títulos públicos com os mesmos vencimentos dos financiamentos do BNDES. Entretanto, para o horizonte histórico do trabalho, a taxa que importa é a TJLP.

182 Disponível em: https://portalfat.mte.gov.br/codefat/resolucoes-2/resolucoes-por-assunto/geracao-de-emprego-e-renda/linhas-de-creditos-especiais/fat-giro-cooperativo-agropecuario/sobre-o-fat/.

A partir de 2008, o governo decidiu aportar recursos do Tesouro Nacional, tanto como política anticíclica para manter a economia aquecida, como por considerar insuficientes as fontes de recursos existentes para os projetos de infraestrutura, principalmente o Programa de Aceleração do Crescimento (PAC) e as linhas de financiamento para máquinas e equipamentos, que foram ampliadas por meio do Programa de Sustentação do Investimento (PSI). No acumulado entre 2008 e 2014, o BNDES captou cerca de R$ 440 bilhões, sendo que a maior parte desses recursos foi captada a TJLP.[183] No auge, em 2014, o FAT respondia por 22% do passivo do BNDES e os recursos do Tesouro alcançar a marca de 58% do seu passivo.

Figura 25 – Passivo BNDES (R$ mi)

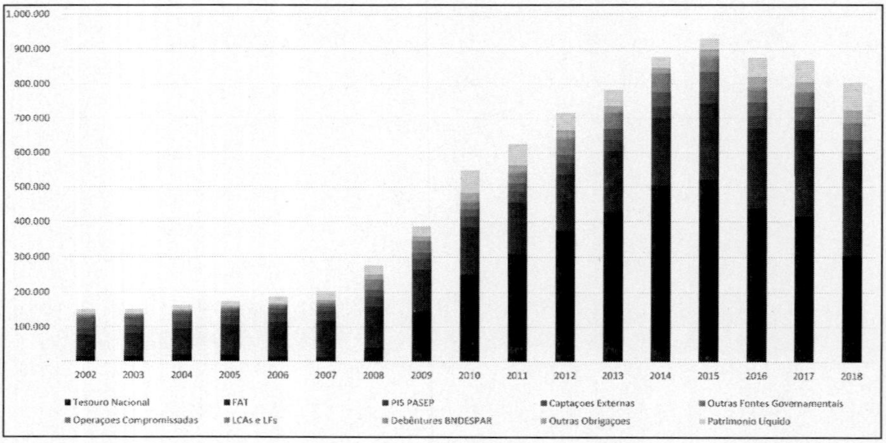

Fonte: BNDES. Elaboração própria.

183 BNDES. *Livro Verde*: nossa história tal como ela é. Rio de Janeiro: BNDES, 2017. Disponível em: https://bit.ly/4kF1ehm. Acessado em: 28.03.2025.

Tabela 8 – Passivo BNDES (%)

	2002	2003	2004	2005	2006	2007	2008	2009	2010
Tesouro Nacional	10%	12%	13%	11%	8%	7%	16%	37%	46%
FAT	42%	44%	46%	51%	54%	52%	42%	32%	24%
PIS PASEP	13%	13%	13%	14%	14%	14%	11%	8%	6%
FGTS	0%	0%	0%	0%	0%	0%	2%	1%	1%
FI-FGTS	0%	0%	0%	0%	0%	0%	3%	2%	1%
FMM	1%	1%	1%	1%	1%	1%	2%	1%	1%
Outros Fundos	3%	3%	3%	3%	3%	3%	2%	0%	0%
	2011	2012	2013	2014	2015	2016	2017	2018	
Tesouro Nacional	50%	53%	55%	58%	56%	50%	48%	38%	
FAT	23%	23%	23%	22%	24%	27%	29%	34%	
PIS PASEP	5%	5%	4%	4%	4%	4%	3%	3%	
FGTS	1%	1%	1%	0%	0%	0%	0%	0%	
FI-FGTS	1%	1%	1%	1%	0%	0%	0%	0%	
FMM	2%	2%	2%	2%	2%	2%	2%	3%	
Outros Fundos	0%	0%	1%	1%	1%	1%	1%	1%	

Fonte: BNDES. Elaboração própria.

A Figura 26, por sua vez, mostra a evolução dos desembolsos do BNDES em termos reais e seu percentual em relação ao PIB. Pode-se observar que o desembolso total do banco em relação ao PIB oscila mais lentamente durante o primeiro mandato do governo Lula da Silva, de 1,95% em 2003 para 2,92% em 2007. A partir da crise de 2008, com a estratégia de utilização do BNDES como instrumento de política anticíclica, a participação dos desembolsos no PIB salta de 2,8% para 4,33% em 2010 e ainda se mantem alta durante o governo Dilma Rousseff, alcançando o valor de 3,53% do PIB em 2014. Entre 2009 e 2013, os desembolsos do BNDES aumentaram 106% em termos reais.[184]

Durante esse período de expansão do BNDES, seja na política anticíclica do pós-crise de 2008 ou durante a implantação do pacto social-produtivo, os setores que mais receberam recursos em termos de volume foram a indústria e a infraestrutura, o que corrobora a tese de que o governo visava adotar uma agenda de estímulo aos

184 Para uma análise geral do desempenho do BNDES, ver: FERRAZ, João Carlos; ALÉM, Ana Cláudia; MADEIRA, Rodrigo Ferreira. "A contribuição dos bancos de desenvolvimento para o financiamento de longo prazo". *Revista do BNDES*, 2013.

sobreviventes da indústria e de fomento à infraestrutura. Os dados, em reais constantes de 2018, mostram que os desembolsos com a indústria saltaram de R$ 55 bilhões em 2007 para R$ 77 bilhões em 2013, com pico de R$ 132 bilhões em 2010, no auge da política anticíclica. A indústria teve um aumento no desembolso de R$ 54 bilhões em 2007 para R$ 83 bilhões em 2013, com pico de R$ 88 bilhões em 2010.

A participação dos recursos do BNDES destinados ao aumento da capacidade produtiva é significativa. Entre 2007 e 2014, os desembolsos do BNDES que contribuíram para a formação bruta de capital fixo subiram de 12% para 21%, ou seja, em 2014 um quinto de todo investimento fixo do país estava atrelado a projetos apoiados pelo BNDES.[185]

Figura 26 – Desembolsos reais (R$ mi) BNDES

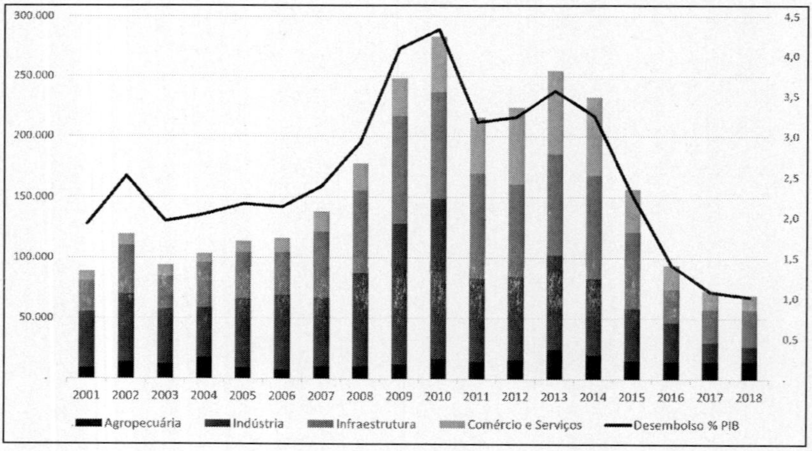

Fonte: BNDES. Elaboração própria.

185 BNDES. *Relatório de efetividade 2007-2014*: a contribuição do BNDES para o desenvolvimento nacional. Rio de Janeiro: BNDES, 2015. Disponível em: https://web.bndes.gov.br/bib/jspui/handle/1408/6523. Acessado em: 28.03.2025.

Quando analisados os desembolsos no âmbito dos subsetores, conforme a Figura 27, destacam-se algumas modalidades de financiamento. Em relação à infraestrutura, o subsetor de energia elétrica teve uma expansão nos seus desembolsos, de um valor de R$ 8,6 bilhões em 2008 para R$ 21,8 bilhões em 2015. No setor de geração de energia, o BNDES financiou 100% da ampliação da capacidade instalada nas usinas hidrelétricas e mais de 60% nas termelétricas, nas PCHs e nos parques eólicos. Entre 2007 e 2014, houve um aumento de 39% na capacidade instalada na geração de energia elétrica, o que corresponde a cerca de 37 mil megawatts e a participação do banco foi de 64% no financiamento de todos esses projetos. Na transmissão de energia, houve um aumento de 37 mil km na rede de transmissão, como participação de 56% do banco no financiamento desses projetos.[186]

Na indústria, conforme a Figura 27, um outro destaque foi o setor de material de transporte, que inclui a fabricação e montagem de veículos automotores, embarcações, equipamentos ferroviários e aeronaves. No período de 2007 a 2014, os desembolsos subiram de R$ 4,7 bilhões para R$ 11,5 bilhões. No setor de papel e celulose, os desembolsos aumentaram de R$ 1,8 bilhão em 2007 para R$ 4 bilhões em 2014. Por fim, em comércio e serviços, houve o maior aumento percentual de desembolso, de R$ 7,8 bilhões em 2007 para R$ 52 bilhões em 2014. Os principais destaques foram os empréstimos aos Estados da federação, as operações realizadas no âmbito do Cartão BNDES e as aquisições de ônibus e caminhões por meio do BNDES PSI.

---

186 BNDES. *Relatório de efetividade 2007-2014*: a contribuição do BNDES para o desenvolvimento nacional. Rio de Janeiro: BNDES, 2015. Disponível em: https://web.bndes.gov.br/bib/jspui/handle/1408/6523. Acessado em: 28.03.2025.

Figura 27 – Desembolsos BNDES subsetores

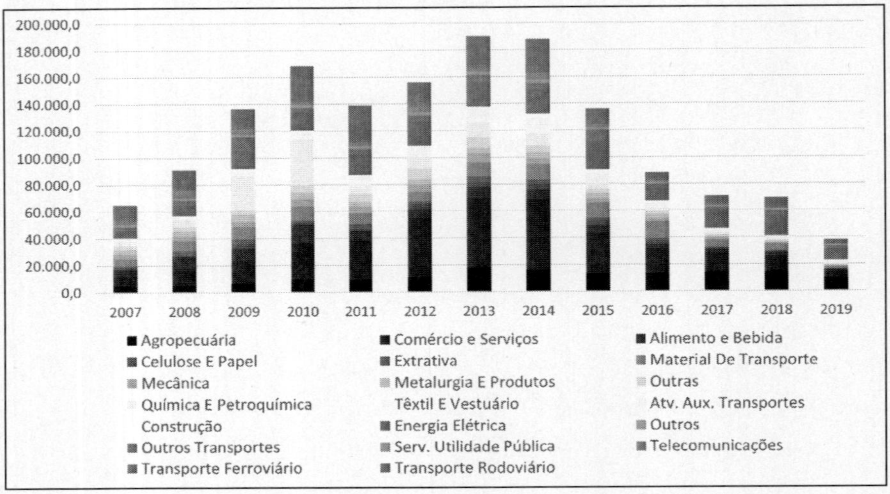

Fonte: BNDES. Elaboração própria.

O Programa de Sustentação do Investimento (PSI) do BNDES foi criado em julho de 2009, e prorrogado até 2015, como mais um dos instrumentos de política anticíclica para combater a crise internacional de 2008. A principal característica do PSI era a redução das taxas de juros vigentes para a comercialização de máquinas, equipamentos, ônibus, caminhões produzidos nacionalmente no âmbito do BNDES Finame, com o objetivo de enfrentar a queda na taxa de investimentos da economia naquele período. A execução do programa era feita pelo BNDES na forma indireta, ou seja, como repassador de recursos às instituições financeiras credenciadas que assumiam o risco de crédito das operações.

O principal impacto do PSI foi na produção de carros, ônibus e caminhões e na venda de ônibus e caminhões. Entre 2007 e 2014, a capacidade instalada desse segmento foi ampliada em 56%, de 3,5 milhões para 4,8 milhões de unidade/ano. No âmbito da comercialização, a participação do financiamento do Finame aumentou consideravelmente entre 2007 e 2010, alcançando 78%

dos caminhões licenciados. No segmento de ônibus, a participação do Finame aumentou de 52% em 2007 para 67% em 2014, com pico de 68% em 2010 com 68%.[187] Os relatos de representantes da indústria confirmavam o exagero nas políticas de fomento à indústria de caminhões, conforme declaração do ex-Diretor da CNI José Fernandes, entrevistado 9 (informação verbal):[188]

> Houve excessos, que geraram distorções, como no caso dos caminhões. Foi dado um estímulo extraordinário à renovação da frota de caminhões, com a inclusão de novos caminhoneiros que não estavam nesse mercado ou de pessoas que eram profissionais liberais nas cidades do interior, e que com aquela bonança decidiram comprar um caminhão. Mais adiante houve um problema de redução dos preços do frete, greve dos caminhoneiros, cujo embrião foi esse momento.

A principal diferença entre o PSI e outros programas do BNDES era o fato dele ser equalizável, ou seja, para estimular principalmente a compra de máquinas e equipamentos, ônibus e caminhões produzidos no país, o BNDES emprestava o recurso a uma taxa menor do que a TJLP, e essa diferença era equalizada pelo Tesouro Nacional, que repassava os recursos para o BNDES. A estruturação desse programa também teve como motivação as demandas setoriais, conforme declaração do ex-Ministro da Fazenda Nelson Barbosa, entrevistado 6 (informação verbal):[189]

---

187 BNDES. *Relatório de efetividade 2007-2014*: a contribuição do BNDES para o desenvolvimento nacional. Rio de Janeiro: BNDES, 2015. Disponível em: https://web.bndes.gov.br/bib/jspui/handle/1408/6523. Acessado em: 28.03.2025.

188 Entrevista concedida por FERNANDES, José Augusto. Entrevista IX. [05.2019]. Entrevistador: Leonardo Loureiro Nunes. Brasília, 2019. Anexo X.

189 Entrevista concedida por BARBOSA FILHO, Nelson Henrique. Entrevista VI. [05.2019]. Entrevistador: Leonardo Loureiro Nunes. Brasília, 2019. Anexo VII.

> O PSI foi para incentivar o investimento e a produção de bens de capital. Inicialmente a taxa de juro era de 9 a 10%, ao ano, mas depois caiu para 2,5%. Isso para comprar máquina agrícola, trator, avião, etc. Essa redução de taxa de juro foi um exagero, não era necessário, e calhou disso ocorrer no momento da mudança de ciclo na indústria do caminhão. A indústria de caminhão deu uma mergulhada em 2012, e a ANFAVEA espertamente usou isso como argumento para reduzir a taxa de juro do PSI, argumentando que era preciso dar um auxílio. Não era preciso. Havia uma mudança programada de produto e, devido a isso, a produção de caminhões iria ser alta em 2011, ia mergulhar em 2012 e voltar ao normal em 2013. Para facilitar a venda desses novos caminhões, que eram inicialmente mais caros porque poluem menos e tinham várias novas tecnologias, a ANFAVEA pediu PSI barato para poder reduzir o preço do novo tipo de caminhão.

Da mesma maneira que no caso das desonerações, o PSI foi estruturado para manter o investimento da economia no ambiente pós-crise de 2008, mas acabou sendo uma medida normalizada e aprofundada durante o primeiro mandato da Presidenta Dilma Rousseff, com impactos fiscais significativos. A Tabela 9 mostra o total dos desembolsos anuais do PSI e de outros programas equalizáveis do BNDES entre 2009 e 2014. O valor total dos desembolsos foi de R$ 375 bilhões e, para se ter uma dimensão desse programa, nos anos de 2013 e 2014, os desembolsos desses programas representaram, respectivamente, 44% e 41% do total dos desembolsos do BNDES.

Tabela 9 – Total dos desembolsos anuais do PSI e de outros programas equalizáveis do BNDES

(R$ mi)	2009	2010	2011	2012	2013	2014	2015	2016	Total
PSI e outros programas equalizáveis	19.122	67.812	43.018	45.305	83.279	77.441	34.118	4.959	375.055
Total desembolsos BNDES	136.656	168.423	138.873	155.992	190.419	187.837	135.942	88.257	1.202.099
(PSI + equalizáveis) / BNDES (%)	14%	40%	31%	29%	44%	41%	25%	6%	31%

Fonte: BNDES. Elaboração própria.

Quando considerado o total de R$ 375 bilhões, aproximadamente 63% dos desembolsos ocorreram a uma taxa de juros inferior a 6%, o que significava uma taxa real de juros negativa, dada a inflação média do período de 6,5%. Para 11,4% do total entre 2009 e 2016, a taxa de juros cobrada foi de 2,5%, uma taxa considerada baixa mesmo para os representantes da indústria.[190]

No que se refere à sua efetividade, alguns estudos apontam uma eficácia ao menos parcial do programa. Machado *et al.*[191] apontam como resultado que parte da recuperação dos investimentos no biênio 2009-2010 teve a participação do PSI, com maior ênfase no ano de 2009. Barboza *et al.*[192] ressaltam que a indústria foi a grande beneficiada com o PSI, sendo que dois terços dos tomadores do programa

190 BNDES. *Livro Verde*: nossa história tal como ela é. Rio de Janeiro: BNDES, 2017. Disponível em: https://bit.ly/4kF1ehm. Acessado em: 28.03.2025.

191 MACHADO, Luciano *et al. Additionality of countercyclical credit*: evaluating the impact of BNDES'PSI on the investment of industrial firms. Rio de Janeiro, 2014.

192 BARBOZA, Ricardo de Menezes *et al.* "A indústria, o PSI, o BNDES e algumas propostas". *Textos para Discussão*, vol. 114, 2017. Disponível em: https://web.bndes.gov.br/bib/jspui/bitstream/1408/11534/1/TD_114_P_BD.pdf. Acessado em: 28.03.2025.

foram firmas industriais. Ribeiro e Nucifora[193] analisam um período mais longo de vigência do PSI e encontram um impacto positivo, porém transitório, sobre o faturamento sobre empresas produtoras de bens de capital. Por outro lado, esses estudos sugerem que houve algum nível de antecipação de investimento durante a vigência do programa.

Tanto a desoneração da folha de pagamentos quanto a disponibilização de linhas abaixo da TJLP e mesmo negativas em alguns momentos serviram, no início, para combater os efeitos da crise internacional de 2008, mas foram normalizadas entre 2011 e 2014 como maneira de reduzir custo e, consequentemente permitir a recomposição das margens de lucro dos sobreviventes da indústria, devido à crise financeira, como medida compensatória para enfrentar a crise industrial e como maneira de estimular o crescimento econômico num contexto de desaceleração. Conforme relato do Diretor-executivo do IEDI, Júlio de Almeida, entrevistado 1 (informação verbal),[194] e do Presidente do IEDI, Pedro Wongtschowski, entrevistado 11 (informação verbal),[195] respectivamente:

> Teve um momento em que muitos empresários falavam individualmente que era impossível manter a taxa de juros do PSI. Aí vem o contexto econômico, a crise da indústria se avizinhava, e não podemos perder de vista que uma parte relevante da composição do governo Dilma tinha relação com a indústria. Então, houve um momento em que predominou a visão no governo de não fazer nada contra essas coisas. Talvez muitas

193 RIBEIRO, Eduardo Pontual; NUCIFORA, Antonio. *Impact of BNDES PSI loans on firm outcomes*. Washington DC, 2017.

194 Entrevista concedida por ALMEIDA, Júlio Sérgio de. Entrevista I. [04.2019]. Entrevistador: Leonardo Loureiro Nunes. São Paulo, 2019. Anexo II.

195 Entrevista concedida por WONGTSCHOWSKI, Pedro. Entrevista XI. [06.2019]. Entrevistador: Leonardo Loureiro Nunes. São Paulo, 2019. Anexo XII.

> delas deveriam não ter nascido sequer com alguns vícios, como a desoneração da folha. De todo modo, o acesso a juros mais baratos, sobretudo dos bancos públicos, alguma intervenção no câmbio e a queda da taxa Selic foram fatores que de alguma maneira postergaram a crise da indústria em 2014.
>
> O PSI foi uma medida correta, e na origem a ideia de um financiamento contracíclico fazia todo sentido, para injetar dinheiro na economia via financiamento barato, com o objetivo de tentar manter a atividade econômica e o nível de emprego. O PSI deveria ter durado em torno de um ano ou um ano e meio, mas na prática durou de seis a oito anos. Portanto, durou tempo demais, e foi fortemente concentrado no setor transportes, que criou uma sobre oferta de caminhões no mercado brasileiro, cuja consequência foi um frete estruturalmente baixo pelos próximos anos.

Além disso, a normalização dessas políticas e seu aprofundamento tiveram consequências na questão fiscal, que será analisada mais a frente, conforme análise da ex-Ministra-Chefe da Casa Civil Gleisi Hoffmann, entrevistada 7 (informação verbal):[196]

> (O PSI) foi estruturado para cobrir a perda financeira que as empresas tiveram, mas não teve efetividade econômica, e gerou um desgaste, pois a União colocou recursos no BNDES. Portanto, isso também agravou a situação de déficit fiscal, e não gerou os efeitos esperados junto às empresas. Ao contrário, começou a haver uma queda considerável da receita fiscal, que também se relaciona com as desonerações. Essa crise fiscal não foi uma crise pelo lado da despesa, mas sim pelo lado da receita.

---

196 Entrevista concedida por HOFFMANN, Gleisi Helena. Entrevista VII. [05.2019]. Entrevistador: Leonardo Loureiro Nunes. Brasília, 2019. Anexo VIII.

Por fim, um último ponto a ser destacado é a atuação do BNDES nos governos Lula da Silva e Dilma Rousseff no financiamento para exportação de serviços de engenharia. Nesse ponto, o pacto social-produtivo alinhou-se ao lulismo, ao dar protagonismo às obras públicas e ao financiamento de empresas de engenharia e construção, para obras no Brasil e também no exterior, com o objetivo de internacionalizar o setor e fortalecer o país do ponto de vista geopolítico por meio de sua maior inserção em outros países.

As maiores construtoras do país, Odebrecht, Andrade Gutierrez, OAS e Camargo Corrêa, eram as principais clientes do BNDES. No conjunto das operações de exportação de bens e serviços financiadas pelo BNDES, seus desembolsos representaram 48% do total do orçamento dos projetos. Por sua vez, a participação dos desembolsos do BNDES nos últimos seis anos no total exportado por essas empresas representa 9% do faturamento delas no exterior.[197]

O resultado dessa política é ambíguo.[198] Por um lado, os resultados foram positivos, pois esses financiamentos realizados pelo BNDES entre 2007 e 2015 movimentaram uma rede de 4.044 fornecedores no Brasil, sendo 2.785 MPMEs. Além disso, o total de empregados desses fornecedores aumentou de 402 mil em 2007 para 788 mil em 2014.[199] Por outro lado, houve questionamentos à estruturação de políticas que, na prática, beneficiavam algumas poucas empresas. Esse tipo de política, de acordo com diversos relatos das entrevistas, gerava um desconforto entre aqueles que não

197 BNDES. *Livro Verde*: nossa história tal como ela é. Rio de Janeiro: BNDES, 2017. Disponível em: https://bit.ly/4kF1ehm. Acessado em: 28.03.2025.

198 Para uma discussão sobre o tema, ver: GÓES, Fernanda Lira. *Financiamento do BNDES para obras e serviços de empresas brasileiras no exterior*. Brasília, 2017.

199 BNDES. *Livro Verde*: nossa história tal como ela é. Rio de Janeiro: BNDES, 2017. Disponível em: https://bit.ly/4kF1ehm. Acessado em: 28.03.2025.

eram beneficiados pelas medidas e não necessariamente angariava apoio político por parte dos beneficiados. Do ponto de vista do arranjo político, a relação do pacto social-produtivo com os grandes grupos empreiteiros foi também ambígua, pois houve um estímulo a projetos que internacionalizavam essas empresas, mas em outras frentes, como no caso do PIL, que será analisado adiante, houve um enfrentamento aos interesses desses grupos.

CAPÍTULO II

A REESTRUTURAÇÃO DO SETOR ELÉTRICO BRASILEIRO

A Medida Provisória (MP) n. 579/2012, convertida na Lei n. 12.783/2013,[200] antecipou o vencimento de concessões de geração e transmissão de energia elétrica que venceriam entre 2015 e 2017. A MP tratava sobretudo do parque gerador brasileiro e atingia principalmente usinas hidrelétricas da Eletrobras (empresa de economia mista controlada pela União), CESP (empresa de economia mista controlada pelo governo do Estado de São Paulo), CEMIG (empresa de economia mista controlada pelo governo do Estado de Minas Gerais) e COPEL (empresa de economia mista controlada pelo governo do Estado do Paraná). Por meio da adesão aos termos da MP, essas concessionárias seriam remuneradas pelos ativos não amortizados e aceitariam receber pela energia uma tarifa que refletia o custo de manutenção e operação das concessões. Essas tarifas passaram a ser reguladas pela Agência Nacional de Energia Elétrica (ANEEL). A Tabela 10 resume a participação das concessões do parque gerador nacional abrangidas pela medida:

200 BRASIL. *Lei n. 12.783*, de 11 de janeiro de 2013. Brasília: Diário Oficial da União, 2013.

Tabela 10 – Estrutura do Parque Gerador do Brasil

Concessionárias	Potência (MW)	Participação (%)
Grupo Eletrobras	15.022	67,26
Estaduais	6.842	30,62
Privadas	468	2,09
Municipais	9	0,03

Fonte: MME. Elaboração própria.

Além disso, para que a redução da tarifa alcançasse 20% ao consumidor final, foram reduzidos diversos encargos, com a descontinuidade da cobrança da Conta de Consumo de Combustíveis Fósseis (CCC),[201] da Reserva Global de Reversão (RGR),[202] bem como a redução de 75% das quotas da Conta de Desenvolvimento Energético (CDE).[203] Esses encargos representavam, parcialmente,

201 A CCC é um encargo do setor elétrico brasileiro pago por todas as concessionárias de distribuição e de transmissão de energia elétrica, de forma a subsidiar os custos anuais de geração em áreas ainda não integradas ao Sistema Interligado Nacional – SIN, chamadas de Sistemas Isolados. Ver: https://www.ccee.org.br/portal/faces/pages_publico/o-que-fazemos/contas/conta_ccc?_afrLoop=698332190730510&_adf.ctrl-state=tl-mv1s552_1#!%40%40%3F_afrLoop%3D698332190730510%26_adf.ctrl-state%3Dtlmv1s552_5.

202 A RGR é um encargo do setor elétrico brasileiro pago mensalmente pelas concessionárias de geração, transmissão e distribuição de energia. Criada em 1957, a partir do Decreto n. 41.019, a Conta de Reserva Global de Reversão financia projetos de melhoria e expansão para empresas do setor energético, como por exemplo o "Programa Luz para Todos". Ver: https://www.ccee.org.br/portal/faces/pages_publico/o-que-fazemos/contas/conta_rgr?_afrLoop=699202359155327&_adf.ctrl-state=tl-mv1s552_35#!%40%40%3F_afrLoop%3D699202359155327%26_adf.ctrl-state%3Dtlmv1s552_39.

203 A CDE foi criada pela Lei n. 10.438/2002 com o objetivo de, dentre outras finalidades, promover a universalização do serviço de energia elétrica em todo o território nacional, custear os descontos nas tarifas concedidos às classes rural e residencial baixa renda, garantir a

subsídios cruzados e, nesse sentido, a medida foi meritória. Além disso, os encargos e tributos representavam aproximadamente 40% do valor da tarifa média de energia em 2011.[204] Portanto, para reduzir a tarifa de energia para o consumidor, era necessário alterar essa estrutura.

Por fim, foi estabelecida a possibilidade de aporte do Tesouro Nacional à CDE, lastreado nos recebíveis do serviço da dívida da Itaipu Binacional. De acordo com a Medida Provisória 600, a União foi autorizada a ceder onerosamente ao BNDES as parcelas que tinha a receber da Itaipu Binacional. Como contrapartida, o BNDES entregava ao governo títulos da dívida pública ou ações. Com esses recursos, o governo abastecia a Conta de Desenvolvimento Energético (CDE), que foi o principal instrumento de subsídio à tarifa de energia durante o período.

A Medida Provisória 579 foi considerada como uma janela de oportunidade para a redução da tarifa de energia, que estava inscrita na estratégia concebida pelo governo de enfrentar os grandes oligopólios brasileiros, os donos do PIB, combater seus "lucros extraordinários", resultando em uma melhor competitividade da economia brasileira. De maneira resumida, a redução da tarifa se daria pelos seguintes expedientes: fixação das tarifas com base nos custos de manutenção e operação, eliminação de encargos da tarifa de energia, ressarcimento pelos investimentos realizados e não

---

competitividade da energia produzida a partir de fonte eólica, pequenas centrais hidrelétricas, biomassa, gás natural e carvão mineral. Ver: http://www.aneel.gov.br/espaco-do-empreendedor/-/asset_publisher/uPv0Vn1PiOn9/content/encargos/654800?inheritRedirect=false.

204 CASTRO, N. J. de *et al.* "O processo de reestruturação do setor elétrico brasileiro e os impactos da MP 579". *Texto de Discussão*, Rio de Janeiro, nº 51, 2013.

amortizados e subsídio para as distribuidoras pagarem as tarifas das geradoras que não aderissem aos termos da medida.[205]

Havia algumas alternativas possíveis à medida e uma delas, a mais evidente, era licitar aquelas usinas vincendas, mas nesse caso havia uma série de óbices concretos para que se fizesse uma licitação, dentre os quais a questão dos funcionários que operavam aqueles ativos. No caso da opção de licitar, se a empresa não lograsse êxito no certame, restaria saber o que fazer com esses empregados. Portanto, havia algumas questões práticas operacionais que foram levadas em consideração e que eram bons argumentos para que não se licitasse. Segundo um integrante do governo, entrevistado 16 (informação verbal),[206] colocavam-se as seguintes possibilidades na mesa:

> Vamos licitar todo esse parque de geração e ver quem quer ganhar dinheiro com a energia, assumir essas concessões com o BID, com outorga e fazer renda desse parque gerador? É uma forma, estava na mesa, ou vamos aproveitar esse momento histórico de contratos encerrando para não quebrar contratos e vamos tentar usar como instrumento para redução de custo de energia, então ao invés de colocar em leilão com maior outorga ou tentar manter as tarifas tal qual foram naquele momento, vamos fazer um modelo novo para redução das tarifas?

A decisão da cúpula do governo não deixava dúvidas quanto ao objetivo do redesenho do setor elétrico, conforme relato do

---

205 VELLOSO, Raul; SPRINGER, Paulo Springer; ABBUD, Omar. *Energia elétrica a caminho do estrangulamento*. Rio de Janeiro: Forum Nacional, 2004.

206 Entrevista concedida em caráter anônimo. Entrevista XVI. [04.2019]. Entrevistador: Leonardo Loureiro Nunes. São Paulo, 2019. arquivo mp3 (60 min).

ex-secretário do Tesouro Arno Augustin, entrevistado 10 (informação verbal):[207]

> O que o governo fez foi basicamente cumprir contrato. O contrato dizia que quando as usinas estivessem amortizadas as concessões voltariam para o governo e seria necessária uma nova licitação. E, portanto, essas empresas que tiveram oportunidade de continuar não teriam essa oportunidade, ou seja, teriam que disputar num processo licitatório, que provavelmente levaria a preços menores. Esse processo criou problema porque o histórico do setor de energia era de um setor que tinha lucros extraordinários, lucros não normais de mercado, lucros monopolistas, e isso cessou. Muitas vezes o analista financeiro não sabe isso, não aprofunda o setor a ponto de entender que o lucro daquela companhia vai acabar. Então muita gente ficou em dificuldade porque não tinha enxergado que o contrato ia vencer, embora isso fosse público, talvez porque muita gente no mercado não previa que o contrato ia ser cumprido. Talvez o mercado, esse mercado especificamente, tenha pensado que no Brasil não se cumpre contrato e, portanto, esse contrato não seria cumprido, e que se daria algum tipo de jeito de tal modo que as rentabilidades extraordinárias daquelas companhias iriam continuar, absolutamente contra qualquer lógica econômica.

Na esfera produtiva, a FIESP colocou-se como a mais importante porta-voz da agenda de redução das tarifas de energia. Desde 2011, foi lançada a campanha "Energia a preço justo", que tinha por objetivo a defesa de novos leilões do setor elétrico para a redução desse custo.[208] A revisão das regras do setor elétrico acarretaria em uma economia de aproximadamente R$ 900 bilhões de reais durante 30

207 Entrevista concedida por AUGUSTIN FILHO, Arno Hugo. Entrevista X. [05.2019]. Entrevistador: Leonardo Loureiro Nunes. Porto Alegre, 2019. Anexo XI.

208 Disponível em: https://www.fiesp.com.br/energia-a-preco-justo/.

anos em impostos e custos de geração e transmissão. De acordo com uma liderança empresarial, entrevistado 14 (informação verbal):[209]

> ...havia uma questão de R$ 1 trilhão, que ficaria para a sociedade ou iria para as mãos dos acionistas da Eletrobras, da CESP, da CEMIG e da COPEL. Quem são os acionistas da Eletrobras? União, um terço está na Bolsa de São Paulo, um terço está na Bolsa de Nova Iorque. Quem são os acionistas da CEMIG? Camargo Correia, naquela época, o governo de Minas... o Paulo (Skaf) assumiu isso como uma campanha forte...

No momento da edição da Medida Provisória, o próprio Presidente da FIESP publicou um artigo com uma defesa enfática da decisão do governo.[210] Numa análise posterior, dentre as críticas feitas ao redesenho do setor elétrico, uma das mais recorrentes foi a definição de um preço fixo para a energia, balizados por parâmetros pouco transparentes, e que seria definido dentro dos gabinetes de Brasília. Na prática, houve uma sinalização ruim para o mercado, segundo um membro do governo, entrevistado 18 (informação verbal),[211] e o risco colocado era:

> ...acabar com o mecanismo de leilão de energia e o Estado definir qual é o valor da energia baseado no fato de que as grandes barragens já tinham sido amortizadas, e que portanto elas seriam operadas por um custo operacional, e esse custo

---

209 Entrevista concedida em caráter anônimo. Entrevista XV. [04.2019]. Entrevistador: Leonardo Loureiro Nunes. São Paulo, 2019. arquivo mp3 (45 min).

210 SKAF, Paulo. "Uma luz na competitividade". *Folha de S. Paulo*. Disponível em: https://www1.folha.uol.com.br/fsp/opiniao/67836-uma-luz-na-competitividade.shtml. Acessado em: 16.05.2025.

211 Entrevista concedida em caráter anônimo. Entrevista XVIII. [05.2019]. Entrevistador: Leonardo Loureiro Nunes. São Paulo, 2019. arquivo mp3 (50 min).

> operacional mais alguma margem definida na mesa da Secretaria do Tesouro, e esse seria o preço da energia, e portanto esse seria o princípio para reduzir o custo da energia para o consumidor... a tese vencedora foi... utilizar essa oportunidade do vencimento para facultar, e aí era por adesão, a possibilidade de renovar os contratos... e aí nessas condições, uma delas, a principal era que se aderisse a um determinado preço, e essa precificação seria estabelecida monocraticamente pelo regulamento... então a empresa aderia sem saber qual ia ser o preço de energia, qual ia ser a receita. O grande problema foi a sinalização passada para o regime de leilão, porque, naquele momento estava ganhando corpo e começando a funcionar o regime de leilão de energia... comprando energia do gerador privado de todas as fontes... eólica, solar, cogeração de energia de biomassa... e também de PCHs, também de usinas hidrelétricas tradicionais e esses leilões... foram um mecanismo inclusive muito incentivados na época que ela (Dilma Rousseff) foi ministra de Minas e Energia, só que ao fazer aquilo ali o que o governo sinalizou... na hora que vencer o seu contrato eu vou estabelecer a energia, eu vou estabelecer o preço, não tem leilão... o mercado não define o preço da energia, quem define o preço da energia sou eu. Isso gerou um refluxo de investimento brutal, ficou 2, 3 anos sem ter oferta de geração de energia... a sinalização que o governo passou é... qualquer hora eu confisco a sua energia e estabeleço o preço, então os projetos que estavam começando ali, visando entrar em leilões de energia foram todos refreados... esse foi o grande efeito e dali para frente começou a ter problema de oferta.

Paralelamente a isso, a implementação da MP n. 579/2012 pressupunha a adesão de três companhias estaduais (CESP, CEMIG e COPEL), que eram administradas por governos do Partido da Social Democracia Brasileira (PSDB), principal adversário do PT. A primeira razão para não adesão dessas companhias foi estritamente política, conforme comentário de integrante do governo, entrevistado 18 (informação verbal):[212]

> aí o problema foi político, os governadores eram do PSDB, não queriam aderir, porque também o que ela (Dilma Rousseff) fizesse eles não iam aderir... no caso de Minas o aliado do governador ia ser candidato a Presidente do Brasil contra ela dali a alguns anos.

A segunda razão para que essas empresas entrassem em litígio com o governo federal foi o fato de que os dividendos das suas respectivas companhias estaduais representavam uma importante fonte de receitas para os Estados, que enfrentavam uma delicada situação fiscal. Na avaliação de outro membro do governo, entrevistado 16 (informação verbal),[213] em relação ao comportamento das companhias estaduais:

> Brigaram, todas brigaram... todas entraram em litígio... distribuíam lucro para o tesouro estadual igual água... eram grandes fontes de lucro dos governos estaduais, que a geração estadual não é desprezível e esses governos precisam desses dividendos pra fechar as suas contas.

Adicionalmente à lógica de preços definidos em gabinete e às questões políticas e financeiras que levaram as companhias estaduais, que eram elementos centrais para o êxito da proposta do governo federal, a não aderirem aos termos do novo modelo, a mudança do regime de chuvas tornou-se um fator crítico para a evolução do

---

212 Entrevista concedida em caráter anônimo. Entrevista XVIII. [05.2019]. Entrevistador: Leonardo Loureiro Nunes. São Paulo, 2019. arquivo mp3 (50 min).

213 Entrevista concedida em caráter anônimo. Entrevista XVI. [04.2019]. Entrevistador: Leonardo Loureiro Nunes. São Paulo, 2019. arquivo mp3 (60 min).

processo, conforme análise de membro do governo, entrevistado 18 (informação verbal):[214]

> houve um comando, gaste energia, que foi ao encontro de outra situação fática de escassez de energia hidráulica, e fez com que bombassem as térmicas, ou seja, a energia barateou e se atendeu com térmicas. A sociedade não sentiu o desconto de 20% na ponta, pagou 6 meses a tarifa com 20% de desconto, depois ela ficou bandeira vermelha por 2 anos e com uma alta na conta de energia. E como é que você explicava para a sociedade por que agora se paga uma alta conta de energia?

Além disso, é importante ressaltar que, ainda em 2012, o governo federal cancelou o leilão A-1, por meio da Portaria n. 599/2012, que incluía usinas já construídas e que negociavam seu excedente nesses leilões, pois considerava a hipótese de total adesão à medida, o que na prática colocaria todos os agentes no mercado regulado de energia. No entanto, somente o grupo Eletrobras prorrogou as concessões, o que deixou as distribuidoras sem 100% de cobertura contratual. As distribuidoras, a partir de 2013, tiveram que comprar a diferença entre demanda e contratos no mercado de curto prazo, com direito de transferir os custos para as tarifas.[215] Por fim, a falta de regras claras para a definição das indenizações dos ativos não amortizados, consistiu em outro fator fundamental para que a medida não atingisse o objetivo de redução permanente do preço da energia.

Dentre as diversas consequências, as empresas do setor elétrico envolvidas tiveram perdas expressivas após a edição da Medida Provisória. O preço das ações das empresas envolvidas sofreu perdas

---

214 Entrevista concedida em caráter anônimo. Entrevista XVIII. [05.2019]. Entrevistador: Leonardo Loureiro Nunes. São Paulo, 2019. arquivo mp3 (50 min).

215 VEIGA, Mario. "Os efeitos da MP nº 579". *In*: CCEE. *20 anos do mercado de energia elétrica*. São Paulo: CCEE, 2018.

significativas na época da edição da MP 579. Entre agosto de 2012 e julho de 2013, as ações da Eletrobras caíram cerca de 90% e as da CESP em torno de 80%, conforme a Figura 28 abaixo.

Figura 28 – Preço ações setor elétrico (R$)

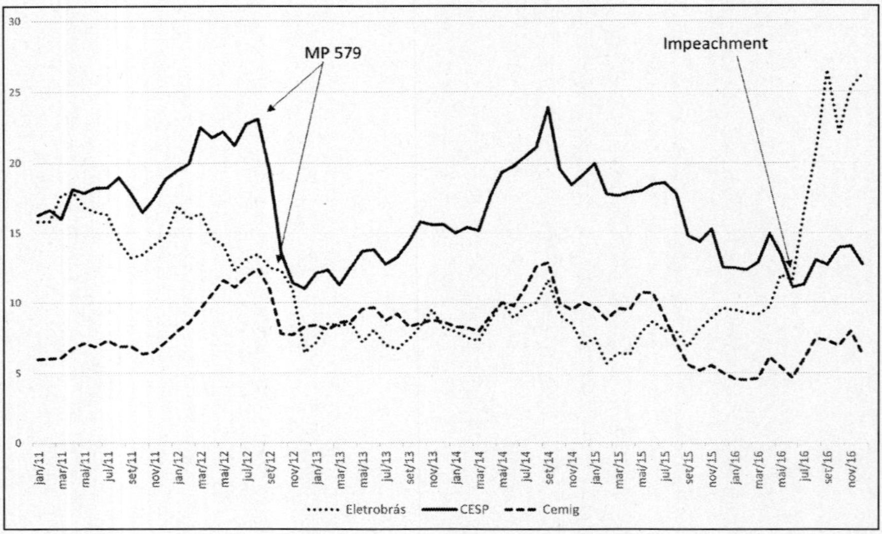

Fonte: Bloomberg. Elaboração própria.

Além disso, o Índice de Energia Elétrica, que mede o desempenho médio das cotações dos ativos de maior negociabilidade e representatividade do setor de energia elétrica e é composto por ações de companhias listadas na BM&FBOVESPA, sofreu uma baixa importante no mesmo período, de cerca de 25% entre agosto de 2012 e julho de 2013, conforme a Figura 29.

Figura 29 – Índice de Energia Elétrica

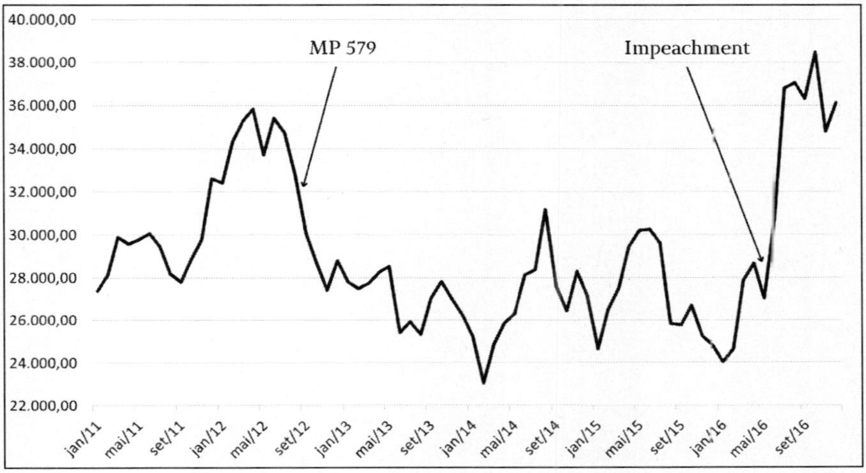

Fonte: BMF&FBovespa. Elaboração própria.

A Eletrobras foi a maior prejudicada no processo, pois a sua adesão aos termos da MP 579 reduziu significativamente suas receitas, sem contrapartida de diminuição das despesas, num contexto de um ambicioso programa de investimentos. Entre 2012 e 2015, a empresa acumulou prejuízos da ordem de R$ 30 bilhões, conforme Tabela 11.

Tabela 11 – Lucro e prejuízo da Eletrobras

Ano	2011	2012	2013	2014	2015	2016
Lucro/Prejuízo (R$ milhões)	3.733	(6.849)	(6.287)	(3.031)	(14.442)	3.426

Fonte: Eletrobras. Elaboração própria.

No caso da Eletrobras, segundo um participante das negociações por parte do governo, entrevistado 18 (informação verbal),[216] havia uma expectativa de que a nova conjuntura levasse a um processo de racionalização na gestão da empresa:

> o sistema Eletrobras era um sistema muito mal gerido, o governo tinha a intenção, isso foi discutido várias vezes, mas acabou não saindo do papel, de fazer algum tipo de racionalização administrativa na Eletrobras... me lembro de terem levado para ela (Dilma Rousseff) o número de funcionários por MW da Eletrobras versus o das outras e ser muito maior... a ideia era diminuir o custo da Eletrobras e o custo da energia, então na verdade tinha um pouco a lógica de que com a redução brutal da receita da Eletrobras, ela se veria forçada a ser uma empresa mais eficiente e com custo mais baixo... não conseguiu reduzir o custo da Eletrobras em 1 centavo e reduziu a receita brutalmente... então uma empresa que, a despeito de ter o monopólio da geração da energia em vários mercados, tinha um custo brutal... com isso ficou insustentável...

Conforme observado anteriormente, as empresas estaduais não aderiram à medida e foram financeiramente beneficiadas por essa decisão, adicionado ao fato que o estresse hídrico elevou as tarifas de energia nos anos subsequentes. Na visão de um membro do governo, entrevistado 16 (informação verbal):[217]

> Nas estaduais, como elas não aceitaram esses 3 anos de contrato com a energia bombada elas ganharam quase os 30 anos de concessão novos a preço de 20 reais... ganharam muito,

216 Entrevista concedida em caráter anônimo. Entrevista XVIII. [05.2019]. Entrevistador: Leonardo Loureiro Nunes. São Paulo, 2019. arquivo mp3 (50 min).

217 Entrevista concedida em caráter anônimo. Entrevista XVI. [04.2019]. Entrevistador: Leonardo Loureiro Nunes. São Paulo, 2019. arquivo mp3 (60 min).

> só que tudo por acidente. Tudo relicitado depois de 3 anos... se tivesse prorrogado teria uma receita de R$ 1 bi. Esse R$ 1 bi foi recuperado nos 3 anos só com a energia bombando na hidráulica... R$ 1 bi nos 3 anos.

No que concerne às tarifas de energia elétrica, apesar do cenário de estresse hídrico, que demandou o acionamento das usinas termelétricas, com custo de energia mais elevado, e de uma descontratação importante no mercado regulado, que obrigou as distribuidoras a contratar a energia a um preço mais alto no mercado à vista, o governo manteve a tarifa de energia mais baixa em 2013 e 2014, conforme a Figura 30, por meio de dois expedientes.

Em primeiro lugar, entre 2013 e 2015, o governo injetou recursos da ordem de R$ 17,7 bilhões na CDE.[218] Em segundo lugar, em 2014, o governo estruturou três operações, por meio da Câmara de Comercialização de Energia Elétrica (CCEE), com recursos que foram repassados entre 2014 e 2015, num valor de R$ 21,2 bilhões. O objetivo desses empréstimos, que seriam pagos pelo consumidor final a partir de 2015 na sua conta de energia, era dar fôlego às distribuidoras de energia, que foram afetadas pela contenção dos reajustes por parte do governo. Entre 2014 e 2018, o custo total da reestruturação do setor elétrico foi de R$ 198,4 bilhões, pagos pelo consumidor e pelo Tesouro.[219]

---

218 ANEEL, 2019.

219 ANEEL, 2019.

Figura 30 – Tarifas de energia elétrica

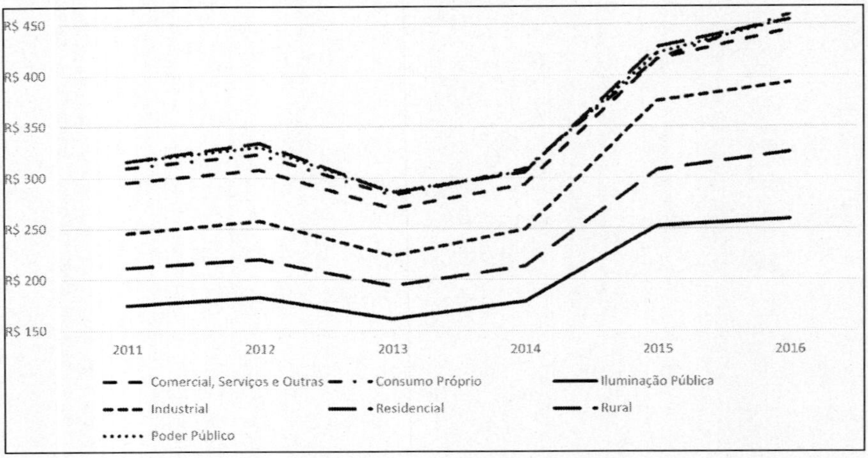

Fonte: ANEEL. Elaboração própria.

No ano de 2015, com a nomeação de Joaquim Levy para o ministério da Fazenda, que consistiu numa guinada para uma política econômica de viés liberal, houve o congelamento do repasse de R$ 9 bilhões em subsídios e o repasse integral desse custo para as contas de energia, que resultou num aumento de 51% no seu preço.

A ideia original que justificaria a reestruturação do setor elétrico, qual seja a remuneração de usinas amortizadas pelos seus custos de operação e manutenção, fazia sentido, mas a opção pela antecipação da prorrogação das concessões, que pode ter sido a alternativa escolhida também pelo calendário eleitoral, pois as concessões venceriam a partir de 2015 e o governo tinha interesse na redução da tarifa de energia até 2014, ano da eleição presidencial, assim como a não adesão das empresas estaduais de energia, a crise hídrica desse período e a condução do processo pela Presidenta, que tinha dificuldade de interlocução e centralizava as decisões nos gabinetes de Brasília, foram os fatores responsáveis pelas consequências negativas da aposta feita pelo governo. De acordo com um membro do governo, entrevistado 21 (informação verbal):[220]

> o setor acompanhou muito isso... os especialistas que produziram as informações para o setor financeiro que cuida das empresas, não as empresas propriamente ditas... consultores muito reconhecidos no mercado e que são consultores não só das empresas, mas também do mercado financeiro, que eu acho que foi um problema, é o estilo dela (Dilma Rousseff) de mesmo quando compartilha, a decisão é minha e ponto... aí a venda da ideia de reduzir a taxa, a conta de luz... ofuscou uma outra comunicação que era necessária que é com o investidor, com as empresas, a oferta da continuidade da exploração, mas, sob novos parâmetros de formação de preço, essa transparência, essa abertura, eu não sei se era possível fazer, porque acho que os processos às vezes são muito truncados, foram muito truncados com ela (Dilma Rousseff), pelo detalhismo dela... tudo sempre mais longo do que a gente imaginaria, porque ela continua atuando como a gerente da casa civil como Presidente... o que ela fez foi colocar em questão uma das principais fontes de financiamento dos governos estaduais... os caras estavam no limite, as empresas deixaram de ser públicas e elas estavam gerando lucros para os Estados... ela geriu esse tema olhando o interesse do país e dos cidadãos... as empresas estavam subordinadas a isso, o mercado reagiu muito mal, e os governadores foram para cima e se somaram a isso...

Ainda de acordo com outro membro do governo, entrevistado 16 (informação verbal):[221]

---

220 Entrevista concedida em caráter anônimo. Entrevista XXI. [06.2019]. Entrevistador: Leonardo Loureiro Nunes. São Paulo, 2019. arquivo mp3 (35 min).

221 Entrevista concedida em caráter anônimo. Entrevista XVI. [04.2019]. Entrevistador: Leonardo Loureiro Nunes. São Paulo, 2019. arquivo mp3 (60 min).

> ficou a pecha de que aquilo tinha sido uma intervenção populista... houve populismo quando o governo decidiu fazer uma redução linear em todas as faixas de tensão. Por que foi tomada essa decisão? Porque o Paulo Skaf estava... falando... que era possível sim fazer uma coisa dessas, e ela (Dilma Rousseff) capturou isso como um momento político e que tinha que dar uma resposta à altura... foi um processo confuso e muito mal comunicado...

Na avaliação do ex-Ministro Nelson Barbosa, entrevistado 6 (informação verbal):[222]

> No meio da discussão o processo mudou de natureza e virou um projeto não só para renovar as concessões a tarifas mais baixas, mas também para promover uma grande redução de preço de energia via corte de encargos. Aí o processo muda de natureza, não se trata só de renovar um preço regulado nas condições de mercado vigente, mas de derrubar um preço regulado via desoneração. A decisão foi reduzir o preço mais fortemente do que se justificaria pelo fato de as usinas terem sido amortizadas. Isto acabou criando uma fragilidade, porque quando o regime de chuva mudou, o governo teve que sustentar o corte de preços via subsídio e aí começou o problema. O que era um problema do setor elétrico, virou um grande problema fiscal. No auge do problema, o governo chegou a gastar 0,5% do PIB só subsidiando contas de energia, sendo que tinha coisas muito mais importantes nas quais o governo poderia colocar seus recursos.

Como resultado político do processo, o governo criou uma indisposição com o setor elétrico e com o mercado financeiro, ou seja, com os donos do PIB, na medida em que afetou profundamente

---

222 Entrevista concedida por BARBOSA FILHO, Nelson Henrique. Entrevista VI. [05.2019]. Entrevistador: Leonardo Loureiro Nunes. Brasília, 2019. Anexo VII.

o resultado financeiro dessas empresas, listadas em bolsa, e passou uma sinalização de intervenção que poderia se estender, como de fato se estendeu a outros setores, conforme análise um agente do setor privado, entrevistado 17 (informação verbal):[223]

> ali mostrou que o governo ia fazer as coisas de maneira voluntarista... e com um viés de controle de preços muito grande, usando as estatais... na MP o mais pesado foi ter virado um cheque em branco porque aderia ou não sem saber quanto ia custar a energia, ou seja, qual ia ser a sua receita, a ideia é que não vou te dizer quanto vou te pagar e sem saber qual seria a indenização na amortização dos ativos, então um negócio que passou várias imagens negativas de usar a empresa estatal para fazer com a empresa o que bem entendesse, porque não contariam para as pessoas como remunerariam a empresa estatal, solavanco no mecanismo de leilão, quer dizer, uma mensagem para o cara que estava pensando em investir em energia de que no fundo aquela energia era do governo e o governo ia botar a mão nela a qualquer hora e pagando o que ele bem entendesse, e não o valor que o leilão estabelecesse... a MP 579 é um turning point importante, porque até ali havia a ideia da boa gestora, da pessoa que entende, burocrata e gerente.

Esse momento de fato representou uma guinada na visão dos "donos do PIB", segundo a avaliação do ex-Ministro Nelson Barbosa, entrevistado 6 (informação verbal):[224]

---

223 Entrevista concedida em caráter anônimo. Entrevista XVII. [04.2019]. Entrevistador: Leonardo Loureiro Nunes. São Paulo, 2019. arquivo mp3 (55 min).

224 Entrevista concedida por BARBOSA FILHO, Nelson Henrique. Entrevista VI. [05.2019]. Entrevistador: Leonardo Loureiro Nunes. Brasília, 2019. Anexo VII.

> é o momento da virada empresarial contra a Presidenta Dilma. A MP 579 criou grande antagonismo do setor empresarial com o governo. A impressão que os empresários tiveram naquela hora foi: primeiro foram os bancos, depois foram as elétricas, quem vai ser o próximo? Será que esse governo vai intervir em tudo? Aí se criou essa desconfiança.

Na avaliação do economista Carlos Kawall, entrevistado 5 (informação verbal):[225]

> A MP 579 e a Petrobras são coisas muito mais expressivas no sentido de interferir numa empresa de capital aberto, uma medida artificial, que cria distorção no sistema de preços... Até 2012 ela (Dilma Rousseff) mudou a remuneração da poupança, aprovou o Funpresp, completando a reforma da previdência do Presidente Lula, e avançou em algumas privatizações até meados de 2012, todo mundo olhava a Presidenta Dilma como pragmática. A partir daí, acho que o primeiro grande marco foi a MP 579... No início sim, mas no final foi danosa para a Eletrobras enquanto empresa, que é um importante player no setor, precisaria receber recursos e reinvestir.

A própria Ministra-Chefe da Casa Civil, Gleisi Hoffmann, entrevistada 7 (informação verbal),[226] faz uma defesa da medida, mas com ressalvas:

> O projeto estava correto porque essas empresas já tinham depreciado o capital e, portanto, não havia justificativa disso compor o preço da energia. Então fazia sentido do ponto de

---

225 Entrevista concedida por FERREIRA, Carlos Kawall Leal. Entrevista V. [05.2019]. Entrevistador: Leonardo Loureiro Nunes. São Paulo, 2019. Anexo VI.

226 Entrevista concedida por HOFFMANN, Gleisi Helena. Entrevista VII. [05.2019]. Entrevistador: Leonardo Loureiro Nunes. Brasília, 2019. Anexo VIII.

> vista de recalibrar a política de preços, mas, novamente, nós entramos também num momento de crise econômica, e além disso ela (Dilma Rousseff) contrariou interesses de quem estava ganhando muito dinheiro. O mercado financeiro estava ganhando muito nisso e tinha a questão dos governadores que de fato se colocaram contrários à medida. Eu acho que a forma de fazer e de implantar a medida talvez não tenha sido muito bem pensada, o processo foi muito impositivo, com pouca discussão para que esses setores pudessem fazer algumas alterações e para que nós pudéssemos adequar o projeto. Então eu acho que isso azedou muito o clima e eles aproveitaram para emparedar ela (Dilma Rousseff) junto ao Congresso, junto aos governadores.

Por fim, deve-se ressaltar que um componente importante para o resultado do processo, para além dos fatores exógenos e de problemas na condução técnica e política da reestruturação do setor elétrico, foi a resistência dos setores prejudicados, "os donos do PIB", às medidas do governo, conforme avaliação do ex-secretário do Tesouro Arno Augustin, entrevistado 10 (informação verbal):[227]

> As pessoas comentavam essa questão da interlocução. De todo modo, o que se estava fazendo era conflitivo por natureza, então eu não atribuo essa insatisfação a isso ou a uma ideia de inabilidade da Presidenta. Pode ser cômodo dizer que o problema não foi a insatisfação pela perda de um lucro extraordinário, ou seja, que essa insatisfação existia porque não havia diálogo com a Presidenta. É mais elegante dizer isso, pois eles não vão dizer que tinham um lucro bárbaro e que deixaram de ter esse lucro. Portanto, o que se diz hoje é o reforço de uma narrativa vitoriosa.

---

227 Entrevista concedida por AUGUSTIN FILHO, Arno Hugo. Entrevista X. [05.2019]. Entrevistador: Leonardo Loureiro Nunes. Porto Alegre, 2019. Anexo XI.

Portanto, havia uma justificativa inicial para a reestruturação do setor elétrico. O dilema fundamental enfrentado pelo governo foi a tentativa de transformar um setor regulado pela lógica de mercado por outro no qual prevaleceria a lógico do serviço público, com o preço definido a partir do seu custo.[228] Além disso, a situação político-partidária interferiu na decisão de não-adesão por parte das empresas estaduais e a crise hídrica, assim como o contexto eleitoral de 2014, levou o governo a impor elevados custos fiscais para a redução das tarifas de energia em 2013 e 2014. As inúmeras mudanças na regulamentação do setor também acarretaram em um processo de judicialização, que levou o Poder Judiciário a interferir em decisões técnicas do órgão regulador.[229] Esses fatos, no seu conjunto, reforçaram a narrativa de "intervencionismo populista" dos setores prejudicados e recrudesceu a animosidade deles em relação ao governo. Uma medida da insatisfação dos setores prejudicados pela reestruturação do setor elétrico pode ser observada na Figura 28 e na Figura 29, que mostram o comportamento das ações da Eletrobras, que se valorizou quase 120% entre maio de 2016 (*impeachment*) e dezembro do mesmo ano, e do Índice de Energia Elétrica, que se valorizou 33% no mesmo período.

---

228 D'ARAUJO, Roberto Pereira. "Setor elétrico: mimetismo, fragmentação e suas sequelas". *Revista da USP*, vol. 104, 2015.

229 FRANCO, Cristiane Bordini. *Insegurança regulatória*: via de mão única para a judicialização? a Lei n. 12.783/2013. 2019. Disponível em: https://repositorio.enap.gov.br/handle/1/4155. Acessado em: 28.03.2025.

CAPÍTULO III

O PROGRAMA DE INVESTIMENTO EM LOGÍSTICA

Ao longo da década de 1970, a taxa de investimento média em infraestrutura foi de 5,4% do PIB, enquanto que durante os anos 2000 a mesma taxa de investimento caiu para 2,2% do PIB.[230] O enfrentamento da carência de investimentos em infraestrutura no Brasil, que é também uma realidade latino-americana,[231] foi a justificativa para o lançamento do PAC, durante o governo Lula da Silva, que se baseava na lógica de investimentos públicos. Como resultado, houve um aumento considerável da taxa de investimento em infraestrutura, que atingiu 2,30% do PIB em 2014, ante 1,78% em 2007.[232] O governo Dilma Rousseff, por sua vez, também buscou a manutenção

---

230 IEDI. *Infraestrutura*: desafios para a retomada. São Paulo, 2018. Disponível em: https://www.iedi.org.br/media/site/artigos/20180731_iedi_infraestrutura.pdf. Acessado em: 28.03.2025.

231 GARCIA-KILROY, Catalina; RUDOLPH, Heinz. *Private Financing of Public Infrastructure through PPPs in and the Caribbean Latin America*. Washington DC, 2017.

232 FRISCHTAK, Claudio; NORONHA, Júlia. *O financiamento do investimento em infraestrutura no Brasil*: uma agenda para sua expansão sustentada. Brasília: CNI, 2016.

de grandes volumes de investimentos em infraestrutura, mas com foco maior nas concessões, que pressupunham a participação mais decisiva do setor privado.

Em agosto de 2012, o governo lançou um ambicioso pacote de concessões que visava a ampliação da infraestrutura no país. O Programa de Investimentos em Logística (PIL) previa um total de R$ 133 bilhões em investimentos para construção e reforma de rodovias e ferrovias, conforme a Tabela 12, num total de 7,5 mil quilômetros de rodovias e 10 mil quilômetros de ferrovias. Os objetivos principais do programa eram duplicar os principais eixos rodoviários do país, reestruturar o modelo de investimento e exploração das ferrovias e expandir e aumentar a capacidade da malha ferroviária.

Tabela 12 – Investimentos em rodovias e ferrovias

R$ (bi)	**Rodovias**	**Ferrovias**
Investimento em 5 anos	23,5	56
Investimento entre 5 e 25 anos	18,5	35
Total	42	91

Fonte: Ministério do Planejamento, Orçamento e Gestão. Elaboração própria.

Além disso, em dezembro do mesmo ano, o governo lançou o PIL Aeroportos, que tinha como objetivo melhorar a qualidade dos serviços e da infraestrutura aeroportuária e a ampliação da oferta de transporte aéreo no país, devido ao contínuo aumento de demanda no setor na década anterior, e pela proximidade da Copa do Mundo de 2014. Por fim, ainda no ano de 2012, o governo editou a Medida Provisória 595, que tratava de reestruturação do setor portuário brasileiro. Esse tópico será analisado separadamente, pela sua maior complexidade e por seus desdobramentos na relação do governo com o Congresso Nacional.

O esforço do governo nessa questão deve ser compreendido dentro do contexto mais amplo do diagnóstico da "agenda da competitividade", ou seja, deve-se considerar a avaliação do governo de que o país tinha uma deficiência logística importante e de que os sobre lucros dos donos do PIB encareciam o custo de logística do país. Portanto, de maneira geral, dois eixos nortearam a estruturação dessas concessões: ampliação física da infraestrutura e modicidade tarifária, que significa estabelecer leilões tendo como critério a menor tarifa.

O PIL, que deriva do Programa de Aceleração do Crescimento (PAC), teve como objetivo estabelecer uma lógica de planejamento de infraestrutura. A ideia central era a de que o investimento de infraestrutura deveria ter uma prioridade no orçamento. Portanto, criou-se uma carteira de projetos e foi estruturado um *pipeline* de concessões, cuja função era dar previsibilidade aos investimentos, colocando-os num fluxo, de maneira ordenada.

Ao longo do primeiro mandato do governo, entre 2011 e 2014, foram concedidos à iniciativa privada 5.350 mil quilômetros em rodovias. Os eixos fundamentais do modelo de concessões eram a expansão da malha rodoviária com tarifas de pedágios menos custosas, que foram implementadas por meio de concessões com a chamada modicidade tarifária. Os principais trechos concedidos constam na Tabela 13.

Tabela 13 – Rodovias concedidas no âmbito do PIL

Trecho	Extensão (km)	Vencedor	Tarifa Teto (R$ por km de rodovia)	Proposta (R$ por km de rodovia)	Deságio (%)
BR-050 GO/MG	436,6	Consórcio Planalto	0,0787	0,04534	42,38
BR-163/MT	850,9	Odebrecht	0,0550	0,02638	52,03
BR-060/153/262/DF/GO/MG	1.176,5	TPI – Triunfo Participações e Investimentos	0,0594	0,02851	52,00
BR-163/MS	847,2	Grupo CCR	0,0927	0,04381	52,74
BR-040 DF/GO/MG	936,8	INVEPAR	8,29763*	3,22528*	61,13
BR-153 TO/GO	624,8	Galvão Engenharia	4,22	4,979**	45,99

Elaboração própria. *: em todas as praças de pedágio. **: por cada 100 km.

Fonte: Ministério dos Transportes

A imposição da modicidade tarifária, ou seja, da menor tarifa de pedágio como critério de leilão, associado a elevados investimentos ao longo da concessão, criou uma animosidade entre o governo e as empreiteiras afetadas pela medida, de acordo com o ex-Ministro Nelson Barbosa, entrevistado 6 (informação verbal):[233]

> O governo, novamente, queria que os ganhos de produtividade fossem passados ao consumidor, o que é um objetivo justificável, mas ao fazer isso o governo quis controlar preço e quantidade. Então, por exemplo, você pegou uma rodovia e falou: eu quero que a rodovia seja duplicada em 5 anos e

233 Entrevista concedida por BARBOSA FILHO, Nelson Henrique. Entrevista VI. [05.2019]. Entrevistador: Leonardo Loureiro Nunes. Brasília, 2019. Anexo VII.

> que tenha o pedágio barato, o que é inconsistente. É ou um ou outro. Ou a rodovia é duplicada nesses 5 anos e tem um custo alto, ou ela é tem pedágio barato e não vai ser duplicada em 5 anos. Economia não tem segredo, você aperta de um lado e sai do outro.

De acordo com um integrante da FIESP, entrevistado 14 (informação verbal),[234] a modicidade tarifária em si mesma não é um problema, mas

> a modicidade tarifária deve ser um vetor, ela é uma diretriz, ela não pode ser um dogma... ela tem que ser uma variável do projeto, não a variável do projeto... na lógica de concessão você estica a corda até antes dela estourar, quando estourar é pior para todo mundo.

O governo tentou compensar a combinação de pesados investimentos e baixas tarifas de pedágio com condições mais favoráveis de financiamento por meio do BNDES, conforme análise do ex-Ministro Nelson Barbosa, entrevistado 6 (informação verbal):[235]

> Como o setor privado achou muito arriscado este controle de preço e quantidade, o governo derrubou as taxas de juros de financiamento para tentar atrair investidores. O governo derrubou as taxas de juros de financiamento, via linhas favorecidas do BNDES, o que iria criar outro problema fiscal, além de outro problema regulatório. O erro foi querer as duas coisas. Você pode escolher preço ou quantidade. Duplica

---

234 Entrevista concedida em caráter anônimo. Entrevista XIV. [04.2019]. Entrevistador: Leonardo Loureiro Nunes. São Paulo, 2019. arquivo mp3 (50 min).

235 Entrevista concedida por BARBOSA FILHO, Nelson Henrique. Entrevista VI. [05.2019]. Entrevistador: Leonardo Loureiro Nunes. Brasília, 2019. Anexo VII.

> rápido, mas tem pedágio caro. Duplica gradualmente, mas tem pedágio barato. Os dois não dá para ter. Como o governo escolheu os dois, a variável de ajuste foi derrubar a taxa de juro do BNDES, repassando o custo para o contribuinte, não para o usuário da estrada.

O BNDES teria papel preponderante na estruturação desses projetos, sobretudo porque o governo buscava, além das taxas subsidiadas, reduzir ao máximo o *spread* dessas operações, conforme declaração do ex-Presidente do BNDES Luciano Coutinho, entrevistado 12 (informação verbal):[236]

> Mas era tarefa impossível. Como atrair a banca privada com 1% de spread? O spread era muito pequeno, não dava para repartir. Eu conversei com a equipe econômica para dar uma folga nesse spread. Senão o que iria ocorrer? Iria fazer tudo pelo BNDES, deixar a banca privada fora dessas coisas? Havia uma deformação de visão.

No que concerne à questão das tarifas de pedágio, houve casos em que o próprio Tribunal de Contas da União (TCU), nas suas auditorias, revisou para baixo as tarifas teto dos leilões de rodovias. Na avaliação do ex-secretário do Tesouro Arno Augustin, entrevistado 10 (informação verbal):[237]

> O problema todo é a cultura empresarial brasileira, porque sempre se imagina que haverá um jeito que não é o do contrato. A cultura empresarial é de taxa de retorno nas alturas,

---

236 Entrevista concedida por COUTINHO, Luciano Galvão. Entrevista XII. [06.2019]. Entrevistador: Leonardo Loureiro Nunes. São Paulo, 2019. Anexo XIII.

237 Entrevista concedida por AUGUSTIN FILHO, Arno Hugo. Entrevista X. [05.2019]. Entrevistador: Leonardo Loureiro Nunes. Porto Alegre, 2019. Anexo XI.

> muito acima de qualquer país e de outros setores. Havia nichos com taxa de rentabilidade de 20% real. Essa era a taxa de rentabilidade dos contratos de pedágio do Brasil antes das mudanças que o governo fez. Qual é o setor que dá 20% de rentabilidade real? É difícil dialogar com esse tipo de raciocínio, porque ele está errado e não é razoável.

As empresas do setor, obviamente, tinham uma visão bastante crítica dessa modelagem, conforme relato de um executivo do setor, entrevistado 17 (informação verbal):[238]

> cobertor muito curto, os leilões tiveram grande concorrência, mas não se criou um mercado de bons operadores, empreiteira mesmo querendo ganhar dinheiro na obra com tarifas muito baixas, e aí o TCU novamente muito negativo...

Entretanto, na avaliação da cúpula do governo era a seguinte, conforme declaração do ex-secretário do Tesouro Arno Augustin, entrevistado 10 (informação verbal):[239]

> O teste de um empreendimento é o processo licitatório. As empresas analisam e decidem ou não entrar. É assim que funciona no mundo. Eu não concordo com a ideia de que se for apertado financeiramente não vai trazer o melhor investidor. O que se está dizendo, nesse caso, é que o melhor investidor é o ineficiente. Como concordar que o melhor investidor é o ineficiente? O melhor investidor é o que consegue apresentar o melhor preço.

---

238 Entrevista concedida em caráter anônimo. Entrevista XVII. [04.2019]. Entrevistador: Leonardo Loureiro Nunes. São Paulo, 2019. arquivo mp3 (55 min).

239 Entrevista concedida por AUGUSTIN FILHO, Arno Hugo. Entrevista X. [05.2019]. Entrevistador: Leonardo Loureiro Nunes. Porto Alegre, 2019. Anexo XI.

Além disso, outro ponto de crítica foi o tempo gasto nas discussões palacianas acerca dos detalhes da modelagem, conforme relato de dois membros do governo, entrevistado 20 (informação verbal)[240] e entrevistado 16 (informação verbal),[241] respectivamente:

> Discutiu-se quantos meses a taxa de retorno de uma rodovia?... tudo por uma discussão da modelagem. Se você perguntar assim: tem mérito o debate? Eu acho até que tem mérito, você tem que fazer esses debates. Você faz política pública e identifica impacto e, eventualmente, corrige a rota. Você não vai discutir um ano a TIR de uma rodovia. Experimentalismo na política pública é necessário... então o problema do PIL foi essencialmente de forma de implementação, incapacidade de diálogo, endogenia decisória, mesmo diagnóstico de quase tudo.
>
> às vezes você tinha um desgaste grande para chegar num preço e pagava um custo grande de tribunal de contas e maturação do projeto, que o leilão respondia melhor, então você gastou um ano de energia brigando e querendo mostrar conta e o leilão respondeu e aquilo que você tentou fazer em gabinete o leilão acabou te entregando igual ou melhor porque quando o leilão funciona você não precisa ter tanto gabinete...

O ex-secretário do Tesouro Arno Augustin, entrevistado 10 (informação verbal),[242] que teve protagonismo nessas discussões, admitiu a demora no processo, mas sustentou uma outra hipótese:

---

240 Entrevista concedida em caráter anônimo. Entrevista XX. [05.2019]. Entrevistador: Leonardo Loureiro Nunes. São Paulo, 2019. arquivo mp3 (55 min).

241 Entrevista concedida em caráter anônimo. Entrevista XVI. [04.2019]. Entrevistador: Leonardo Loureiro Nunes. São Paulo, 2019. arquivo mp3 (60 min).

242 Entrevista concedida por AUGUSTIN FILHO, Arno Hugo. Entrevista X. [05.2019]. Entrevistador: Leonardo Loureiro Nunes. Porto Alegre, 2019. Anexo XI.

> É indiscutível que houve demora, mas não por essa razão. Há vários motivos que explicam essa demora. Em primeiro lugar, é difícil ter projetos prontos. A cultura de projeto no Brasil é muito ruim. Até hoje os projetos, tanto do governo Temer quanto desse governo que está aí, são os nossos projetos porque ninguém fez nada de novo. Portanto, não é verdade que a discussão tenha atrasado. Em segundo lugar, a nossa legislação é muito difícil... Há uma questão histórica, política, não apenas com o TCU (Tribunal de Contas da União), mas com todos os órgãos de controle. Além disso, toda a legislação, como a ambiental, cria obstáculos aos projetos. É muito difícil fazer a licitação com a legislação vigente no Brasil, os prazos são muito extensos, e a gente fez algumas mudanças. Mas, para mim, a principal questão é a cultura do projeto, porque o país que não investe também não sabe fazer projetos. Nós demoramos muito para reequipar os órgãos públicos e ter condição de fazer licitação, mas esse aprendizado era difícil, requisitava tempo e dinheiro, e as pessoas não sabiam como fazer. Tanto é assim que parte das opções por concessões se deveu ao fato de a legislação ser mais simples do que no caso da obra executada diretamente pelo setor público. Nesse sentido as concessões são mais ágeis.

Apesar do governo dar protagonismo às concessões, o que significava ampliar o mercado para as empreiteiras, a relação foi marcada por um tensionamento contínuo, devido à demora na publicação dos editais e ao modelo com menores tarifas de pedágio, além de exigências de investimentos no início do projeto. De acordo com a então Ministra-Chefe da Casa Civil, Gleisi Hoffmann, entrevistada

7 (informação verbal),[243] e de um integrante do governo entrevistado 18 (informação verbal),[244] respectivamente:

> Nós tivemos muito diálogo com as empresas, muitas brigas também, porque a grande discussão era a taxa interna de retorno, que a Presidenta Dilma considerava muito alta, e depois ficou constatado que ela tinha razão. Quando a gente fazia os leilões a taxa interna de retorno caía muito e conseguia-se a modicidade tarifária. Mas para fechar essa conta havia grandes operações de crédito do BNDES junto às empresas, e essas operações não foram realizadas, pois o (Michel) Temer cortou esses empréstimos.
>
> Eu conversei muito com as empreiteiras, com todos eles... Eu acho que tinham vários ativos que eles queriam e estavam felizes com o fato de que esses ativos iam a leilão, várias críticas de modelagem... mas eram ativos que de forma geral eles queriam, e ela (Dilma Rousseff) sabia disso, que... vai entrar alguém e o outro não quer que o outro ganhe a obra, talvez isso justifique os grandes ágios de aeroportos e rodovias. E eles tinham críticas à modelagem... mas eles queriam o leilão dos ativos. Se você imaginar que ficou anos sem obra, uma lógica de obra pública, pela primeira vez o cara podia fazer uma obra privada. E acho que as obras que eles não queriam eles faziam questão de deixar claro que não queriam, ferrovia, por exemplo...

Mesmo com diversas críticas à modelagem e à implementação do PIL, diversos relatos apontam que as empreiteiras entraram nesses

---

243 Entrevista concedida por HOFFMANN, Gleisi Helena. Entrevista VII. [05.2019]. Entrevistador: Leonardo Loureiro Nunes. Brasília, 2019. Anexo VIII.

244 Entrevista concedida em caráter anônimo. Entrevista XVIII. [05.2019]. Entrevistador: Leonardo Loureiro Nunes. São Paulo, 2019. arquivo mp3 (50 min).

projetos para evitar que a concorrência ganhasse as licitações e porque acreditavam que seriam capazes de renegociar seus contratos futuramente em condições mais vantajosas. De acordo com as análises do ex-economista-chefe do Banco Safra, Carlos Kawall, entrevistado 5 (informação verbal),[245] e do Presidente da ABDIB, Venilton Tadini, entrevistado 2 (informação verbal),[246] respectivamente:

> Houve muito apetite pelos ativos, mas dentro de algo que, a meu ver, tomou uma configuração de um certo capitalismo de compadrio. Havia problemas regulatórios, agências capturadas e incerteza. A solução para, de alguma maneira, mitigar essas questões foi transformar esses players em "amigos do rei", levando a uma suposição de que as empresas poderiam renegociar os contratos, equilibrar suas taxas de retorno nos empréstimos do BNDES, etc. Outro ponto crucial eram leilões muito grandes nos quais o edital saía um mês antes, apenas em português. Por essa razão, os grandes players internacionais não tinham como participar por questões de compliance, porque começaram a perceber uma lógica estranha, com vícios. Quando tudo isso ruiu, expôs problemas muito grandes que esses projetos tinham de equilíbrio econômico-financeiro, e o BNDES num determinado momento não concedeu os empréstimos previstos em edital, exatamente mostrando que no final a avaliação técnica do banco não foi violada. Depois teve a questão da Sete Brasil, a participação de fundos de pensão que também era para fechar a conta, os "campeões nacionais" por trás de certa forma. Então, essa articulação criou um modelo que envolvia o capital privado, mas inviabilizou os investimentos, inclusive públicos... Por meio de uma coisa incestuosa. Por exemplo, os valores de outorga pagos não

245 Entrevista concedida por FERREIRA, Carlos Kawall Leal. Entrevista V. [05.2019]. Entrevistador: Leonardo Loureiro Nunes. São Paulo, 2019. Anexo VI.

246 Entrevista concedida por TADINI, Venilton. Entrevista II. [04.2019]. Entrevistador: Leonardo Loureiro Nunes. São Paulo, 2019. Anexo III.

> fazia o menor sentido. Eu lembro as pessoas do banco que analisavam e me diziam que não fazia sentido... O importante era ganhar o leilão. Não interessava o valor da outorga. E mais, a outorga era paga a prazo, financiado pelo próprio banco público (BNDES). Hoje não pode, o ágio é à vista.
>
> Porque as empresas se consideravam "amigas do Rei". Na avaliação delas, poderiam futuramente alterar tarifas, reprogramar um direito de outorga ou investimentos, porque estavam na "cozinha" do Governo.

O ex-secretário do Tesouro, Arno Augustin, entrevistado 10 (informação verbal),[247] era um crítico a essa visão:

> O problema todo é a cultura empresarial brasileira, porque sempre se imagina que haverá um jeito que não é o do contrato.

Apesar de diversas concessões terem sido implementadas, muitas delas tiveram sérios problemas financeiros nos anos subsequentes, devido às exigências do modelo, à crise econômica que frustrou a expectativa de demanda e à Operação Lava Jato, que impediu diversas empresas de assinarem os contratos de empréstimos previstos em edital com o BNDES, conforme análise de um executivo do setor, entrevistado 14 (informação verbal)[248] e do Presidente da ABDIB, Venilton Tadini, entrevistado 2 (informação verbal),[249] respectivamente:

---

247 Entrevista concedida por AUGUSTIN FILHO, Arno Hugo. Entrevista X. [05.2019]. Entrevistador: Leonardo Loureiro Nunes. Porto Alegre, 2019. Anexo XI.

248 Entrevista concedida em caráter anônimo. Entrevista XIV. [04.2019]. Entrevistador: Leonardo Loureiro Nunes. São Paulo, 2019. arquivo mp3 (50 min).

249 Entrevista concedida por TADINI, Venilton. Entrevista II. [04.2019]. Entrevistador: Leonardo Loureiro Nunes. São Paulo, 2019. Anexo III.

> Rodovias, olhando de maneira macro, algumas premissas prejudicaram os projetos que hoje estão em crise e em vias de serem relicitados, projetos que não vingaram... havia uma questão de política pública, para usar uma palavra boa, de querer tarifas baixas, então eu quero tarifas de 1 dígito... não pode custar 10 reais ou mais, então modere o projeto para que ele custe 9,90, é uma intervenção, não tem problema por si só um pedágio custar até 9,90, o problema é o que eu exijo do projeto agora que eu já estrangulei a receita...
>
> o programa começava a casa pelo telhado, ou seja, fazer os contratos de empréstimos ponte em vez de project finance para agilizar a participação do BNDES nos projetos. O BNDES disponibilizaria financiamento, mas obedecidas as políticas operacionais. Como muitos projetos não tinham sido analisados, o BNDES fez o seu trâmite normal e solicitou garantias corporativas das empresas que necessitavam de empréstimo ponte.

De acordo com relato do ex-Presidente do BNDES, Luciano Coutinho, entrevistado 12 (informação verbal),[250] que era um dos principais interlocutores do governo com o setor empresarial:

> Uma visão de planejamento centralizado na qual se regulou de forma exagerada. A intenção era mais modicidade tarifária, que era uma intenção boa, de baixar os custos em infraestrutura, mas descolada da realidade do capitalismo. Era necessário um movimento nessa direção, já era um modelo de busca de modicidade tarifária, mas se você exagera na dose, outra vez...

As ferrovias, por sua vez, tiveram o pior desempenho no âmbito do PIL. O modelo vigente no país é caracterizado por uma

---

250 Entrevista concedida por COUTINHO, Luciano Galvão. Entrevista XII. [06.2019]. Entrevistador: Leonardo Loureiro Nunes. São Paulo, 2019. Anexo XIII.

segregação vertical sem a participação do Estado, ou seja, o dono do trilho é dono do trem. Podem passar trens de outras operadoras sobre aqueles trilhos em regime de direito de passagem, desde que respeitados contratos e acordos entre os operadores envolvidos. O vencedor de um leilão para determinado trecho é responsável pela construção e manutenção daquele trecho ferroviário. Além disso, ele é responsável pela passagem dos trens, próprios ou de terceiros, sobre os trilhos.

O governo tentou estabelecer um modelo no qual o gestor da infraestrutura, denominado (GIF), ficaria responsável por construir e manter os trilhos do operador da infraestrutura. Esse gestor de infraestrutura (GIF) construiria a ferrovia e venderia a totalidade da capacidade de transporte para a VALEC Engenharia, Construções e Ferrovias S.A., empresa pública controlada pela União que atua no setor ferroviário. Portanto, a VALEC ficaria detentora da totalidade da capacidade daquela via e a venderia no mercado para os diversos operadores ferroviários independentes (OFIs).

Dessa maneira, havia duas relações estabelecidas pela VALEC, quais sejam a relação da VALEC com os gestores da infraestrutura e com os Operadores Ferroviários Independentes. A relação com os gestores de infraestrutura (GIFs) era simples, na medida em que se resumia ao pagamento da integralidade da capacidade, ou seja, ao pagamento da obra. Portanto, o Estado contrataria um empreiteiro para fazer a obra com recursos do Orçamento Geral da União (OGU), conforme relato ex-secretário do Tesouro Arno Augustin, entrevistado 10 (informação verbal):[251]

> Ela (VALEC) iria comprar e vender a capacidade de transporte da ferrovia. Portanto, o concessionário iria receber por ter feito a ferrovia, e era remunerado adequadamente por isso,

---

251 Entrevista concedida por AUGUSTIN FILHO, Arno Hugo. Entrevista X. [05.2019]. Entrevistador: Leonardo Loureiro Nunes. Porto Alegre, 2019. Anexo XI.

> mas ele não tinha o direito de impor monopólio, que é o que existe hoje, quando as ferrovias estão ligadas a um determinado empreendimento. Nesse caso, a ferrovia é exclusiva de um interessado, não do público.

O projeto passaria pelo Tribunal de Contas da União (TCU), que auditaria o projeto, os quantitativos, os preços, dentre outras variáveis, o trecho seria leiloado e a empreiteira vencedora seria a gestora de infraestrutura, ou seja, seria responsável pela integralidade da obra e seu pagamento, feito pela VALEC, conferiria a ela o direito de vender a operação da ferrovia para os operadores ferroviários independentes (OFIs).

O objetivo do governo era quebrar o monopólio da operação das ferrovias e aumentar o número de empresas operadoras para que, por meio de concorrência, o preço do transporte ferroviário fosse reduzido. Na avaliação do ex-secretário do Tesouro Arno Augustin, entrevistado 10 (informação verbal):[252]

> No modelo desenhado, o setor público compraria a capacidade de transporte da ferrovia para que houvesse preços adequados de concorrência, porque até então as ferrovias pertenciam a um monopólio, como, por exemplo, uma mineradora. Portanto, se algum outro setor quisesse transportar ele não poderia. Na verdade, o preço da ferrovia para o público em geral, ou seja, para outros que não o dono da concessão, era o preço do transporte rodoviário, que é muito mais caro. Por essa razão a ferrovia no Brasil não tem o papel que poderia ter, e então buscou-se uma modelagem que propiciasse preços mais competitivos.

252 Entrevista concedida por AUGUSTIN FILHO, Arno Hugo. Entrevista X. [05.2019]. Entrevistador: Leonardo Loureiro Nunes. Porto Alegre, 2019. Anexo XI.

Numa primeira análise, poderia ser interessante para as empreiteiras receberem o direito de realizar obras dessa magnitude. Entretanto, de acordo com o relato de um executivo do setor, entrevistado 17 (informação verbal):[253]

> Nem elas acreditaram. Por quê? Porque era uma obra pública, com dinheiro público, obras grandes e na verdade não se interessaram por isso, porque as empreiteiras sabiam que não iam receber nunca porque é muito cara... a Norte-Sul tem 1.500 km e está em construção há 35 anos, começou no governo (José) Sarney e não está pronta, foi leiloada faltando 70 km... então a empreiteira sabe disso... e foi feita em n lotes, cada lote contratava uma empreiteira, então fulano de tal fez esses 100 km aqui em Goiás, fulano de tal fez esses 50 km em Tocantins, beltrano fez esses 200 km aqui em Minas Gerais e assim por diante, ao longo de 30 e tantos anos eles foram ganhando dinheiro. Agora queriam leiloar para um empreiteiro fazer tudo, licenciamento ambiental, desapropriação, etc., um negócio de 1.000 km, ia levar 10 anos essa obra... o cara não ia receber, tão simples quanto isso. As empreiteiras não quiseram, as operadoras ferroviárias também não...

A posição do ex-secretário do Tesouro, Arno Augustin, entrevistado 10 (informação verbal),[254] em relação à essa questão era a seguinte:

> Se houvesse um banco de projetos, tudo seria mais fácil, mas não havia. Isso apenas mostra como o Brasil não tem cultura

253 Entrevista concedida em caráter anônimo. Entrevista XVII. [04.2019]. Entrevistador: Leonardo Loureiro Nunes. São Paulo, 2019. arquivo mp3 (55 min).

254 Entrevista concedida por AUGUSTIN FILHO, Arno Hugo. Entrevista X. [05.2019]. Entrevistador: Leonardo Loureiro Nunes. Porto Alegre, 2019. Anexo XI.

> de projeto. Os empresários reclamavam muito disso, e com razão. O risco da construção era dele, ou seja, o único risco que o empresário tinha era a construção, e mesmo assim eles estavam muito resistentes em função de todas as incertezas dos projetos. Eles diziam que não havia garantia de recebimento por se tratar de uma grande obra do setor público, mas eu não acho que era isso. O risco do projeto era a questão mais importante, mas nós fizemos um processo exatamente para dar um upgrade, para o Brasil virar um país sério, ou seja, o preço era aquele e acabou. O risco de construção era todo privado, mas eles não queriam absorver, pois estavam acostumados à Lei 8.666/1993 (lei que institui normas para licitações e contratos da administração pública), que é muito favorável ao setor privado.

Além disso, de acordo com o ex-secretário do Tesouro, Arno Augustin, entrevistado 10 (informação verbal),[255] outras dificuldades do modelo ferroviário estruturado pelo governo ocorreram:

> Em primeiro lugar, havia uma enorme dificuldade de projeto. Nesse aspecto o setor privado criticava com razão. A profundidade do que tinha sido feito de detalhamento era pequena e, portanto, havia muito risco... basicamente os projetos não estavam em condições de serem licitados. Se houvesse um banco de projetos, tudo seria mais fácil, mas não havia. Isso apenas mostra como o Brasil não tem cultura de projeto. Os empresários reclamavam muito disso, e com razão. O risco da construção era dele, ou seja, o único risco que o empresário tinha era a construção, e mesmo assim eles estavam muito resistentes em função de todas as incertezas dos projetos. Eles diziam que não havia garantia de recebimento por se tratar de

---

255 Entrevista concedida por AUGUSTIN FILHO, Arno Hugo. Entrevista X. [05.2019]. Entrevistador: Leonardo Loureiro Nunes. Porto Alegre, 2019. Anexo XI.

> uma grande obra do setor público, mas eu não acho que era isso. O risco do projeto era a questão mais importante, mas nós fizemos um processo exatamente para dar um upgrade, para o Brasil virar um país sério, ou seja, o preço era aquele e acabou... Além disso, toda a legislação, como a ambiental, cria obstáculos aos projetos. É muito difícil fazer a licitação com a legislação vigente no Brasil, os prazos são muito extensos, e a gente fez algumas mudanças. Mas, para mim, a principal questão é a cultura do projeto, porque o país que não investe também não sabe fazer projetos. Nós demoramos muito para reequipar os órgãos públicos e ter condição de fazer licitação, mas esse aprendizado era difícil, requisitava tempo e dinheiro, e as pessoas não sabiam como fazer. Tanto é assim que parte das opções por concessões se deveu ao fato de a legislação ser mais simples do que no caso da obra executada diretamente pelo setor público. Nesse sentido as concessões são mais ágeis.

Ainda de acordo com o ex-secretário do Tesouro, Arno Augustin, entrevistado 10 (informação verbal),[256] para mitigar o risco de construção, o governo julgou que a garantia de compra da integralidade do direito de passagem seria uma condição suficiente para atrair os investidores:

> o que se pensou é que assim seria bem mais seguro, porque se não houvesse a segurança de que o concessionário iria vender o seu direito de passagem, haveria uma diminuição na atratividade dos projetos. De todo modo, essa modelagem das ferrovias não teve teste na prática e não houve licitação.

Portanto, a visão do governo era clara sobre a necessidade de aumentar a concorrência de operadores ferroviários para reduzir os

---

256 Entrevista concedida por AUGUSTIN FILHO, Arno Hugo. Entrevista X. [05.2019]. Entrevistador: Leonardo Loureiro Nunes. Porto Alegre, 2019. Anexo XI.

custos logísticos desse modal, que é caracterizado pelo monopólio da operação e da formação de preços para terceiros por parte dos proprietários das ferrovias, que muitas vezes são os grandes grupos oligopólicos exportadores (os donos do PIB). No entanto, a proposta esbarrou em alguns obstáculos incontornáveis. A opção de entregar uma obra inteira para um empreiteiro por um preço definido no leilão inviabilizava a atratividade do projeto para o setor privado. Além disso, não havia um mercado estruturado de operadores ferroviários independentes que pudessem gerar um ambiente de concorrência dentro do setor e, por essas razões, o modelo não obteve sucesso. As empresas proprietárias das ferrovias foram bastante críticas do modelo proposto pelo governo, pois teriam seus preços de monopólio afetados, mas usaram os obstáculos intrínsecos à proposta do governo para inviabilizar qualquer alteração na estrutura regulatória do setor.

Por fim, o programa de concessão de aeroportos federais teve início em 2011, por meio da concessão do aeroporto de São Gonçalo do Amarante, no Rio Grande do Norte. Em fevereiro de 2012, foi realizada uma nova rodada, na qual foram concedidos à iniciativa privada os terminais de Brasília (DF), Guarulhos (SP) e Campinas (SP). Em dezembro do mesmo ano, foi lançado o PIL Aeroportos, cujo objetivo era o aprimoramento da infraestrutura aeroportuária, com a ampliação da oferta de transporte aéreo no país. Entre as concessões previstas, constavam os aeroportos do Galeão (RJ) e de Confins (MG) e o programa de investimentos em aeroportos regionais.

O diagnóstico da necessidade de expandir a infraestrutura aeroportuária provinha da falta de investimentos nas últimas décadas, associado ao aumento expressivo da demanda de passageiros, cuja expansão alcançou 165% entre os anos de 2004 e 2013, conforme a Figura 31. Além disso, a realização da Copa do Mundo de 2014 no país era um fator adicional para a necessidade de ampliação da capacidade e modernização dos aeroportos do país.

Figura 31 – Demanda de passageiros do setor aéreo

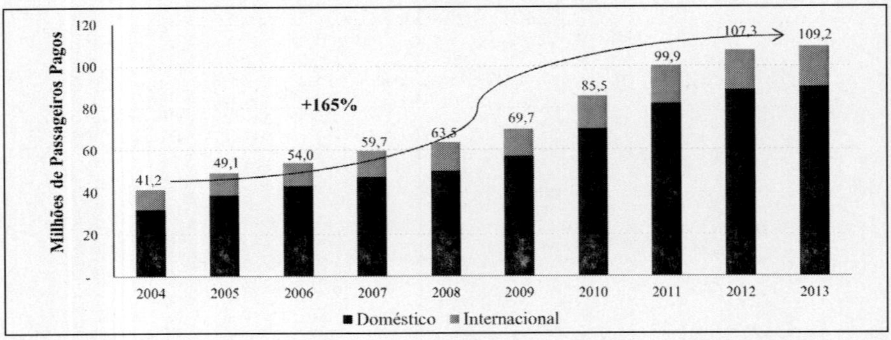

Fonte: ANAC.

A estratégia do governo foi colocar os melhores ativos na linha de frente das concessões. Na avaliação de um integrante do governo, entrevistado 18 (informação verbal):[257]

> Ela (Dilma Rousseff) colocou os ativos bons na frente, na primeira rodada Guarulhos, Viracopos, Brasília... depois em 2013 Galeão e Confins. Então você tinha os 5 melhores aeroportos, tirando Congonhas e Santos Dumont... ali você tinha uma justificativa muito clara para licitar, que era, precisa de obra, você tinha uma série histórica desde que começou o governo Lula de... expansão... evidentemente a Infraero não tinha condições de fazer frente a essa necessidade de investimento...

O primeiro grande embate, no interior do governo, acerca do modelo de concessão a ser adotado, deu-se em torno de qual seria a participação da Infraero, que é a empresa estatal responsável pela administração de diversos aeroportos no país. Na avaliação de fontes

257 Entrevista concedida em caráter anônimo. Entrevista XVIII. [05.2019]. Entrevistador: Leonardo Loureiro Nunes. São Paulo, 2019. arquivo mp3 (50 min).

do mercado, entrevistado 17 (informação verbal)[258] o ideal seria não haver nenhuma participação da estatal na composição dos consórcios:

> Ter zero Infraero, com certeza, até porque esses eventos atraíram players estrangeiros, com dinheiro, capitalizados e... isso obriga a negociar com a Infraero os investimentos e quando a Infraero não tem dinheiro para colocar o cara não consegue fazer...

Na disputa que se travou dentro do governo, com o apoio do secretário do Tesouro, foi decidido que a Infraero teria 49% de participação na composição do consórcio vencedor, o que conferiu à estatal um peso importante no Conselho de Administração dos aeroportos, e praticamente uma paridade de investimentos, ou seja, a cada R$ 1 de investimentos, R$ 0,51 seria do investidor privado e R$ 0,49 seria da estatal, conforme análise do ex-secretário do Tesouro Arno Augustin, entrevistado 10 (informação verbal):[259]

> Na medida em que os empreendimentos são rentáveis, a Infraero tem o retorno no tempo devido. Como esses projetos teriam uma alta rentabilidade ao longo do tempo decidiu-se que a participação da Infraero seria favorável. Além disso, nesse contexto, seria boa para o setor privado porque não exigia tanta disponibilização de capital para investir, ou seja, eles poderiam participar com o que tinham de melhor, que era a capacidade empresarial, e esse não era o forte do governo.

Além da obrigatoriedade de 49% de participação da Infraero, o governo estabeleceu a necessidade de haver ao menos uma empreiteira

258 Entrevista concedida em caráter anônimo. Entrevista XVII. [04.2019]. Entrevistador: Leonardo Loureiro Nunes. São Paulo, 2019. arquivo mp3 (55 min).

259 Entrevista concedida por AUGUSTIN FILHO, Arno Hugo. Entrevista X. [05.2019]. Entrevistador: Leonardo Loureiro Nunes. Porto Alegre, 2019. Anexo XI.

nacional no consórcio vencedor da licitação. A Tabela 14 resume as empreiteiras nacionais vencedoras de cada um dos leilões.

Tabela 14 – Aeroportos concedidos no âmbito do PIL

Aeroporto	Empreiteira Nacional	Ágio do Leilão
Guarulhos – São Paulo	Invepar (OAS)	373%
Viracopos – Campinas	Triunfo Participações e UTC	159%
Brasília	Engevix	673%
Galeão – Rio de Janeiro	Odebrecht	294%
Confins – Belo Horizonte	CCR (Camargo Corrêa e Andrade Gutierrez)	66%

Fonte: ANAC. Elaboração própria.

Na primeira rodada, foram licitados os aeroportos de Guarulhos, Viracopos e Campinas. Os resultados dos leilões não tiveram como vencedoras as maiores construtoras e isso gerou um processo de desgaste do governo com essas empreiteiras. Na avaliação de um membro do governo, entrevistado 20 (informação verbal):[260]

> o que aconteceu depois daquela concessão? Por algum motivo, se entendeu que não foram, ou pelo menos se levou ao governo, que não foram bem-sucedidas, que os operadores não eram os melhores operadores do mundo. Então se tentou por meses, meses, mudar a concepção daquela concessão, daquele movimento de concessão de aeroportos, porque alguém tinha dito que os operadores, em parceria com as construtoras, os operadores não eram bons. Provavelmente devia ter gente sustentando isso nos jornais, na mídia, porque perderam. Não tenho dúvida de que isso aconteceu. Mas isso acabou levando a uma paralisia de quase um ano na segunda rodada...

260 Entrevista concedida em caráter anônimo. Entrevista XX. [05.2019]. Entrevistador: Leonardo Loureiro Nunes. São Paulo, 2019. arquivo mp3 (55 min).

Além disso, mais uma vez críticas à centralização na condução do processo e a discussão de propostas consideradas difíceis de serem implementadas foram um entrave à celeridade na realização da segunda rodada de concessões. Um membro do governo, entrevistado 20 (informação verbal),[261] fez a seguinte análise:

> Foi discutida a criação de uma InfraeroPar, que faria uma joint venture, com os operadores... alguns especialistas em direito administrativo... diziam que isso era possível e que isso seria desconectado da Lei de Licitações, então poderia ser uma empresa privada, quase que no sentido estrito, e que isso era possível e foram gastos 9 meses criando essa modelagem para se chegar à conclusão óbvia de que não ia dar certo... então se perdeu quase um ano entre uma rodada e outra...

Na segunda rodada, foram leiloados os aeroportos do Galeão e Confins. Entre os vencedores, estavam as maiores empreiteiras do Brasil. Como resultado, de acordo com a análise de um executivo do setor, entrevistado 17 (informação verbal):[262]

> houve uma divisão dos 5 principais aeroportos entre as grandes nacionais, então ficou a Andrade Gutierrez e a Camargo através da CCR em Minas Gerais, Galeão a Odebrecht, Rio de Janeiro, a OAS e a Triunfo nos 2 aeroportos de São Paulo e a Engevix em Brasília...

O ágio dos leilões dos aeroportos, conforme a Tabela 14, foram consideráveis. Para muitos críticos desse processo de concessão, o modelo gerava um conflito de interesse na licitação, que incentivava

---

261 Entrevista concedida em caráter anônimo. Entrevista XX. [05.2019]. Entrevistador: Leonardo Loureiro Nunes. São Paulo, 2019. arquivo mp3 (55 min).

262 Entrevista concedida em caráter anônimo. Entrevista XVII. [04.2019]. Entrevistador: Leonardo Loureiro Nunes. São Paulo, 2019. arquivo mp3 (55 min).

lances muito altos do valor de outorga dos leilões. Segundo um membro das entidades empresariais que representam o setor, entrevistado 14 (informação verbal):[263]

> Na prática, a Infraero teve um conflito de interesse brutal na licitação, então, 49% de bolso público, eu sendo privado para entrar no BID, sendo que 49% do meu lance não sou eu que pago... pé no acelerador, porque uma boa parte do meu lance é BNDES e uma outra parte... é Infraero, eu tenho de capital próprio de 20 a 30%.

Ademais, as empreiteiras tinham interesse nos leilões principalmente para que pudessem ser remuneradas pelos investimentos previstos a serem realizados nos aeroportos, num contexto de estímulo concedido por meio do crédito subsidiado do BNDES que seria dado às concessionárias. De acordo com um integrante do governo, entrevistado 14 (informação verbal):[264]

> um crédito subsidiado para essas empresas fazerem as obras. Então na verdade o grande interesse deles era nas obras, o cara queria fazer o terminal novo em Guarulhos, ganhar dinheiro, uma pista nova em Confins, um terminal novo em Confins... as obras ficaram fantásticas...

Entretanto, a reversão do cenário econômico a partir de 2014, que comprometeu as previsões de demanda para o setor aeroportuário, assim como os desdobramentos da Operação Lava Jato, que impediu as empreiteiras nacionais de assinarem contratos de financiamento com o BNDES, criaram dificuldades no sucesso

---

263 Entrevista concedida em caráter anônimo. Entrevista XIV. [04.2019]. Entrevistador: Leonardo Loureiro Nunes. São Paulo, 2019. arquivo mp3 (50 min).

264 Entrevista concedida em caráter anônimo. Entrevista XVI. [04.2019]. Entrevistador: Leonardo Loureiro Nunes. São Paulo, 2019. arquivo mp3 (60 min).

econômico de algumas dessas concessões. Segundo um membro do governo, entrevistado 14 (informação verbal):[265]

> A demanda foi o que envergou muito Viracopos, que é uma demanda incipiente, não envergou Guarulhos, porque Guarulhos não tem problema de demanda, onde ele está, ele é arrojado mesmo em crise... e Brasília é um hub nacional... tem escala e é um projeto que não entrou em crise, pujante, então Guarulhos e Brasília pujantes, Viracopos esfacelou. Galeão até hoje não firmou pé, cronogramas todos atrasados, aí teve efeito Lava Jato... e Confins não era um projeto tão arrojado...

Em relação às críticas ao modelo de concessão e mesmo ao argumento de que os melhores operadores não teriam vencido a primeira rodada de concessões, o ex-secretário do Tesouro, Arno Augustin, entrevistado 10 (informação verbal),[266] fez a seguinte ponderação:

> No fim das contas, a modelagem mostrou-se totalmente correta, porque, em primeiro lugar, os aeroportos foram feitos, e esse era um dos principais problemas para a Copa do Mundo. Em segundo lugar, os valores foram muito diferentes daquilo que o próprio governo imaginava. Nós éramos acusados de forçar valores que a iniciativa privada não aceitaria, que o Tesouro queria tabelar o lucro, e finalmente o preço foi muito melhor do que nós estimamos, ou seja, havia uma folga enorme na licitação. Obviamente que para isso ocorrer tem que haver concorrência e licitação, e a prova de que a modelagem era boa é que houve concorrência. Eu não concordo com o argumento de que não foram atraídos bons investidores. Talvez os

---

265 Entrevista concedida em caráter anônimo. Entrevista XVI. [04.2019]. Entrevistador: Leonardo Loureiro Nunes. São Paulo, 2019. arquivo mp3 (60 min).

266 Entrevista concedida por AUGUSTIN FILHO, Arno Hugo. Entrevista X. [05.2019]. Entrevistador: Leonardo Loureiro Nunes. Porto Alegre, 2019. Anexo XI.

> que gostariam de ganhar com outros preços não ganharam. Mas, bom, o objetivo é exatamente esse, que ganhe o menor preço e o que tem mais eficiência.

Portanto, por um lado, o governo teve a competência de identificar os principais ativos a serem concedidos e conseguiu leiloá-los, inclusive dentro do prazo estipulado para que funcionassem durante a Copa do Mundo do Brasil. Por outro lado, o modelo adotado sofreu algumas críticas por dar um protagonismo excessivo à Infraero e por gerar conflitos de interesses, seja porque o BNDES financiaria uma parte do lance do consórcio vencedor, seja porque a empreiteira que operaria o aeroporto seria a mesma que lucraria com os investimentos a serem realizados no projeto. Além disso, como em diversos outros casos, pressões de grupos "perdedores" coesos da primeira rodada das concessões e um excesso de centralização e condução endógena dos processos decisórios, atrasaram a realização dos leilões da segunda rodada de concessões. Por fim, a brutal reversão da economia, que minou a previsão de demanda dos modelos econômicos que balizaram as licitações, assim como a Operação Lava Jato, que impediu a assinatura de contratos de financiamento das empreiteiras envolvidas nas concessões com o BNDES, prejudicaram e até mesmo inviabilizaram economicamente algumas dessas concessões.

Do ponto de vista da sua carteira de projetos, o PIL reuniu projetos com diferentes níveis de qualidade e maturidade, o que era de certa maneira inevitável em razão do seu ineditismo quando considerados o volume de investimentos em escala nacional nas últimas décadas. Na avaliação de um membro do governo, entrevistado 14 (informação verbal):[267]

---

267 Entrevista concedida em caráter anônimo. Entrevista XIV. [04.2019]. Entrevistador: Leonardo Loureiro Nunes. São Paulo, 2019. arquivo mp3 (50 min).

> Então... dentro do PIL... até projetos que ainda eram embrionários... e tinha coisas de níveis de maturidade diferentes, então ele foi criticado, quando você não cumpre, não cumpre porque o projeto não estava minimamente maduro, porque foi mal estruturado, o órgão de controle travou, porque a licitação não foi exitosa ou atraiu aventureiro, enfim, problemas de estruturação de projeto de uma carteira muito ambiciosa, alguns foram bem estruturados, vingaram... outros estavam mal instruídos e o Tribunal de Contas não deixou passar e alguns atraíram aventureiros mesmo...

Apesar da questão apontada acima, quando observado no seu conjunto, o PIL também obedeceu à estratégia geral do governo, decorrente da "agenda da competitividade", da tentativa de enfrentamento sobre os lucros de setores oligopólios (donos do PIB) e de aumento da concorrência por mudanças na regulação desses setores e ampliação da oferta de infraestrutura por meio da realização dos leilões de concessão. O balanço do ex-secretário do Tesouro, entrevistado 10 (informação verbal),[268] foi o seguinte:

> ...a cultura é que as empresas só participam dos projetos com alta rentabilidade, principalmente as grandes. Elas estavam acostumadas a altas taxas de rentabilidade e várias vezes pediam para não haver investimento. É uma coisa difícil de compreender, provavelmente porque havia receio do crescimento de empresas médias e de grupos internacionais que passaram a atuar no Brasil. Mais uma vez o governo passou a trabalhar com a rentabilidade correta e isso desagradou a muita gente... Existe uma variável fundamental em toda concessão, que é o crescimento econômico. Nenhuma dessas concessões é boa se não houver crescimento. Mas, novamente, infelizmente a cultura brasileira tem que ser modificada. Se não há o mínimo

268 Entrevista concedida por AUGUSTIN FILHO, Arno Hugo. Entrevista X. [05.2019]. Entrevistador: Leonardo Loureiro Nunes. Porto Alegre, 2019. Anexo XI.

> de concorrência e passa a haver, é óbvio que quem estava ali naquele setor não vai gostar. Portanto, o Brasil ainda precisa implantar o capitalismo. Há aspectos do capitalismo que no Brasil ainda estão atrasados. Essa mudança que a Presidenta Dilma de alguma forma tentou fazer, mas uma das coisas que eu aprendi é como é difícil buscar essas mudanças.

Do ponto de vista dos acordos de classe, a lógica de obras públicas agradava as empreiteiras de maneira geral, desde a idealização do PAC, na medida em que o país vivia uma realidade de décadas de ausência de investimentos públicos e concessões. Por outro lado, a lógica da modicidade tarifária e aspectos da modelagem das concessões que nem sempre favoreceram as empreiteiras que habitualmente venciam as licitações no país foram uma importante fonte de desgaste com o governo, que tinha nesse setor, dentre outros motivos devido à prioridade dada às obras de infraestrutura quando comparadas com governos anteriores, um importante aliado na estruturação da sua base política de apoio. A opção pela modicidade tarifária e alguns obstáculos colocados pelo governo foram usados para reforçar o discurso intervencionista contra o governo. Nas palavras do ex-Presidente do BNDES, Luciano Coutinho, entrevistado 13 (informação verbal):[269]

> Duas coisas erradas. Eu tenho memória disso porque participei do lado contrário a esse tipo de engessamento, mas houve um duplo erro: perdeu o timing, demorou muito discutindo, e produziu uma solução com uma mensagem de estímulos a várias coisas positivas, mas terminou prevalecendo a mensagem de dirigismo estatista, de ingerência hostil sobre as condições fundamentais de rentabilidade do investimento privado, que era essa tentativa de regular a taxa de retorno.

---

269 Entrevista concedida por COUTINHO, Luciano Galvão. Entrevista XII. [06.2019]. Entrevistador: Leonardo Loureiro Nunes. São Paulo, 2019. Anexo XIII.

No caso das rodovias, o governou logrou a concessão de vários trechos e conseguiu implementar a lógica da modicidade tarifária. Entretanto, para os críticos, mais quilômetros poderiam ter sido concedidos caso não tivesse sido feita a escolha da menor tarifa como critério definidor do leilão. Além disso, a exigência de muitos investimentos no início da operação da concessão, aliada a lógica de menor tarifa, criou constrangimentos financeiros aos projetos. Esses fatores, aliados a reversão do quadro econômico e aos efeitos da Operação Lava Jato sobre as empreiteiras, fizeram com que muitas dessas concessões se tornassem inviáveis economicamente após alguns anos.

Nas ferrovias, setor mais malsucedido do PIL, pode-se afirmar que os projetos não ocorreram por dificuldades na elaboração de bons projetos, problemas de legislação que criavam importantes obstáculos para grandes obras, e pela opção do governo de licitar uma obra para um único empreiteiro, o que diante dos riscos colocados afastou quaisquer interessados nessa modelagem. De fato, o governo teve a nobre intenção de enfrentar uma estrutura de monopólio na formação de preços do setor, mas as dificuldades externas colocadas no processo e a opção feita pelo governo na modelagem foram utilizadas por aqueles que teriam seus interesses oligopolísticos atingidos (donos do PIB) a reforçar a narrativa de intervencionismo e incompetência do governo.

Nas concessões dos aeroportos, o governo optou pela participação da Infraero em 49% dos consórcios vencedores das licitações, o que já se tornou uma primeira fonte de desgaste com o setor privado. Além disso, o fato de empreiteiras que habitualmente ganhavam licitações no país não terem arrematado nenhum dos aeroportos na primeira rodada de concessões gerou um segundo ponto de atrito com as grandes empreiteiras do país. Por fim, assim como no caso das rodovias, a mudança do quadro econômico, que afetou as previsões de demanda dos projetos, e a Operação Lava Jato, que criou dificuldade nos financiamentos das concessões por meio do BNDES, trouxeram inúmeros problemas econômicos para alguns desses projetos.

O PIL teve o mérito de fortalecer as concessões e uma lógica privada de investimentos como complemento à iniciativa do PAC, que tinha como lastro principal os investimentos públicos. Por outro lado, muitos aperfeiçoamentos ainda são necessários para a maior atratividade de investimentos em infraestrutura. Garcia-Escribano *et al.*[270] destacam a importância do aperfeiçoamento da governança para estimular investimentos e Frischtak e Norinha[271] ressaltam a necessidade do desenvolvimento de instrumentos alternativos ao financiamento público como as debêntures incentivadas de infraestrutura e o incentivo à modalidade do *project finance*. Pinheiro[272] enfatiza a necessidade de melhoria dos projetos de infraestrutura, o desenvolvimento de um mercado de estruturação de projetos no país e uma nova regulação para projetos preparados pelo setor privado. Entretanto, mesmo com esses aperfeiçoamentos institucionais, que são absolutamente necessários, é forçoso reconhecer que o Brasil é um dos únicos países da América Latina em que a participação do Estado é menor que do setor privado nos investimentos em infraestrutura.[273] Portanto, melhorias institucionais e a maior participação do setor privado, seja na modelagem dos projetos, nas concessões ou no financiamento de projetos, devem ser vistos de maneira complementar, e não antagônica, à participação do Estado, por meio de investimentos públicos ou de suas instituições financeiras.

---

270 GARCIA-ESCRIBANO, Mercedes; GOÉS, Carlos; KARPOVICZ, Izabela. *Filling the Gap*: Infrastructure Investment in Brazil. Washington DC, 2015.

271 FRISCHTAK, Claudio; NORONHA, Júlia. *O financiamento do investimento em infraestrutura no Brasil*: uma agenda para sua expansão sustentada. Brasília: CNI, 2016.

272 PINHEIRO, Armando Castelar. "Propostas para uma nova regulamentação de estruturação de projetos de infraestrutura no Brasil". *In*: IFC. *Estruturação de Projetos de PPP e Concessão no Brasil*: diagnóstico do modelo brasileiro e propostas de aperfeiçoamento. São Paulo: IFC, 2015.

273 TADINI, Venilton; ROCHA, Igor. *As particularidades do investimento em infraestrutura*. São Paulo: ABDIB, 2018.

CAPÍTULO IV

A REESTRUTURAÇÃO DO SETOR PORTUÁRIO BRASILEIRO

O setor de portos mudou radicalmente ao longo dos dois últimos séculos. Desde o século XIX, até a metade do século XX, os portos eram um instrumento dos Estados coloniais, cujo principal objetivo era o controle de mercados. Nas últimas décadas, o setor passou por profundas modificações e sua competição global, com ganhos de escala extraordinários, fez com que ele também fosse percebido como importante instrumento de aumento de eficiência na logística do transporte marítimo.[274]

Os portos podem ser divididos em quatro tipos de modelos. No modelo de portos públicos, a área do porto, sua infraestrutura, os equipamentos e o fornecimento dos serviços são de responsabilidade do setor público. No modelo de *tool ports*, o setor público detém a área e a infraestrutura, mas concede os equipamentos e o espaço para a iniciativa privada em contratos de curto prazo. No modelo *landlord*, que é o mais usual nos dias de hoje, a principal diferença

---

274 WORLD BANK. *Port Redorm toolkit 2nd Edition*. Washington: World Bank, 2007.

em relação ao modelo *tool ports* é que a iniciativa privada fornece os serviços com contratos de longo prazo. Por fim, no modelo privado, esse setor é proprietário da terra, da infraestrutura e fornece os serviços.[275]

Em razão do aprofundamento da globalização comercial, sobretudo nos anos 1990, houve um aumento expressivo na participação da iniciativa privada no setor portuário ao redor do mundo.[276] A necessidade de mais investimentos provocou um debate sobre o nível de participação da iniciativa privada nas três principais categorias de atividades portuárias, quais sejam a regulamentação e supervisão de serviços, a gestão das áreas do porto e a operação portuária.[277]

Na década de 1990, o Brasil foi inserido nesse movimento de aumento dos investimentos privados e reestruturação dos arcabouços regulatórios no setor de infraestrutura,[278] que teve como resultado maiores investimentos e ganhos de eficiência.[279] Em 1993, no governo Itamar Franco (1992-1994), foi estabelecida a regulação vigente do setor de portos até 2012, a Lei n. 8.630/1993,[280] que transferiu ao setor privado a exploração dos terminais portuários, deixando a

275 VAN DER VEER, J. "Private Sector Involvement in Ports: Economics and Policy". *Topics 24*, 2001.

276 WORLD BANK. *Reforming infrastructure*: privatization, regulation and competition. Washington DC, 2004.

277 BAIRD, Alfred J. "Privatization trends at the world's top-100 container ports". *Maritime Policy and Management*, vol. 29, nº 3, 2002.

278 PINHEIRO, Armando Castelar. "Regulatory Reform in Brazilian Infrastructure: Where do we Stand?" *IPEA Working Paper*, 2003. Disponível em: https://papers.ssrn.com/sol3/papers.cfm?abstract_id=482823. Acessado em: 28.03.2025.

279 FRISCHTAK, Claudio. "O investimento em infraestrutura no Brasil: histórico recente e perspectivas". *Pesquisa e Planejamento Econômico*, vol. 38, nº 2, 2008.

280 BRASIL. *Lei n. 8.630*, de 25 de fevereiro de 1993. Brasília: Diário Oficial da União, 1993.

administração dos condomínios com o governo. Um dos objetivos centrais da Lei era a ampliação da concorrência no setor.[281]

O modelo adotado foi inspirado no "landlordismo", no qual o setor público é proprietário e regulador da área portuária e o setor privado é o operador dos portos. Portanto, de acordo com essa lei, o governo seria o responsável pelo condomínio e licitaria a operação à iniciativa privada para a exploração dos terminais de suas respectivas cargas. Após a promulgação da lei, ao longo da década de 1990, foram institucionalizados os "portos organizados" e definidas as suas "poligonais", que compreendem as áreas destinadas às instalações portuárias, bem como à infraestrutura de proteção e de acesso ao porto. Nesse mesmo período, foi constituído o "Conselho de Autoridade Portuária" (CAP), formado por membros do governo, operadores, trabalhadores e usuários, que na prática era o órgão com maior poder na estrutura do porto. O Presidente do CAP, principal cargo dentro dessa estrutura, era indicado pelo poder público. Por fim, foram também estabelecidos os "Órgãos de gestão de mão de obra" (OGMOs).

Na segunda metade da década de 1990, foi assinada a maior parte dos contratos de arrendamento hoje existentes, que ficaram conhecidos, durante a tramitação da MP dos Portos, como os "Pós-93", e foi arrendada a maioria das áreas dos "portos organizados", conforme análise de membro do governo, entrevistado 18 (informação verbal):[282]

281 TOVAR, Antônio Carlos de Andrada; FERREIRA, Gian Carlos Moreira. "A infra-estrutura portuária brasileira: o modelo atual e perspectivas para seu desenvolvimento sustentado". *Revista do BNDES*, vol. 13, nº 25, 2006.

282 Entrevista concedida em caráter anônimo. Entrevista XVIII. [05.2019]. Entrevistador: Leonardo Loureiro Nunes. São Paulo, 2019. arquivo mp3 (50 min).

> os maiores, os principais terminais operativos hoje foram licitados no primeiro mandato do governo Fernando Henrique Cardoso, (95, 96, 97, 98)... e também os principais graneleiros, então TGG da Bunge, TERMAG, TEG/TEAG da Cargill, da Dreyfus, ADM na Margem Direita, multiterminais em Libra no Rio, GSM/TK, Sepetiba Tecon, todos eles no Rio de Janeiro, no Porto de Sepetiba, no sul do Brasil, Itajaí, os terminais do porto de São Francisco do Sul, Paranaguá/TCP, todos os terminais graneleiros de Paranaguá, Cargill, Rocha, COAMO, Cotriguaçu,... esses grandes terminais do país foram de alguma maneira licitados na esteira da Lei 8.630.

Esse foi o modelo que vigorou entre 1993 e 2012. A Lei n. 8.630/1993 tinha um artigo impreciso, que permitia a existência de terminais de uso privativo e foi responsável por uma polêmica no setor, conforme a seguinte análise de um integrante do mercado, entrevistado 17 (informação verbal):[283]

> existiam alguns terminais estabelecidos fora dos portos organizados, terminais privados, principalmente da Vale... os dois maiores terminais portuários do Brasil em volume até hoje são o terminal da Ponta da Madeira em São Luís do Maranhão, que é o final da ferrovia de Carajás... a Vale tira 300 milhões de toneladas de minério de ferro e leva até a Ponta da Madeira num terminal que ela opera esse minério... 100% carga própria... e o terminal de Tubarão, no Espírito Santo, ao norte de Vitória, que é o final da ferrovia Vitória – Minas, da Vale, que vem de Minas Gerais... e vai até o litoral do Espírito Santo nesse terminal chamado Tubarão, terminal de águas profundas, tão grande quanto a Ponta da Madeira, e tem outros exemplos de terminais de uso privado dessa natureza e começaram a emergir, depois de mais de uma década de vigência da Lei 8.630, terminais privados operando cargas de

---

283 Entrevista concedida em caráter anônimo. Entrevista XVII. [04.2019]. Entrevistador: Leonardo Loureiro Nunes. São Paulo, 2019. arquivo mp3 (55 min).

> terceiros, até que surgiram terminais privados de contêineres e o contêiner por definição é uma carga de terceiro... e aí surgiram três terminais, terminal de Itapoá, em Santa Catarina, a Portonave em Navegantes, também em Santa Catariana e o principal deles o Embraport, terminal da Odebrecht no meio do porto de Santos, no meio do canal de acesso do porto de Santos, os 3 sob regime de autorização, sob o regime de TUP, portanto não licitados... terminais em que ele é dono da área, compra a área, pede uma autorização, o governo autoriza e ele faz um terminal. E aí o setor, principalmente os terminais de contêineres de Santos, notadamente a Libra Santos Brasil, montaram uma guerra contra os terminais de uso privado, foram no Supremo Tribunal Federal, foram no CADE...

A lei não era clara a respeito da questão dos terminais de uso privado poderem ou não movimentar cargas de terceiros. Havia uma insegurança jurídica por parte do setor sobre a necessidade ou não de se licitar os TUPs, o que inibiu seus investimentos durante esse período. Os críticos do TUP argumentavam que a prestação de serviços portuários para terceiros tinha que ser licitada. A utilização do TUP para movimentação de cargas de terceiros sem licitação seria burlar a regra de prestador de serviço público, que é licitado. Portanto, o TUP só seria admissível para movimentação de carga própria.

Para tentar solucionar esse impasse, o governo Lula da Silva publicou o Decreto n. 6.620/2008,[284] no qual estabelecia a possibilidade de movimentação de cargas de terceiros por parte do TUP, mas de maneira eventual e subsidiária, conforme a seguinte análise de um integrante do governo, entrevistado 18 (informação verbal):[285]

---

284 Disponível em: http://www.planalto.gov.br/ccivil_03/_Ato2007-2010/2008/Decreto/D6620.htm.

285 Entrevista concedida em caráter anônimo. Entrevista XVIII. [05.2019]. Entrevistador: Leonardo Loureiro Nunes. São Paulo, 2019. arquivo mp3 (50 min).

> o governo editou o Decreto 6620 regulamentando a lei 8.630, que dizia o seguinte: os terminais de uso privado podem existir, porém devem operar predominantemente cargas próprias e cargas de terceiros apenas de forma eventual e subsidiária, ou seja, não seria possível a existência de terminal privado de contêiner... então os representantes dos portos públicos passaram a tentar derrubar essas autorizações, no CADE, no Supremo Tribunal Federal... e na véspera de uma decisão do STF... muito perto de ser declarada a necessidade e obrigatoriedade de fecharem esses terminais veio a MP 595, e o que a MP 595 dizia? Ela dizia, pode tudo, faça terminais de uso privado.

Além desse impasse, na avaliação do governo, o setor portuário carecia de investimentos e, portanto, a abertura aos terminais de uso privado seria a solução para a expansão do setor e, consequentemente, teria como resultado reduções dos custos de logística e o aumento da competitividade do país. Entretanto, ao longo das discussões sobre o tema, ficou claro para o governo que o redesenho do setor de portos era mais complexo do que parecera à primeira vista. De acordo com um membro do governo, entrevistado 21 (informação verbal):[286]

> acho que essa MP... foi de uma dificuldade, claro que é um tema importante... mas ela foi de uma dificuldade completamente desproporcional à importância dela... por duas coisas, uma, porque o tema é muito mais complexo do que a gente imagina, porque tem tanta coisa associada... tem regulação da Marinha, tem prático... tem muitas coisas envolvidas, interesses difusos os mais diferentes possíveis... não é só uma questão das concessões, é muito mais do que isso, porque se eu mexo nas concessões e não mexo na questão do prático que entra com o navio... eu vou continuar onerando o custo da entrada

---

286 Entrevista concedida em caráter anônimo. Entrevista XXI. [06.2019]. Entrevistador: Leonardo Loureiro Nunes. São Paulo, 2019. arquivo mp3 (35 min).

> e da saída do produto porque eu tenho uma corporação de mil pessoas que afeta a competitividade... então... houve mais de uma dezena de reuniões da Presidenta... é inviável um processo de tomada de decisão desse jeito com o Presidente, então foi um processo muito desgastante por esse detalhe...

A Medida Provisória (MP) 595, de 6 de dezembro de 2012, convertida na Lei n. 12.815 de 5 de junho de 2013,[287] tinha como objetivo estabelecer um novo marco regulatório para o setor portuário brasileiro. A avaliação do governo, que ia ao encontro da "agenda da competitividade", era a de que o setor carecia de competitividade e demandava novos investimentos, que só seriam viáveis com a reestruturação e o enfrentamento dos diversos interesses estabelecidos no setor. Essa medida, assim como a iniciativa de reestruturação do setor elétrico, também foi publicamente defendida pela FIESP.[288]

Os interesses a serem enfrentados eram os grupos que historicamente controlavam os portos organizados no país, e que possuíam um significativo grau de representação no Congresso Nacional. Os beneficiados seriam principalmente os "sobreviventes da indústria", que num ambiente de maior concorrência no setor portuário, poderiam desfrutar de menores tarifas e maior qualidade nos serviços de importação e exportação de produtos. Muito dos "donos do PIB", sobretudo os grandes grupos oligopólicos exportadores, já possuíam seus terminais privados e seriam menos beneficiados por essa medida.

As principais mudanças do redesenho do setor portuário foram estender o contrato de concessão à administração portuária, extinguir os conceitos de carga própria e de terceiros, determinar a concessão de todos os terminais instalados dentro da área do porto organizado, centralizar as decisões regulatórias na Secretaria de

287 BRASIL. *Lei n. 12.815*, de 5 de junho de 2013. 2013c. Disponível em: http://www.planalto.gov.br/ccivil_03/_Ato2011-2014/2013/Lei/L12815.htm. Acessado em: 28.03.2025.

288 Disponível em: https://www.fiesp.com.br/modernizacao-dos-portos/.

Portos (SEP) e na Agência Nacional de Transportes Aquaviários (ANTAQ) e tornar os Conselhos de Autoridade Portuária (CAP) órgãos meramente consultivos.[289]

O redesenho desse setor contava com problemas de duas naturezas. Em primeiro lugar, o Brasil é uma país de dimensão continental, com uma fronteira terrestre de 15.719 km e um litoral de 7.367 km.[290] Apesar da maior extensão das fronteiras terrestres, mais de 75% de toda corrente de comércio passa pelos portos do país, conforme Tabela 15. Além disso, o Porto de Santos, que fica a apenas 90 km de São Paulo, principal metrópole brasileira, concentra em torno de um terço de todo fluxo de mercadorias dos portos brasileiros em termos de valor, conforme Tabela 16.

Portanto, o Porto de Santos é a porta de entrada e saída de aproximadamente um quarto de toda corrente de comércio do país, quando considerados os portos públicos, que aliada à dependência histórica de regulação estatal do setor portuário, tornou-o centro de disputas econômicas e políticas em torno de nomeações de cargos e interesses diversos, com reflexos diretos na relação entre o executivo federal e as bancadas do Congresso que representam esse setor.

289 ROCHA, Carlos Henrique; BRITTO, Paulo Augusto P. de; UDERMAN, Simone. "Abertura de capital e Governança Corporativa no setor portuário brasileiro". *RGC – Revista de Governança Corporativa*, vol. 3, nº 1, 2016.

290 Disponível em: https://atlasescolar.ibge.gov.br/images/atlas/mapas_brasil/brasil_pontos_extremos_e_fronteiras.pdf.

Tabela 15 – Corrente de Comércio (Portos Públicos) – US$ Valor FOB (%)

VIA	2019	2018	2017	2016	2015	2014	2013
MARITIMA	77%	76%	79%	76%	78%	79%	78%
AEREA	6%	6%	3%	4%	3%	3%	2%
RODOVIARIA	5%	5%	6%	6%	6%	5%	6%
OUTROS	12%	13%	11%	14%	14%	13%	13%
TOTAL	100%	100%	100%	100%	100%	100%	100%

Fonte: Comexstat. Ministério da Economia. Elaboração própria.

Tabela 16 – Corrente de Comércio (Portos Públicos) – US$ Valor FOB (%)

PORTOS	2019	2018	2017	2016	2015	2014	2013
SANTOS	35%	34%	35%	37%	35%	32%	33%
PARANAGUA	9%	9%	10%	10%	9%	9%	9%
SÃO LUÍS	7%	6%	0%	0%	0%	0%	0%
ITAGUAI	7%	7%	6%	5%	6%	7%	7%
RIO GRANDE	6%	6%	6%	6%	6%	6%	6%
VITORIA	6%	6%	6%	6%	7%	8%	8%
ITAJAI	5%	4%	5%	5%	5%	5%	5%
SÃO FRANCISCO DO SUL	4%	4%	4%	4%	5%	4%	4%
SALVADOR	4%	4%	0%	0%	0%	0%	0%
RIO DE JANEIRO	4%	4%	4%	4%	5%	5%	6%
OUTROS	14%	15%	24%	22%	22%	25%	24%
TOTAL	100%	100%	100%	100%	100%	100%	100%

Fonte: Comexstat. Ministério da Economia. Elaboração própria.

Em segundo lugar, a regulação do setor portuário brasileiro mostrou-se mais complexa do que parecera num primeiro momento para o próprio governo, pois envolvia temas diversos como as formas de exploração dos portos, barreiras à entrada e saída, uma relação entre capital e trabalho bastante peculiar, dentre outras questões sensíveis. Por conseguinte, pela sua complexidade e pelos interesses que atingia, sobretudo nas estruturas do Congresso, esse tema teve repercussões importantes para a economia e para as relações entre o governo e sua base parlamentar. De acordo com um integrante do setor, entrevistado 17 (informação verbal):[291]

> imagine um país grande como é o Brasil e que tem uma porta de entrada, imagine a quantidade de interesses, tudo passa ali. O Porto de Santos é um CDB...[292] porque ele tem o maior complexo de combustíveis do Brasil, ligado por dutos à Refinaria de Paulínia, que é a maior refinaria do Brasil, terminais da Transpetro, das operadoras todas, ele tem 7 terminais de contêineres que levam boa parte do que é consumido no país, ele é o maior porto graneleiro do Brasil até hoje.

O objetivo central da MP dos Portos, dentro do espírito da "agenda da competitividade", era a ampliação dos investimentos no setor, para aumentar a oferta desse serviço e reduzir os custos de logística por meio da maior concorrência, o que aumentaria a competitividade do país. Para tal desiderato, seria necessário quebrar o monopólio do "porto organizado", definido pela lei como bem público construído e aparelhado para atender a necessidades de navegação, de movimentação de passageiros ou de movimentação e armazenagem de mercadorias, e cujo tráfego e operações portuárias estejam sob jurisdição de autoridade portuária.

Com o fim desse monopólio, seriam permitidos definitivamente a instalação do Terminal de Uso Privado (TUP), que também de acordo com a lei, foi definido como instalação portuária explorada mediante autorização e localizada fora da área do porto organizado. Nesse sentido, essa medida foi liberalizante, ao contrário da narrativa intervencionista que se criou em relação ao governo.

---

291 Entrevista concedida em caráter anônimo. Entrevista XVII. [04.2019]. Entrevistador: Leonardo Loureiro Nunes. São Paulo, 2019. arquivo mp3 (55 min).

292 O Certificado de Depósito Bancário (CDB), que é um dos ativos mais seguros do sistema financeiro, é um título emitido pelos bancos e tem como rendimento uma taxa pré-fixada.

A principal contribuição da Lei n. 12.815/2013, que emergiu da MP 595, foi o fim da insegurança jurídica representada pela liberação dos TUPs para cargas próprias e de terceiros. Entretanto, ficou convencionado que dentro da poligonal dos portos organizados não poderia haver terminal de uso privado novo. Portanto, os TUPs foram autorizados, mas sem novos terminais dentro dos canais de acesso dos portos organizados.

Além disso, foi definido que as poligonais dos portos organizados, que são definidas abstratamente, um desenho com coordenadas geográficas definidas por decreto presidencial, seriam a barreira de entrada para TUPs novos dentro do porto organizado. Essa regra protegia o ganhador de uma licitação dentro do porto organizado, que, por exemplo, paga uma taxa condominial, um valor de arrendamento para a Companhia Docas do Estado de São Paulo (CODESP), administradora do Porto de Santos. O vencedor da licitação usufrui dos diversos investimentos que o porto realiza, como dragagem, canal de acesso, dentre outros, e, portanto, é razoável haver proteção ao seu mercado, impedindo que o TUP, que não participou de licitação, usufruísse desses investimentos.

Todavia, os críticos dos TUPs argumentavam que, mesmo fora da poligonal do porto organizado, os TUPS seriam beneficiários de suas vantagens sem contrapartida financeira para estrutura do porto. Além disso, as poligonais, definidas por decreto presidencial, foram alteradas para retirar muitos TUPs de dentro do porto organizado, o que criava uma vantagem competitiva para eles, segundo um executivo do setor, entrevistado 19 (informação verbal):[293]

> não vai ter exemplo de TUP longe do porto organizado... um exemplo... eu tenho um shopping center, eu compro um lote do lado, abro um buraco na parede, e os clientes do shopping

293 Entrevista concedida em caráter anônimo. Entrevista XIX. [05.2019]. Entrevistador: Leonardo Loureiro Nunes. São Paulo, 2019. arquivo mp3 (65 min).

> vem na minha loja comprar. Eu não pago condomínio, nenhuma taxa, e adquiro a clientela ali do lado... uma boa parte dos TUPs ficaram fora do porto porque a linha poligonal foi mexida... a Embraport (Odebrecht) ficou fora e era dentro do porto organizado... não só o conceito foi equivocado, como ainda mexeram nas poligonais de forma que se colocassem os TUPs fora e isso rendeu aos TUPs existentes um grande valor.

Apesar da inovação positiva representada pela liberação dos TUPs, a reestruturação do setor portuário, conforme mencionado anteriormente, comportava diversas complexidades técnicas e políticas. A primeira delas era a questão trabalhista envolvida, conforme análise de um membro do governo, entrevistado 17 (informação verbal):[294]

> houve uma coisa muito sofisticada que foi a forma como eles (representantes dos portos públicos) usavam os trabalhadores, porque o TUP, além de não ser licitado, ele tem uma outra vantagem, e por isso que foi complexo demais, porque envolvia o Sindicato também, pois dentro dos portos organizados você tem a figura do OGMO, que é o Organismo Gestor da Mão de Obra. Até 1993 você tinha a figura do Sindicato que indicava os trabalhadores que trabalhariam em cada navio. Havia uma lista e o Sindicato indicava quem ia trabalhar em cada navio... não bastasse isso os indicados pelo Sindicato ficavam jogando baralho e subcontratavam pessoas de fora da lista que queriam um "ganha pão", que eram os chamados "bagrinhos"... que era o coitado que ganhava um trocado para fazer o trabalho que o cara do Sindicato não queria fazer e ele ficava com a diferença para fazer nada.

294 Entrevista concedida em caráter anônimo. Entrevista XVII. [04.2019]. Entrevistador: Leonardo Loureiro Nunes. São Paulo, 2019. arquivo mp3 (55 min).

A Lei n. 8.630/1993 conseguiu resolver esse problema com a criação dos chamados "OGMOs", um *pool* de trabalhadores organizado pelas empresas, que eram obrigadas a manter compulsoriamente um cadastro no qual qualquer trabalhador que fizesse um curso de habilitação poderia aderir, ou seja, houve uma formalização dos chamados "bagrinhos" e foi estabelecido um rodízio único no qual uma lista, sem interferência do sindicato, indicava os operadores de cada navio. Inicialmente, essa medida foi bastante positiva porque rompeu com a situação vigente. Porém, com a modernização tecnológica do setor, a mão de obra tornou-se cada vez menos necessária.

O governo havia tomado a decisão de não fazer alterações na regulação trabalhista do setor. Entretanto, na redação da Medida Provisória, o capítulo da MP que tratava desse assunto foi copiado e, por essa razão, esse tema ficou passível de emendas ao longo da tramitação da medida. Na proposta do governo, os TUPs não estariam sujeitos às mesmas regras trabalhistas e, portanto, teriam uma estrutura de custos muito mais enxuta. De fato, isso representava uma desvantagem para a estrutura dos portos públicos organizados, conforme a seguinte análise de um integrante do setor, entrevistado 18 (informação verbal):[295]

> ...o que que aconteceu? os representantes do porto organizado... começaram a usar os trabalhadores do OGMO pra tentar derrubar o TUP, e como eles fizeram isso?... a gente exige que estas condições de trabalho, dignas, sejam estendidas aos trabalhadores dos TUPs... bancaram os Sindicatos que eram os inimigos deles, ocuparam um navio chinês e atracaram na Embraport durante a tramitação da medida provisória,... eles foram lá, pegaram o navio chinês e ocuparam o navio...[296]

---

295 Entrevista concedida em caráter anônimo. Entrevista XVIII. [05.2019]. Entrevistador: Leonardo Loureiro Nunes. São Paulo, 2019. arquivo mp3 (50 min).

296 BULLA, Beatriz. "Portuários mantêm ocupação de navio chinês em Santos". *Estadão*, fev. 2013. Disponível em: https://economia.estadao.

> o grande representante dos trabalhadores dos OGMOs, na época, que defendia e ia lá no Palácio (do Planalto) para tentar estender a obrigatoriedade do OGMO para os TUPs foi o Paulinho da Força, e esta é a origem da aproximação do Paulinho com o Eduardo Cunha...

Adicionalmente, uma outra inovação que gerou polêmica foi a introdução da modicidade tarifária dentro do porto, conforme análise de um membro do governo, entrevistado 17 (informação verbal):[297]

> o que é inexistente porque, por exemplo, o terminal de químico opera 200 tipos de produto, ele derruba o tanque para fazer um tanque novo, do lado, porque tem um cliente que pode precisar de um tanque a 200 graus de temperatura, precisa mexer... é impossível, como é que vai leiloar um negócio desse por menor tarifa?... um negócio que inviabilizava os leilões e quase os inviabilizou de fato.

Um outro ponto crítico, que representou um enfrentamento do governo em relação ao mundo político, foi a redefinição das estruturas de poder dentro do setor portuário. Conforme mencionado anteriormente, o modelo portuário vigente até a edição da medida provisória era o "landlordista", que na prática atribuía ao porto a sua própria gestão. De acordo com um executivo do setor, entrevistado 19 (informação verbal),[298] defensor desse modelo:

---

com.br/noticias/geral,portuarios-mantem-ocupacao-de-navio-chines--em-santos,144277e. Acessado em: 16.05.2025.

297 Entrevista concedida em caráter anônimo. Entrevista XVII. [04.2019]. Entrevistador: Leonardo Loureiro Nunes. São Paulo, 2019. arquivo mp3 (55 min).

298 Entrevista concedida em caráter anônimo. Entrevista XIX. [05.2019]. Entrevistador: Leonardo Loureiro Nunes. São Paulo, 2019. arquivo mp3 (65 min).

> porto organizado é um assunto de oito séculos. No mundo inteiro, os portos relevantes são landlords. O Brasil quer inventar a roda... é assim nos EUA, na China, na Finlândia, no Quênia, na África do Sul, na Colômbia, no Panamá, no Chile...[299]

Mesmo com essa ordem de crítica, o governo optou pela centralização das decisões e de matérias regulatórias em Brasília, conforme análise de um membro do governo, entrevistado 16 (informação verbal):[300]

> ...teve uma virada na lei na qual ela migrou da Docas federal, uma gestão na ponta, o porto manda nele mesmo, com todos os males daí inerentes, para uma gestão em Brasília... apesar da companhia das Docas ser federal... o critério de indicação política estava muito ligado à política local, ao governador e partidos também... na divisão, o PR indicava o ministro dos Transportes e o PMDB... o famoso CAP, o Conselho da Autoridade Portuária, que é quem mandava na Docas... então a Docas funcionava sozinha com a lógica interna dela. Então, quando vai ter um arrendamento novo? Quando eles decidirem lá... o Presidente do CAP (figura mais poderosa na gestão do porto) era um político ligado ou a política local ou ao Ministério dos Portos... e quando faz a MP ela (Dilma Rousseff) mexe nesse vespeiro...

Apesar de ser o modelo mais disseminado no mundo, havia uma avaliação no centro do governo de que essa lógica de gestão

---

299 "*Examples of landlord ports are Rotterdam, Antwerp, New York, and since 1997, Singapore. Today, the landlord port is the dominant port model in larger and mediumsized ports*" (WORLD BANK. *Port Redorm toolkit 2nd Edition*. Washington: World Bank, 2007).

300 Entrevista concedida em caráter anônimo. Entrevista XVI. [04.2019]. Entrevistador: Leonardo Loureiro Nunes. São Paulo, 2019. arquivo mp3 (60 min).

local com nomeações políticas estimulava a possibilidade de práticas ineficientes e mesmo não republicanas, conforme análise de um membro do governo, entrevistado 16 (informação verbal):[301]

> ...é verdade que os modelos portuários dos grandes portos são assim mesmo, é que aqui nós tínhamos esse problema endógeno, uma peculiaridade brasileira... tira o poder do CAP e dá para quem? Puxa para SEP (Ministério da Secretaria de Portos)... e muita questão regulatória na ANTAQ (Agência Nacional de Transportes Aquaviários). Então a gente puxou as competências, umas foram para ANTAQ e outras foram para o Ministro da SEP. Agora o setor vai funcionar porque eu liberei essa pressão para fora do porto com terminais de uso privado e o porto público vai ser melhor também porque eu tirei os conflitos de interesse e a forma de gerir localmente...

Para completar o quadro de confronto entre o governo e os interesses estabelecidos no setor, havia a questão dos terminais que existiam antes de 1993, os chamados "pré-93", anteriores à Lei n. 8.630/1993, terminais que existiam sem licitação, de famílias importantes, que exploravam dentro dos portos, em geral terminais antigos e pequenos, dentro da poligonal do Porto de Santos, conforme análise de um integrante do mercado, entrevistado 19 (informação verbal):[302]

> ...a Lei 12.815/2013 disse: licite-se! Esta, mais do que a liberação dos TUPs, é a origem da briga, porque dentre esses terminais você tem um famoso terminal, o chamado Rodrimar, que era o principal terminal pré-93...

---

301 Entrevista concedida em caráter anônimo. Entrevista XVI. [04.2019]. Entrevistador: Leonardo Loureiro Nunes. São Paulo, 2019. arquivo mp3 (60 min).

302 Entrevista concedida em caráter anônimo. Entrevista XIX. [05.2019]. Entrevistador: Leonardo Loureiro Nunes. São Paulo, 2019. arquivo mp3 (65 min).

De acordo com notícias veiculadas pela imprensa brasileira posteriormente, um delator afirmou que o então vice-Presidente Michel Temer teria negócios com a referida empresa.[303] Segundo um integrante do governo, entrevistado 21 (informação verbal):[304]

> O Eduardo Cunha surge ali como preposto do (Michel) Temer. Temer não podia fazer, então sem dúvida ele ganha espaço ali, é um marco do poder dele, mas como preposto do Temer, porque o Temer não podia aparecer, assumir protagonismo dessa ação... então ele precisava de alguém que tivesse interesses, que tivesse a mesma disposição para fazer um jogo que não é exatamente republicano, então ali ela (Dilma Rousseff) estressou, ela fez uma escolha de encostar o PMDB na parede.

A tramitação da medida foi até aquele momento a mais longa do governo Dilma Rousseff, com duração de vinte e duas (22) horas ininterruptas e com apresentação de seiscentos e setenta e oito (678) emendas.[305] O deputado Eduardo Cunha (PMDB-RJ) tornou-se o principal articulador na defesa dos portos públicos na MP dos Portos. Apesar de não conseguir derrubar a liberação dos TUPs, ele foi o responsável pela aprovação da chamada "emenda Libra". Ao contrário do que previa o texto original, a emenda permitiu que a renovação de concessões propostas pela medida provisória pudesse ser feita por empresas que tinham débito com a União desde que a negociação

---

303 SERAPIÃO, Fabio; FABRINI, Fabio. "Temer influenciou diretamente a aprovação da MP dos Portos, diz Funaro". *Estadão*, set. 2017. Disponível em: https://politica.estadao.com.br/blogs/fausto-macedo/temer-influenciou-diretamente-a-aprovacao-da-mp-dos-portos-diz-funaro/. Acessado em: 16.05.2025.

304 Entrevista concedida em caráter anônimo. Entrevista XXI. [06.2019]. Entrevistador: Leonardo Loureiro Nunes. São Paulo, 2019. arquivo mp3 (35 min).

305 CÂMARA DOS DEPUTADOS. MPV 595/2012. Disponível em: https://www.camara.leg.br/proposicoesWeb/fichadetramitacao?idProposicao=562615. Acessado em: 16.05.2025.

fosse submetida a uma câmara de arbitragem, conforme análise de um executivo do setor, entrevistado 19 (informação verbal):[306]

> Discutiu-se muito pouco o conteúdo da matéria. Na época, já havia uma medição de força entre situação e oposição... o Eduardo Cunha tinha um interesse direto no assunto muito ligado a Libra, tanto que aquela emenda de permitir arbitragem foi chamada "emenda Libra", só foi praticada pela Libra... e numa situação interessante... Libra tinha entrado judicialmente, perdeu a ação, e aí o governo aceitou, o Eduardo Cunha acabou se impondo, ou seja, quem praticou a ação teve que desistir, o poder público teve que desistir de uma ação que ele tinha ganho para entrar na arbitragem, e a Libra perdeu na arbitragem também...

A emenda foi sancionada pela Presidenta da República. A avaliação de diversos parlamentares e de parte dos integrantes do governo era de que o deputado Eduardo Cunha (PMDB-RJ) tinha votos para aprovar ou derrubar a medida provisória. Apesar da derrota na questão dos TUPs, a emenda Libra teria sido uma concessão do governo para que a votação da matéria fosse concluída dentro do prazo regimental. Tempos depois, a imprensa veiculou matérias que mostravam a relação do então vice-Presidente Michel Temer com o Grupo Libra.[307] O contrato do grupo Libra com a CODESP foi assinado em 1998, quando o Ministro dos Transportes, no governo Fernando Henrique Cardoso, era Eliseu Padilha, que se tornaria Ministro-Chefe da Casa Civil quando Michel Temer assumiu a presidência da República.

---

306 Entrevista concedida em caráter anônimo. Entrevista XIX. [05.2019]. Entrevistador: Leonardo Loureiro Nunes. São Paulo, 2019. arquivo mp3 (65 min).

307 O GLOBO. "Emenda de Cunha à MP dos Portos favoreceu doador de Temer". *O Globo*, jan. 2016. Disponível em: https://oglobo.globo.com/brasil/emenda-de-cunha-mp-dos-portos-favoreceu-doador-de-temer-18400841. Acessado em: 16.05.2025.

Do ponto de vista técnico, a Lei n. 12.815/2013 manteve os princípios gerais da Medida Provisória 595 (MPV n. 595/2012) enviada pelo governo ao Congresso Nacional. Os terminais de uso privados (TUPs) foram liberados para a movimentação de cargas de terceiros. A reivindicação dos sindicatos do setor de estender as regras dos OGMOs aos TUPS não foi atendida. Além disso, as instâncias decisórias foram transferidas principalmente para a SEP (Ministério da Secretaria de Portos) e as questões regulatórias levadas sobretudo para a ANTAQ.

Os principais agentes perdedores de processo, que era um grupo coeso, foram as empresas diretamente ligadas ao porto organizado e os grupos políticos que representavam esse setor no Congresso e que possuíam um alto grau de representação dentro do parlamento. Por outro lado, como em outros casos analisados no trabalho, os ganhadores foram grupos mais difusos, sobretudo os "sobreviventes da indústria", conforme análise de um membro do governo, entrevistado 16 (informação verbal):[308]

> quem queria prestar serviço portuário em terminais de uso privado, por exemplo a Embraport... o produtor médio da soja, uma determinada indústria de importação e exportação que vai aderir a uma lógica de contêiner, carga geral específica, por exemplo, uma indústria automotiva que faz um TUP de carga geral para veículo,... ao invés de reter num porto público faz um terminal próprio, Porto Açu, ou seja, todo mundo que precisava de segurança jurídica para isso, indústria de petróleo, óleo e gás que pode fazer TUPs agora, etc...

As dificuldades do governo nessa disputa estão associadas a três fatores. Em primeiro lugar, a maior parte das grandes empresas exportadoras, os "donos do PIB", como por exemplo a Vale e os

308 Entrevista concedida em caráter anônimo. Entrevista XVI. [04.2019]. Entrevistador: Leonardo Loureiro Nunes. São Paulo, 2019. arquivo mp3 (60 min).

maiores exportadores de grãos, já era verticalizada, ou seja, esses agentes já possuíam terminais próprios e, por essa razão, não foram tão afetados pela medida. A reestruturação do setor beneficiou alguns grupos importantes que tinham interesse nos TUPs, como a Embraport, que também está enquadrada dentro dos "donos do PIB", mas no conjunto da sociedade os ganhos foram muito difusos, sobretudo em relação aos "sobreviventes da indústria", que desfrutariam de tarifas menores e uma maior oferta de serviços portuários.

Em segundo lugar, os perdedores formavam grupos pequenos, economicamente importantes e com representação significativa junto ao Congresso Nacional. Em terceiro lugar, conforme discutido anteriormente, o tema mostrou-se demasiado complexo e afetou diferentes setores e interesses, que foram fatores complicadores na tramitação da matéria. De acordo com a análise de um membro do governo, entrevistado 21 (informação verbal):[309]

> quando se tentou fazer uma lei muito grande, que é a 12.815, ela ganhou uma dimensão muito maior do que a dimensão dos próprios portos, porque ela passou a atingir a economia inteira, então o produtor siderúrgico, o plantador de eucalipto que fornece para a indústria de papel e celulose, o produtor de soja do Mato Grosso, a grande distribuidora de combustível... o industrial, todo mundo passa por ali, tendo ou não porto e como a mudança proposta era muito grande aquilo ganhou a dimensão da economia inteira...

Na avaliação política da então Ministra-Chefe da Casa Civil, Gleisi Hoffmann, entrevistada 7 (informação verbal):[310]

---

309 Entrevista concedida em caráter anônimo. Entrevista XXI. [06.2019]. Entrevistador: Leonardo Loureiro Nunes. São Paulo, 2019. arquivo mp3 (35 min).

310 Entrevista concedida por HOFFMANN, Gleisi Helena. Entrevista VII. [05.2019]. Entrevistador: Leonardo Loureiro Nunes. Brasília, 2019. Anexo VIII.

> A MP dos Portos foi um enfrentamento a esse setor, que era representado por (Michel) Temer e por Eduardo Cunha... O (Eduardo) Cunha era o preposto do (Michel) Temer dentro do Congresso, tanto que a MP dos Portos foi a matéria que mais demorou para ser discutida e votada na Câmara dos Deputados. Começou num dia e terminou no outro, sem interrupção.

Do ponto de vista econômico, a ministra, entrevistada 7 (informação verbal)[311] afirmou que

> Era uma MP correta porque ela tirava privilégios que havia no setor de portos, nas concessões de áreas portuárias, abria para os TUPs, e regulamentava o setor. O sistema portuário melhorou muito no Brasil, como os aeroportos. Hoje não temos mais filas nos portos brasileiros... senão seria mantida a mesma estrutura no setor de portos, embora eles tenham revertido muitas coisas depois da saída da Presidenta Dilma.

Se, por um lado, o novo marco regulatório resultou em novas incertezas jurídicas,[312] por outro lado foi liberalizante, pois permitiu a operação dos terminais de uso privados[313] e aumentou os investimentos no setor, com resultados positivos para a logística e a competitividade do país. Os grupos afetados pelo enfrentamento empreendido pelo governo estavam mais atrelados ao mundo político,

---

311 Entrevista concedida por HOFFMANN, Gleisi Helena. Entrevista VII. [05.2019]. Entrevistador: Leonardo Loureiro Nunes. Brasília, 2019. Anexo VIII.

312 SOUZA, Eduardo. "Nova Lei dos Portos – Segurança jurídica e investimentos privados". *Revista Brasileira de Infraestrutura*, vol. 3, nº 5, 2014.

313 FARRANHA, Ana Claudia; FREZZA, Conrado da Silveira; BARBOSA, Fabiana de Oliveira. "Nova lei dos portos: desafios jurídicos e perspectivas de investimentos". *Revista Direito GV*, vol. 11, nº 1, 2015.

conforme análise um membro do governo, entrevistado 21 (informação verbal):[314]

> ela (Dilma Rousseff) tinha absoluta noção de todos os interesses por trás disso, então todo o detalhamento do acompanhamento... principalmente do Sr. Vice-Presidente, todo o excesso de detalhes, todo o procedimento, cada detalhe, cada briga que ela comprou, porque ela sabia que politicamente, provavelmente essa é uma das coisas mais difíceis de fazer, não porque fosse mexer com grandes interesses, você mexia com interesses pequenos e mesquinhos...

Portanto, o novo marco regulatório do setor portuário, do ponto de vista econômico, teve como objetivo quebrar o monopólio dos grupos organizados em torno dos portos públicos, para aumentar a oferta e a eficiência dos serviços portuários e reduzir as tarifas do setor. Na prática, a medida beneficiava os "sobreviventes da indústria", que dependem da importação de insumos e equipamentos ou que exportam seus produtos, e também algumas empresas enquadradas na categoria dos "donos do PIB", como a Embraport, que poderiam operar terminais próprios com cargas de terceiros. Entretanto, a maior parte dos "donos do PIB", sobretudo os grandes grupos oligopólicos exportadores, já possuíam seus terminais privados para carga própria e não foram afetados pela medida.

É possível especular que também nesse caso, no qual os ganhadores eram muitos e difusos e os perdedores eram poucos e coesos, o cálculo político do governo era o de que o apoio dos ganhadores do processo seria suficiente para a aprovação da matéria. No campo político, foi um processo de bastante desgaste para o governo pelos interesses enfrentados, num setor oligopolizado e muito articulado

---

314 Entrevista concedida em caráter anônimo. Entrevista XXI. [06.2019]. Entrevistador: Leonardo Loureiro Nunes. São Paulo, 2019. arquivo mp3 (35 min).

politicamente, e significou mais um passo importante para a consolidação do poder do deputado Eduardo Cunha (PMDB-RJ) na Câmara dos Deputados, que se tornaria a principal figura do Congresso Nacional e o maior desafeto do governo. As características básicas da estruturação política do parlamento brasileiro, assim como as implicações dessa medida para o enfraquecimento da base de sustentação política do governo no Congresso Nacional, num contexto de baixa capacidade de articulação junto ao parlamento, serão analisados na próxima seção.

PARTE IV

A DERROTA DO PACTO SOCIAL-PRODUTIVO

Na terceira parte do trabalho, serão discutidas as principais características das relações do governo com o Congresso Nacional, o balanço econômico das medidas que constituíram o pacto social-produtivo e as respostas encontradas pelo governo, em 2015, para o quadro de deterioração econômica e início de crise política daquele momento.

Na primeira seção, serão analisadas algumas características gerais das relações entre o Poder Executivo e o Congresso Nacional, a partir do histórico das relações do governo Lula da Silva, e principalmente Dilma Rousseff, com o parlamento. Algumas características da condução dessa relação pelo governo Dilma Rousseff, assim como a atuação do deputado Eduardo Cunha e as manifestações de junho de 2013 serão considerados como marcos importantes na deterioração das relações do governo com a sua base parlamentar. Essa deterioração não está diretamente ligada ao rompimento dos donos do PIB e dos sobreviventes da indústria com o governo, mas por ter se aprofundado em 2015, num contexto de crise econômica e de manifestações contrárias ao governo, serviu como um elemento importante para esse processo.

Na segunda seção, será realizado um balanço das medidas de política econômica do pacto social-produtivo, com ênfase na política fiscal, caracterizada pela rigidez de algumas rubricas nos gastos, aumento dos benefícios sociais e substituição de investimentos públicos por aumento nos subsídios e desonerações. Uma consequência importante da deterioração do quadro econômico e das medidas do governo de intervenção em preços foi a queda generalizada das taxas de lucro das empresas, tanto as afetadas pelas medidas do governo, sobretudo os donos do PIB, quanto as demais, os sobreviventes da indústria, fato esse que contribuiu para insatisfação dos donos do PIB e dos sobreviventes da indústria em relação ao governo.

Na última seção, serão analisadas as respostas do governo diante do cenário de deterioração econômica e início de crise política no país. Mais especificamente, serão considerados os principais aspectos da escolha do novo ministro da Fazenda, da resposta ortodoxa ao cenário econômico, do enfrentamento ao Presidente da Câmara dos Deputados e seus desdobramentos e as consequências políticas da Operação Lava Jato no âmbito da Petrobras e de sua política de conteúdo local.

CAPÍTULO I

A CONFLITUOSA RELAÇÃO COM O CONGRESSO NACIONAL[315]

O sistema político brasileiro ainda pode ser caracterizado pela expressão "presidencialismo de coalizão", consagrada por Abranches,[316] mesmo que numa versão atualizada. Para o autor, a lógica da formação de coalizões possui dois eixos: o partidário e o regional. Portanto, o componente regional também tem um peso importante na composição parlamentar, que pela sua heterogeneidade de interesses, demanda um arco de alianças mais amplo. Além disso, em função do caráter extenso da Carta de 1988, que trata, para além dos direitos fundamentais, de questões substantivas, é necessário o controle por parte do governo de maioria qualificada no Congresso Nacional, com vistas a bloquear ou promover mudanças constitucionais. Adicionalmente a esses fatores estruturais, dois acontecimentos

---

315 Essa seção foi baseada em NUNES, Leonardo Loureiro. "Brazil: Impeachment and the conflicting relationship between the Dilma Rousseff government and the National Congress". *Research in Political Economy: Imperialism and Transition to Socialism*, vol. 36, 2021.

316 ABRANCHES, Sérgio. "Presidencialismo de coalizão: o dilema institucional brasileiro". *Dados*, vol. 31, nº 1, 1988.

históricos reforçaram a crença na necessidade de construção de grandes blocos suprapartidários para garantir a governabilidade: o *impeachment* do ex-Presidente Collor de Mello e a repactuação da base do governo Lula da Silva pós "mensalão".[317]

A necessidade da construção de amplas maiorias no Congresso Nacional foi discutida em Nobre,[318] a partir do conceito de "pemedebismo", que pode ser definido como um condomínio de poder organizado sob a forma de um superbloco parlamentar. Para o autor, os fatores que diferenciam o caso brasileiro das demais democracias, processo esse gestado no período da redemocratização, são os seguintes: o governismo (estar presente em todos os governos); construção de amplas maiorias que garantam, ao menos formalmente, a "governabilidade"; existência de um sistema hierarquizado de vetos e contorno de vetos; preservação do espaço político pelo impedimento de entrada de novos membros; bloqueio dos oponentes nos bastidores, sem exposições públicas das desavenças políticas.

Não cabe aqui discutir de maneira pormenorizada cada uma dessas hipóteses, mas o mais importante é reter o argumento da necessidade de construção de supermaiorias parlamentares. A partir dos anos 1990, o Partido dos Trabalhadores (PT) consolidou-se como o principal partido da oposição, dentre outros motivos, por questionar a lógica "pemedebista" de funcionamento do Congresso Nacional. Além disso, pode-se dizer que boa parte da esquerda sempre defendeu a formação de coalizões de governo minoritárias e programáticas, com acordos pontuais dentro do Congresso Nacional para obtenção de maiorias, o que vai de encontro à lógica "pemedebista".

Em certa medida, o PT tentou, no seu primeiro mandato, enfrentar essa lógica, e partiu para a negociação de "varejo", priorizando

---

317 Referência à investigação de compra de votos de parlamentares da base do governo Lula da Silva no ano de 2005.

318 NOBRE, Marcos. *Imobilismo em movimento*: da abertura democrática ao governo Dilma. São Paulo: Companhia das Letras, 2013.

alianças com pequenos e médios partidos. Entretanto, a estratégia de priorização do poder federal, principalmente a partir da chegada do PT à Presidência da República, colocou-se como entrave à superação da própria lógica "pemedebista" criticada pelo partido, na medida em que alianças regionais como moeda de troca para o apoio no plano federal reduziam ainda mais a possibilidade de uma maioria PTista e/ou de um bloco de esquerda no Congresso Nacional.

As denúncias do caso do "mensalão", em 2005, e a possibilidade concreta de *impeachment* do Presidente Lula da Silva expuseram a fragilidade da base parlamentar do governo e colocaram uma "pá de cal" na estratégia de negociações de "varejo" junto à sua base parlamentar. Como resposta, o governo rendeu-se à lógica "pemedebista" e passou a costurar a estruturação de uma ampla maioria no Congresso Nacional, como forma de autodefesa para eventos futuros. Adicionalmente, essas denúncias, com seu impacto multiplicado pela cobertura da imprensa, consolidaram o "lulismo".[319] [320]

---

319 Nobre faz duas críticas ao conceito de "lulismo". O autor questiona a inexistência de razões que expliquem o realinhamento eleitoral em 2006 e a ausência de fundamentação do suposto "conservadorismo popular". Em relação ao primeiro ponto, os programas sociais iniciados já no primeiro mandato de Lula da Silva, apesar de sua política econômica ortodoxa, servem como pista importante para essa mudança de comportamento eleitoral. Quanto ao segundo ponto, o autor tem razão na medida em que esse conservadorismo é colocado de maneira axiomática. A solução do autor é atribuí-lo ao caráter "pemedebista" do sistema político brasileiro, que cria bloqueios estruturais a quaisquer mudanças. Sem dúvida a argumentação faz sentido, mas não se pode desconectar a estrutura do sistema político brasileiro do nosso padrão subdesenvolvido de luta de classes e, consequentemente, do nosso pacto de dominação interna. (NOBRE, Marcos. Imobilismo em movimento: da abertura democrática ao governo Dilma. São Paulo: Companhia das Letras, 2013). Ver, p. ex., FERNANDES, Florestan. A revolução burguesa no Brasil. Rio de Janeiro: Zahar, 1976.

320 SINGER, André. *Os sentidos do lulismo*. São Paulo: Companhia das Letras, 2012.

Sallum Jr.[321] aponta que Lula da Silva desenvolve, a partir desse momento, uma estratégia "populista" de relação com as massas como forma de controle sobre seus adversários e aliados, pois teria abdicado das relações partidárias e parlamentares na sua relação com os eleitores. Na verdade, tratou-se de uma estratégia complementar, e não excludente, à constituição de ampla maioria parlamentar, pois essa relação direta com as massas serviu como uma espécie de "seguro" para Lula da Silva, escaldado por eventos políticos anteriores.

Uma outra maneira de contornar as barreiras impostas pelo sistema político brasileiro foi a consolidação de um "Estado de compromisso".[322] Nesse arranjo, o Executivo internaliza os conflitos para dentro de sua estrutura e arbitra a negociação de conflitos entre diferentes grupos de interesse. Tal mecanismo foi desenhado a partir da nomeação de representantes desses grupos de interesse para cargos no governo e pela criação do Conselho de Desenvolvimento Econômico e Social (CDES), que serviu, sobretudo no segundo mandato de Lula da Silva, como instrumento de proposição de medidas para o governo por setores da sociedade. Esse "Estado de compromisso" acarretou uma desmobilização dos conflitos na sociedade e foi fator determinante para o "sufocamento" da oposição dentro do Congresso Nacional.

Do ponto de vista econômico, o "lulismo", amparado numa ampla maioria parlamentar submetida à lógica "pemedebista", foi exitoso. O triênio 2006-2008 foi marcado pela política de aumento real do salário mínimo e do salário do funcionalismo público e pela formulação do Plano de Aceleração do Crescimento (PAC), com

---

321 SALLUM JR., Brasilio. "La especificidad del gobierno de Lula. Hegemonía liberal, desarrollismo y populismo". *Revista Nueva Sociedad*, vol. 217, set.-out. 2008.

322 VIANNA, Luiz Werneck. "O Estado Novo do PT". *Gramsci e o Brasil*, 2007. Disponível em: http://www.acessa.com/gramsci/?page=visualizar&id=755. Acessado em: 31.03.2025.

especial destaque para os investimentos da Petrobras associados ao pré-sal. A expansão do consumo e do crédito, assim como a elevação dos investimentos públicos, num contexto de aumento dos preços das *commodities*, que permitiu o controle da inflação por meio da apreciação da taxa de câmbio, foram os fatores responsáveis pelo significativo crescimento econômico do período, conforme analisado anteriormente.

Os resultados positivos da política econômica do período analisado, tanto no período expansivo (2006-2008) quanto no de resposta anticíclica (2009-2010), amparado num amplo apoio parlamentar, num contexto de ganhos para muitos dos diferentes grupos do sistema econômico nacional, pavimentaram o caminho para a eleição de Dilma Rousseff em 2010.

A eleição de Dilma Rousseff representou a vitória e a consolidação, pelas urnas, do "experimento desenvolvimentista" iniciado, em 2006, pelo então Presidente Lula da Silva. Os números econômicos do governo, especialmente em 2010, conferiram ao novo governo uma ampla margem de legitimidade para a continuidade desse processo. Com a base do "lulismo" consolidada, houve uma recalibragem nas medidas de política econômica, que se consubstanciaram no "pacto social-produtivo". Essa ampla aliança da base social de sustentação do governo refletiu-se no Congresso Nacional, onde o governo conquistou, ao menos formalmente, maioria qualificada, conforme a Tabela 17.

Tabela 17 – Base de apoio do Governo

Tipo de Apoio	% / Número de Parlamentares (Câmara)	% / Número de Parlamentares (Senado)
Consistente	68% (351)	68% (55)
Condicionado	10% (51)	9% (7)
Oposição	22% (111)	23% (19)

Fonte: DIAP. Elaboração própria.

A Presidenta herdara a fama de "gerente" do governo Lula da Silva. A articulação com o Congresso Nacional e com os setores empresarial e financeiro ficou sob a responsabilidade de Antonio Palocci, notável articulador, nomeado Ministro-Chefe da Casa Civil.[323] A Secretaria-Geral da Presidência foi destinada a Gilberto Carvalho e, por fim, o Ministério da Fazenda continuou sob o comando de Guido Mantega, responsável pela política de combate à crise econômica de 2008.

Esse arranjo ministerial mostrou a influência do campo "lulista" sobre o seu primeiro governo. Ao longo do mandato, a Presidenta empreendeu um esforço político para gradativamente se afastar da influência "lulista". Esse movimento completou-se na sua reeleição, quando a titular do Executivo montou uma equipe "palaciana"[324] afastada do campo "lulista", conforme veremos adiante. Entretanto, no decorrer da crise de 2015-2016, a Presidenta Dilma Rousseff fez novamente um movimento de retorno à esfera "lulista", cujo auge foi a nomeação do próprio ex-Presidente Lula da Silva para o cargo de Ministro-Chefe da Casa Civil.

323 A Secretaria de Relações Institucionais foi ocupada pelo deputado Luiz Sérgio (PT-RJ), mas na prática a estratégia de articulação estava sob a coordenação de Palocci.

324 A expressão "palaciana" refere-se aos ministérios que ocupavam o quarto andar do Palácio do Planalto, quais sejam a Casa Civil, a Secretaria de Relações Institucionais e a Secretaria-Geral da Presidência.

No plano político, pode-se afirmar que o Brasil não diferia muito das democracias parlamentaristas, apesar da suposta fragilidade do quadro partidário brasileiro e da demanda por uma profunda reforma política.[325] A disciplina da base do governo, expressa nos votos orientados pelo líder do governo, foi na média, entre o governo Sarney e o primeiro mandato de Lula da Silva, 87,4%. Mais especificamente, Sarney teve apoio médio em 78,4% das votações, Cardoso alcançou 90,7% e Lula da Silva 89,1% de apoio médio.

Dessa forma, a partir de uma análise meramente quantitativa, pode-se inferir que as medidas encaminhadas pelo Executivo foram, em geral, aprovadas pelo Legislativo, corroborando o argumento da solidez da coalizão governamental no presidencialismo brasileiro. Entretanto, ao longo do primeiro mandato de Dilma Rousseff, começam a aparecer as primeiras fissuras na sua base de apoio parlamentar, que seriam determinantes para sua queda.

Já em 2011 a Presidenta sofreu seu primeiro revés, por meio da demissão do Ministro Antonio Palocci, alvo de acusações acerca da multiplicação de seu patrimônio.[326] Para o seu lugar, foi escolhida a senadora Gleisi Hoffmann (PT-PR). A visão do governo de uma suposta supremacia do Executivo perante o Legislativo, criou um vácuo de poder dentro do Legislativo, que pode ser traduzido num dado simbólico. Entre janeiro de 2011 e outubro de 2014, Dilma Rousseff recebeu apenas 2 dos 513 deputados federais e 13 dos 81 senadores em audiências exclusivas.[327] Esse vácuo começa a ser

---

325 LIMONGI, Fernando. "A democracia no Brasil Presidencialismo, coalizão partidária e processo decisório". *Novos Estudos CEBRAP*, vol. 76, 2006.

326 Ver, p. ex, http://revistaepoca.globo.com/Revista/Epoca/0,,EMI239579-15223,00-PALOCCI+PEDE+DEMISSAO+DO+GOVERNO+DILMA.html.

327 Ver, p ex, IGLESIAS, Simone. "No primeiro mandato, Dilma recebeu somente 15 dos 594 parlamentares". *O Globo*, nov. 2014. Disponível em: https://oglobo.globo.com/brasil/no-primeiro-mandato-dilma-recebeu-somente-15-dos-594-parlamentares-14512018. Acessado em: 16.05.2025.

preenchido predominantemente por um grupo de parlamentares que estava formalmente na base do governo, mas que passa a se articular sob a liderança do deputado Eduardo Cunha (PMDB-RJ). Em 2016, esses parlamentares, com representantes no PP, PR, PSD, PTB, PROS, PSC, SD, PRB, PEN, PTN, PHS e PSL formam o "Centrão", que se tornaria peça decisiva no processo de *impeachment* de Dilma Rousseff.

A primeira grande desavença entre o deputado Eduardo Cunha, eleito líder do PMDB em fevereiro de 2013, e o governo, foi a MP dos Portos (Medida Provisória n. 595/2012), discutida anteriormente. A MP dos Portos foi um marco no progressivo destaque do deputado Eduardo Cunha na Câmara dos Deputados, que já se articulava com o então vice-Presidente Michel Temer, de acordo com a análise de um membro do governo, entrevistado 21 (informação verbal):[328]

> Na minha opinião, ela fez uma escolha de encostar o PMDB na parede... e o seu parceiro de chapa. Por outro lado, ela nunca imaginou que uma ala que é o centro se juntaria logo em seguida a uma ala tão descomprometida com qualquer coisa do Brasil como era a liderada pelo Eduardo Cunha. Na Medida Provisória dos portos ela (Dilma Rousseff) sabia onde estava mexendo, que estava comprando uma briga extraordinária, mas eu acho que ela acreditou que o resultado final permitiria compensar...

Nesse momento, consolidava-se uma maneira mais sofisticada de se fazer *lobby* na Câmara dos Deputados.[329] O grupo em questão

---

328 Entrevista concedida em caráter anônimo. Entrevista XXI. [06.2019]. Entrevistador: Leonardo Loureiro Nunes. São Paulo, 2019. arquivo mp3 (35 min).

329 Não está no escopo desse trabalho discutir a legalidade (ou não) dos recursos envolvidos nesse arranjo construído, mas apenas a tecnologia utilizada. Ver: SCHREIBER, Mariana. "O que é o poderoso centrão, que pode definir o sucessor de Cunha". *BBC Brasil*, jul. 2016. Disponível

recepcionava *lobbies* de grupos privados, defendia seus interesses dentro do Parlamento, amparados por escritórios técnicos de renome, e em troca recebia recursos que eram repassados para financiar a campanha dos seus parlamentares. O grupo reivindicava mais cargos no governo e buscava maior influência nas Comissões da Câmara. Tratou-se, portanto, da criação de uma base suprapartidária que funcionava de maneira equivalente a um partido com a participação de cerca de 180 deputados, de um total de 513.[330] De acordo com a análise da Ministra Gleisi Hoffmann, entrevistada 7 (informação verbal):[331]

> O Eduardo Cunha virou o que virou por conta de interesses contrariados... Houve também (um vácuo), porque ela (Dilma Rousseff) tinha uma crítica a ele exatamente por conta do método, da postura e do que ele representava. Então, ela pagou um preço por fazer um enfrentamento, o que eu acho que estava correto. Veja, o que a Dilma fez, em todas essas ações e projetos que você menciona, estava correto, mas eu acho que a forma de fazer e o fato dela carecer de uma organização na política, de uma articulação mais substanciosa na política, incorreu nisso, e mediações que talvez ela devesse ter feito, porque às vezes você não pode ganhar tudo, então ganha uma parte... Escolher as brigas corretas e ela (Dilma Rousseff) tinha pouca tolerância a isso. Então, ela não é uma pessoa com perfil político... De Congresso. A Dilma sempre foi uma gestora. Ela tem a sensibilidade política do que é

em: https://www.bbc.com/portuguese/brasil-36771079. Acessado em: 16.05.2025.

330 Ver, p. ex., BRASIL 247. "Era Cunha aumenta lobby de empresas na Câmara". *Brasil 247*, jun. 2015. Disponível em: https://www.brasil247.com/pt/247/brasilia247/186556/Era-Cunha-aumenta-lobby-de-empresas-na-C%C3%A2mara.htm. Acessado em: 16.05.2025.

331 Entrevista concedida por HOFFMANN, Gleisi Helena. Entrevista VII. [05.2019]. Entrevistador: Leonardo Loureiro Nunes. Brasília, 2019. Anexo VIII.

> necessário, mas nas relações políticas nós tivemos problemas... Eu acho que ela tinha que ter um núcleo de articulação política mais forte aqui, partindo mais dos partidos de esquerda, centro-esquerda, para que pudessem influenciar mais esse "centrão", mas houve um momento em que ela não tinha o apoio dos partidos de centro-esquerda, que tinham críticas a determinadas políticas ou a determinadas formas de encaminhamento, às vezes vinham conhecer as propostas só aqui (no Congresso). Portanto, não havia tempo de articular, e essa turma, do PMDB, desse "centrão", cresceu em termos de força, dentro do Congresso Nacional, e foi emparedando ela (Dilma Rousseff).

Em meados de 2013, começa-se a desenhar um quadro bastante desfavorável para a Presidenta na sua relação com a Câmara. O vácuo de poder deixado pelo governo e a visão de uma supremacia do Executivo perante o Legislativo formaram um terreno fértil para o embrião daquilo que viria a ser o "Centrão". A estratégia do governo foi esvaziar algumas lideranças consolidadas do "Centrão", como o ex-senador Romero Jucá (MDB-RR), que possuíam imagem negativa junto a integrantes do governo, mas que eram negociadores importantes desse grupo com os governos de plantão. A falta de substituição desses negociadores na interlocução com o governo gerou um vácuo que abriu espaço para a atuação mais incisiva do deputado Eduardo Cunha dentro do Congresso Nacional, conforme análise do ex-Ministro Nelson Barbosa, entrevistado 6 (informação verbal):[332]

> Aí houve o outro fator importante no início de 2012, quando a Presidenta Dilma sinalizou que queria renovar o setor de energia, que queria ver melhor a questão dos portos, e assim

---

332 Entrevista concedida por BARBOSA FILHO, Nelson Henrique. Entrevista VI. [05.2019]. Entrevistador: Leonardo Loureiro Nunes. Brasília, 2019. Anexo VII.

> em diante: o PMDB fez uma retaliação inicial, só para mostrar força. Sabe essas coisas que o Congresso faz para mostrar força? Naquele momento foi a não aprovação do Bernardo Figueiredo para a ANTT. O Congresso volta aos trabalhos legislativos, em fevereiro de 2012, e rejeita a indicação do Bernardo para a ANTT. Ali a Presidenta começou a romper com sua base política. Ali ela deu uma resposta, destituindo o (Cândido) Vaccarezza e o (Romero) Jucá das lideranças do Governo na Câmara e no Senado. Aí que o Eduardo Cunha ganha força. O Eduardo Cunha não veio do nada. Jucá e Vaccarezza eram os que negociavam com o "Centrão" pelo governo. Depois que eles saíram ficou um vácuo, preenchido pelo Cunha ... a MP dos Portos, mas antes disso a Dilma já tinha rompido com o Centrão, que tinha feito aliança com o governo Lula. Então, antes de brigar com todo mundo o governo brigou com seus próprios exércitos. Depois vieram os bancos, o setor de energia, o setor de portos, tudo isso sem ter uma base consolidada no Congresso. A base do governo foi ficando cada vez mais frágil. Quando chegou 2013, azedou tudo. Veio o último grão de areia, a inflação subindo, claramente o Banco Central tinha que ter começado a subir juros no final de 2012. Mas o que o governo faz? Para tentar evitar que os juros subam, o governo resolve adiar o ajuste do aumento de ônibus. Eu argumentei contra, pois preferia que os juros subissem. Controlar preço quase sempre dá errado. Mas o ajuste foi adiado. O que era para ter ocorrido no início do ano, como sempre acontece no Brasil.

O adiamento do aumento das tarifas de ônibus, que normalmente acontece em janeiro, mês de férias escolares, foi postergado para o meio do ano. No momento em que os governos municipais anunciaram o aumento das tarifas, os estudantes foram às ruas para se manifestar contra o reajuste das tarifas. Entretanto, esse foi o estopim para uma das maiores manifestações da história do país,[333] e as reivindicações, que inicialmente concentravam-se no aumento das tarifas de ônibus, multiplicaram-se para críticas à qualidade dos serviços públicos e contra a corrupção. As manifestações de junho de 2013[334] provocaram uma queda vertiginosa na avaliação do governo[335] e foi, aliados aos fatos anteriormente citados, responsável pelo desbalanceamento da relação do governo com o Congresso Nacional, conforme avaliação do ex-Ministro Dyogo Oliveira, entrevistado 4 (informação verbal).[336]

> A grande virada política são as manifestações de 2013. Além disso, a reação que o governo teve a elas o deixou de mãos amarradas porque quebrou um dos pilares da relação de poder do Executivo, que é sua popularidade, e a principal consequência foi o desbalanceamento da relação com o Congresso, e a partir disso surgem os polos competidores para ter o protagonismo, como é o caso do Eduardo Cunha (PMDB-RJ)... Acho que ela (Dilma Rousseff) não tinha gosto nem habilidade para administrar essa relação. Ela não gostava de fazer e acho que não era o seu perfil fazer esse tipo de coisa, pois ela até então havia tido sempre funções mais técnicas. Ela nunca foi

---

333 As jornadas de junho de 2013 iniciaram-se como manifestações contra reajustes de tarifas de ônibus, mas rapidamente transformaram-se em protestos por melhores serviços públicos e contra o sistema político brasileiro.

334 Sobre as manifestações de junho de 2013, ver: NOBRE, Marcos. *Imobilismo em movimento*: da abertura democrática ao governo Dilma. São Paulo: Companhia das Letras, 2013.

335 FOLHA DE S. PAULO. "Popularidade de Dilma cai 27 pontos após protestos". *Folha de S. Paulo*, jun. 2013. Disponível em: https://www1.folha.uol.com.br/poder/2013/06/1303541-popularidade-de-dilma-cai-27-pontos-apos-protestos.shtml?cmpid=menupe. Acessado em: 16.05.2025.

336 Entrevista concedida por OLIVEIRA, Dyogo Henrique de. Entrevista IV. [06.2019]. Entrevistador: Leonardo Loureiro Nunes. São Paulo, 2019. Anexo V.

> uma grande articuladora política e tem uma personalidade de relacionamento difícil. Então o governo teve muita dificuldade nessa relação e deixou um espaço muito grande para uma pessoa (Eduardo Cunha) que, ao contrário, tinha toda a habilidade e competência, e fazia isso 24 horas por dia. No fim das contas, ao longo do mandato, o governo foi perdendo a capacidade de conduzir a base em grande medida porque o Eduardo Cunha foi se consolidando como uma liderança de um grupo grande de parlamentares.

Além disso, a postura do governo em relação ao Legislativo refletia-se também na distribuição de cargos dentro do governo, na medida em que a Presidenta se recusava a entregar ministérios de "porteira fechada"[337] para a base aliada. O objetivo era sempre colocar alguém da confiança do núcleo do governo, geralmente na secretaria-executiva, função imediatamente abaixo do ministro, para monitorar e enfrentar, quando necessário, o grupo instalado num determinado ministério. Essa postura ousada significava uma expansão, nunca antes observada, no cordão sanitário do Executivo. Historicamente, o Presidente preservava ministérios estratégicos (Casa Civil, Fazenda, Planejamento, Saúde e Educação) e negociava os demais. Esse passo adiante representou uma afronta à lógica "pemedebista",[338] num governo que preservava essa mesma estrutura. Conforme Sallum Jr.,[339] o Brasil

---

337 A expressão é utilizada no jargão político para designar a livre nomeação de cargos pelo partido que controla cada ministério.

338 Ver, p. ex., ESTADÃO. "Dilma banca articulação política e refuta entregar ministérios de 'porteira fechada'". *Estadão*, jul. 2013. Disponível em: http://politica.estadao.com.br/noticias/eleicoes,dilma-banca-articulacao-politica-e-refuta-entregar-ministerios-de-porteira-fechada-imp-,1051244. Acessado em: 16.05.2025.

339 SALLUM JR., Brasilio. "A crise do governo Lula e o déficit de democracia no Brasil". *In*: BRESSER-PEREIRA, Luiz Carlos (Coord.). *Economia brasileira na encruzilhada*. Rio de Janeiro: Editora FGV, 2006, p. 265.

> combina um presidencialismo quase imperial e partidos políticos, em geral, muito débeis. Isso faz do sistema uma democracia "forte", em que o núcleo principal de poder, a Presidência da República, dispõe – comparativamente aos demais centros de poder do Estado – de boa porção da capacidade de executar (na Federação) e de legislar (na União federal) e de massa considerável de recursos (cargos e verbas) a distribuir no exercício da dominação. Em contrapartida, os partidos políticos – à exceção de um – são frágeis, têm identidade política pouco definida, são pouco articulados com segmentos sociais e/ou atores coletivos e, enquanto organizações partidárias, têm pouco controle sobre o comportamento dos representantes eleitos sob sua legenda. Tais partidos só adquirem maior ou menor força pelos recursos de poder – normativos e/ou materiais – vinculados a posições conquistadas por seus representantes no aparelho de Estado, seja no Executivo seja no Legislativo.

Já em 2014, o governo aprovou a Lei que instituiu o Marco Civil da Internet, mas novamente com atritos junto ao grupo do deputado Eduardo Cunha. Além disso, o ano foi importante para que o parlamentar consolidasse suas articulações para a presidência da Câmara dos Deputados.

Um cenário turbulento se desenhava para o governo em 2014. No plano político, o governo tinha que lidar com as respostas às manifestações de junho de 2013 e ao avanço do "Centrão", liderado pelo deputado Eduardo Cunha, além do lançamento da Operação Lava Jato, em março de 2014. A deterioração das relações do governo com o Congresso Nacional não está diretamente ligada ao rompimento dos donos do PIB e dos sobreviventes da indústria com o governo, mas por ter se aprofundado e 2015, num contexto de crise econômica e de manifestações contrárias ao governo, serviu como um elemento importante para esse processo.

No plano econômico, as medidas de intervenção em preços e a estratégia econômica de replicar instrumentos de política econômica utilizados na saída da crise internacional de 2008, além da aposta de substituir parcialmente os investimentos públicos por investimentos privados no âmbito do PIL, não foram suficientes para manter as taxas de crescimento do PIB no mesmo nível do segundo mandato do governo Lula da Silva. Esses fatores econômicos, que serão analisados na próxima seção, trouxeram elementos adicionais para o ambiente político e econômico instável do Brasil em 2014.

CAPÍTULO II

O BALANÇO ECONÔMICO DO PACTO SOCIAL-PRODUTIVO

O debate sobre as razões para a piora no desempenho econômico do primeiro mandato do governo Dilma Rousseff, na comparação com o segundo mandato do governo Lula da Silva, que foi uma das justificativas para a guinada na política econômica em 2015, passa pelas decisões de política macroeconômica, pelo papel designado ao Estado durante esse período e também pelo cenário econômico internacional mais instável. De acordo com a Tabela 18, as taxas de crescimento média nos dois governos Lula da Silva foram respectivamente, 3,52% e 4,64%. Nos dois mandatos do governo Dilma Rousseff, as taxas médias de crescimento foram, respectivamente, 2,35% e -3,41%.

No que diz respeito à política macroeconômica, mais especificamente no campo da política fiscal, há duas correntes principais de pensamento. A corrente predominante é derivada da Nova Síntese Neoclássica. Nesta corrente, o papel do Estado é restrito e o principal objetivo da política fiscal é garantir a sustentabilidade da dívida pública. Dessa forma, o governo sinaliza ao mercado que não há risco de solvência da dívida pública e, consequentemente, garante a estabilidade das taxas de juros e da inflação. A tese da "contração fiscal expansionista" defende que a credibilidade produzida por uma política fiscal austera, compromissada com a solvência da dívida pública, gera efeitos positivos sobre as expectativas dos agentes econômicos, com reflexos positivos sobre o investimento e as taxas de crescimento. Por fim, os efeitos multiplicadores via gasto público seriam menores que os efeitos contracionistas gerados pela piora das expectativas dos agentes econômicos.[340]

A outra corrente importante é a tradição "keynesiana". De acordo com essa corrente, o gasto público é um fator importante para estimular o investimento privado e até mesmo para melhorar as expectativas dos agentes econômicos. Nessa corrente, o mecanismo multiplicador keynesiano faz com que o aumento do gasto público gere um efeito maior sobre a demanda agregada do que o gasto inicial, o que estimula o crescimento do investimento em um contexto de ociosidade dos fatores produtivos. Por meio desse mecanismo, principalmente em casos de crise econômica, o aumento dos gastos públicos é um importante instrumento exógeno para reverter o quadro recessivo.

Tabela 18 – Taxa de crescimento PIB (%)

	Taxa de crescimento PIB (%)
FHC I (1995-98)	2.54
FHC II (1999-02)	2.32
Lula I (2003-06)	3.52
Lula II (2007-10)	4.64
Dilma I (2011-14)	2.35
Dilma II (2015-16)	-3.41

Fonte: IBGE. Elaboração própria.

340 ALESINA, Alberto; PEROTTI, Roberto. "Fiscal expansions and adjustments in OECD countries". *Economic Policy*, 1995.

No *front* externo, se por um lado não houve restrição de financiamento externo, também o cenário esteve distante da bonança do período entre 2003 e 2008, no qual houve um expressivo aumento dos preços das *commodities* e ampla liquidez internacional. A característica mais marcante do cenário econômico internacional durante o primeiro mandato de Dilma Rousseff foi o caráter expansionista da política monetária dos países desenvolvidos, incluídos EUA, União Europeia, Inglaterra e Japão. Além disso, inserido nesse contexto geral, episódios como a crise do euro[341] e a reversão na política monetária do Federal Reserve tornaram o ambiente internacional mais instável e volátil, quando comparado aos anos anteriores à crise econômica de 2008.[342]

---

341 NUNES, Leonardo Loureiro. "Portugal, Grécia, Itália e Espanha: uma análise das razões das crises da dívida e alternativas para sua superação". *Boletim de Economia e Política Internacional – IPEA*, vol. 15, 2013.

342 Uma discussão aprofundada sobre o cenário externo durante o governo Dilma Rousseff está fora do escopo do trabalho. Para diferentes visões sobre o tema, ver: BIANCARELLI, André; ROSA, Renato; VERGNHANINI, Rodrigo. "O setor externo no governo Dilma e seu papel na crise". *In*: *Para além da política econômica*: crescimento, desaceleração e crise no experimento desenvolvimentista. São Paulo: Unesp, 2018; LARA, Fernando Maccari. "Comportamento do passivo externo líquido brasileiro entre 2001 e 2013: o papel dos fatores patrimoniais". *Indicadores Econômicos FEE*, vol. 42, 2014; PASTORE, A. C.; PINOTTI, M. C. "Demografia, reformas e bonança externa". *In*: CDPP. *Sob a luz do Sol*: uma agenda para o Brasil. Rio de Janeiro: Centro de Debates de Políticas Públicas, 2014. Disponível em: https://cdpp.org.br/wp-content/uploads/2017/02/Coletanea-Sob-a-Luz-do-Sol_v2509.pdf. Acessado em: 28.03.2025. Para uma discussão mais estrutural sobre crescimento, cenário e financiamento externo, ver: BRESSER-PEREIRA, Luiz Carlos; GALA, Paulo. "Foreign savings, insufficiency of demand and low growth". *Journal of Post Keynesian Economics*, vol. 30, nº 3, 2008; DE CONTI, Bruno; BLIKSTAD, Nicholas. "Impactos da economia chinesa sobre a brasileira no início do século XXI: o que querem que sejamos e o que queremos ser". *In*: CARNEIRO, Ricardo; BALTAR, Paulo; SARTI, Fernando (Coord.). *Para além da política econômica*. São Paulo: Unesp, 2017.

No âmbito do cenário interno, a partir de 2008, o governo Lula da Silva adotou medidas anticíclicas, como a flexibilização do superávit primário, a atuação mais ativa dos bancos públicos no mercado de crédito e subsídios e desonerações para incentivar a produção e a geração de empregos. No primeiro mandato do governo Dilma Rousseff, sobretudo a partir de 2012, muitos desses expedientes foram mantidos e até mesmos aprofundados. Para os críticos, isso significou o abandono do chamado tripé macroeconômico (taxa de câmbio flutuante, superávit primário e regime de metas de inflação), que aliado ao excessivo intervencionismo do governo, tanto na parte regulatória, no sentido de controlar preços estratégicos da economia, como na questão da taxa de juros e dos *spreads*, quanto na política fiscal, criaram os elementos para a crise econômica que o país viveu a partir de 2015.

No campo da crítica ortodoxa, Mesquita[343] destaca o ativismo do governo por meio da utilização dos bancos públicos para o fornecimento de crédito, na política de redução de juros, nas medidas de controle da taxa de câmbio e no relaxamento para o cumprimento do superávit primário. Barbosa Filho e Pessôa[344] argumentam que o baixo crescimento do período se explica por um equilíbrio político no qual o gasto público cresceu acima da taxa de crescimento da economia e por decisões de política econômica que reduziram a taxa de crescimento da produtividade total dos fatores, sobretudo a produtividade do capital. Além disso, como os salários cresceram acima

343 MESQUITA, Mário. "A política econômica do governo Dilma: a volta do experimentalismo". *In*: CDPP. *Sob a luz do Sol*: uma agenda para o Brasil. Rio de Janeiro: Centro de Debates de Políticas Públicas, 2014. Disponível em: https://cdpp.org.br/wp-content/uploads/2017/02/Coletanea-Sob-a-Luz-do-Sol_v2509.pdf. Acessado em: 28.03.2025.

344 BARBOSA FILHO, Fernando de Holanda; PESSOA, Samuel. "Desaceleração recente da economia". *In*: CDPP. *Sob a luz do Sol*: uma agenda para o Brasil. Rio de Janeiro: Centro de Debates de Políticas Públicas, 2014. Disponível em: https://cdpp.org.br/wp-content/uploads/2017/02/Coletanea-Sob-a-Luz-do-Sol_v2509.pdf. Acessado em: 28.03.2025.

da produtividade, houve queda nos lucros e, consequentemente, na taxa de poupança, com piora no investimento e nas contas externas. Biasoto Jr. e Afonso[345] destacam que a política fiscal foi utilizada como alavanca permanente da política macroeconômica, agravadas pelas operações contábeis atípicas para cumprir as metas de superávit primário. Em comum, esses autores criticam o ativismo fiscal do governo e o papel central do Estado na estratégia de crescimento durante esse período.

No âmbito da crítica novo-desenvolvimentista, Bresser-Pereira *et al.*[346] e Oreiro e Marconi[347] também enfatizam a política fiscal excessivamente frouxa como importante fator para o baixo crescimento do período, mas adicionam como problemas o crescimento dos salários acima da produtividade, as altas taxas de juros, e a combinação da apreciação da taxa de câmbio e déficit em conta corrente, que geraram alta inflação, baixo crescimento e desindustrialização.

Por fim, num outro campo de visão sobre a questão do baixo crescimento durante o governo Dilma Rousseff, Serrano e Suma[348] argumentam que a redução dos investimentos públicos, sobretudo em 2011, foram determinantes para o resultado econômico do período, refutando o argumento do cenário externo adverso, pois o setor externo teria um baixo peso na composição do PIB do país.

345 BIASOTO JUNIOR, Geraldo; AFONSO, José Roberto. "Política Fiscal nos Pós-Crise de 2008: a Credibilidade Perdida". *In*: NOVAIS, Luís Fernando; CAGNIN, Rafael Fagundes; BIASOTO JUNIOR, Geraldo (Coord.). *A economia brasileira no contexto da crise global*. São Paulo: Fundap, 2014.

346 BRESSER-PEREIRA, Luiz Carlos; OREIRO, José Luís; MARCONI, Nelson. *Macroeconomia desenvolvimentista*: teoria e política do novo-desenvolvimentismo. Rio de Janeiro: Elsevier, 2016.

347 OREIRO, José Luis; MARCONI, Nelson. "O novo-desenvolvimentismo e seus críticos". *Cadernos do Dsesenvolvimento*, vol. 11, nº 19, 2016.

348 SERRANO, Franklin; SUMMA, Ricardo. "Demanda agregada e a desaceleração do crescimento econômico brasileiro de 2011 a 2014". *Center for economic and policy research*, 2015.

Dweck e Teixeira[349] também refutam o excesso de gastos do governo, enfatizando mais a queda da receita como fator determinante para o problema fiscal. Mello e Rossi[350] destacam que a política macroeconômica tentou resolver problemas estruturais herdados pelo modelo de crescimento dos governos Lula da Silva e estabeleceu uma agenda industrialista para estimular o setor privado na expansão da oferta. Gobetti e Orair[351] argumentam que a média real do crescimento das despesas primárias não se alterou desde 1999, mas houve uma mudança no padrão da política fiscal, quando comparada com o segundo governo Lula da Silva, de uma lógica de investimento público para outra com ênfase em gastos de custeio, subsídios e desonerações.

A Figura 32 mostra a evolução do superávit primário desde a última década. Quando comparado o desempenho desse indicador fiscal no governo Lula da Silva, até a crise de 2008, com o período pós-crise internacional e durante o governo Dilma Rousseff, observa-se uma piora no seu desempenho. Entre 2003 e 2008, o pior desempenho do superávit primário foi de 2% em 2006. No período entre 2009 e 2016, o melhor desempenho ocorreu em 2011, primeiro ano de governo, que normalmente envolve algum tipo de ajuste em função do ciclo eleitoral, com um superávit primário de 2,1%.

---

349 DWECK, Esther; TEIXEIRA, Rodrigo Alves. "A política fiscal do governo Dilma e a crise econômica". *In*: CARNEIRO, Ricardo; BALTAR, Paulo; SARTI, Fernando (Coord.). *Para além da política econômica*. São Paulo: Unesp, 2018.

350 MELLO, Guilherme; ROSSI, Pedro. "Do industrialismo à austeridade : a política macro dos governos Dilma". *In*: CARNEIRO, Ricardo; BALTAR, Paulo; SARTI, Fernando (Coord.). *Para além da política econômica*. São Paulo: Unesp, 2017.

351 GOBETTI, Sérgio Wulff; ORAIR, Rodrigo Octávio. "Política fiscal em perspectiva: o ciclo de 16 anos (1999-2014)". Revista de Economia Contemporanea, vol. 19, nº 3, 2015.

Figura 32 – Superávit primário (%PIB) – exclui depósito (2008) e saque (2012) do Fundo Soberano e a cessão onerosa da Petrobras (2010)

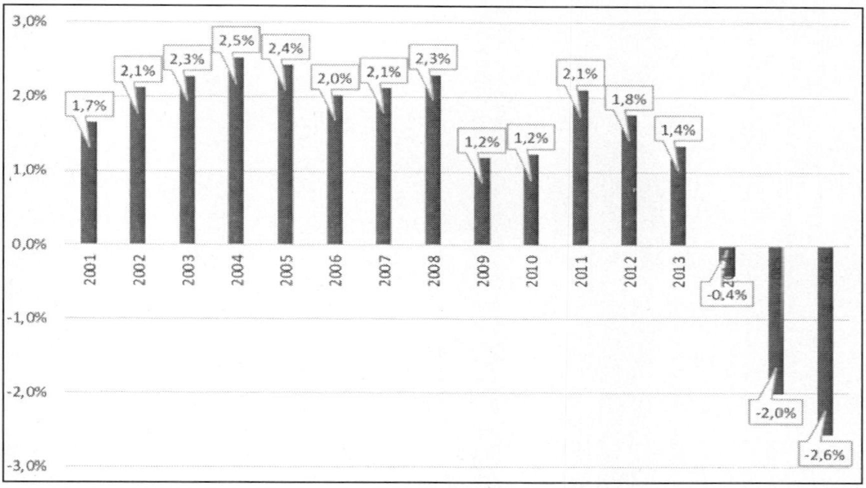

Fonte: STN. Elaboração própria.

A piora no desempenho do superávit primário pode ser explicada pelo descompasso entre o crescimento da arrecadação e das despesas primárias, pelo maior crescimento de algumas rubricas na parte das despesas e por sua mudança de composição. A Tabela 19 mostra que a taxa de crescimento real das receitas foi maior no período de 2003 a 2008 (7,0%) do que no período de 2009 a 2014 (5,0%). As despesas, por sua vez, tiveram um desempenho semelhante no período considerado. Mesmo sem nenhum tipo de ajuste, observa-se que as receitas, de maneira geral, cresceram menos do que as despesas, o que demonstra a importância da menor taxa de crescimento do PIB como componente importante para a compreensão do pior desempenho fiscal no período de 2009 a 2014. No período de 2015 a 2016, de guinada liberal na política econômica, as receitas decrescem, como resultado da recessão econômica.

Tabela 19 – Taxa de crescimento real das receitas e despesas do governo

	2003-2008	2009-2014	2015-2016
Taxa de crescimento média anual (%) - Receitas	7,0	5,0	-6,0
Taxa de crescimento média anual (%) - Despesas	6.4	6.7	2.2

Fonte: RFB. Elaboração própria.

As principais receitas do governo federal são aquelas administradas e as relativas ao Regime Geral de Previdência Social. Entre 2003 e 2008, houve um aumento das receitas administradas, de 14,1% para 15% do PIB, devido ao ciclo de crescimento econômico do período. Em 2009, sobretudo devido à crise econômica, a receita decresce para 13,7% do PIB e depois oscila até 2013, num valor de 13,5%, para depois cair mais uma vez em 2014 para 12,8% do PIB, devido ao início da recessão econômica. A arrecadação do Regime Geral da Previdência Social teve comportamento ascendente durante quase todo o período, subindo de 4,7% em 2003 para 5,8% do PIB em 2014, devido ao crescimento econômico, a baixa taxa de desemprego durante boa parte do período e à crescente formalização do mercado de trabalho. Por fim, quando considerada a receita total, seu valor oscila no intervalo de 20,7% (2003) a 23,6% (2010) do PIB (Figura 33).

Figura 33 – Receitas primárias (%PIB)

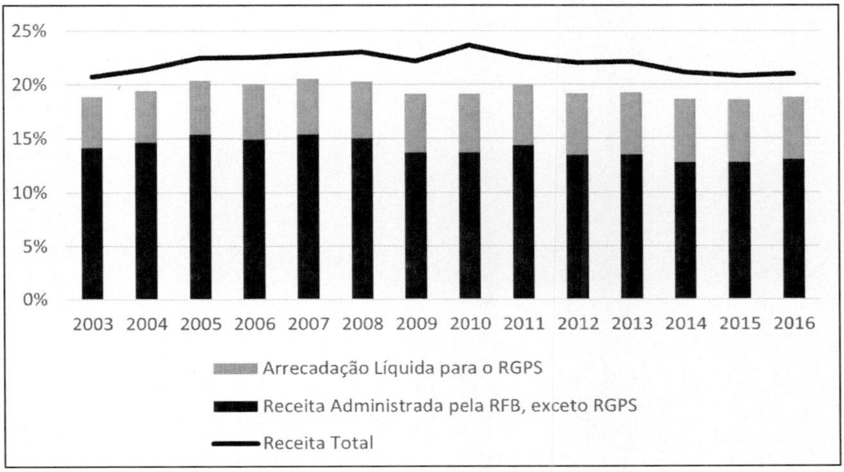

Fonte: RFB. Elaboração própria.

O comportamento das despesas primárias como proporção do PIB, por sua vez, possui um padrão de crescimento mais acentuado, desde 1997, ano inicial de dados disponíveis (Figura 34). Entre 1997 e 2016, as despesas primárias do governo central subiram de 14,0% para 19,9% do PIB, o que sugere ser essa uma tendência verificável desde o governo Fernando Henrique Cardoso. O aumento das despesas primárias como proporção do PIB ao longo do primeiro mandato de Dilma Rousseff, que é o objeto central do trabalho, e sobretudo após 2014, pode ser explicado, dentre outros fatores, pela desaceleração econômica entre 2011 e 2013 e pela recessão econômica a partir de 2014, num cenário de resiliência dos gastos em algumas rubricas, que serão analisadas a seguir.

Figura 34 – Despesas primárias (%PIB)

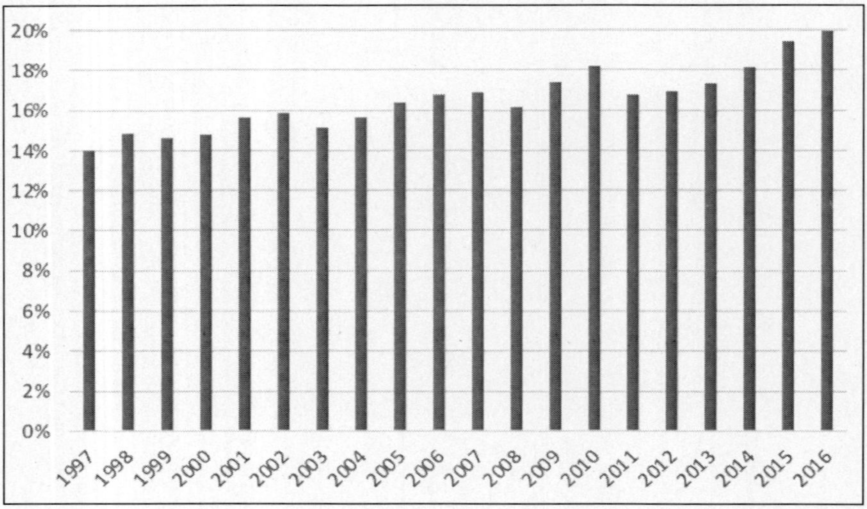

Fonte: STN. Elaboração própria.

De acordo com a Figura 35, podemos observar que as taxas de crescimento do PIB e das despesas primárias guardam um comportamento semelhante, ou seja, a taxa de crescimento das despesas primárias aumenta, de maneira geral, quando a taxa de crescimento do PIB também aumenta, e vice-versa. Portanto, a taxa de crescimento das despesas primárias tem um caráter pró-cíclico. É importante destacar o ano de 2011, primeiro ano do governo Dilma Rousseff, no qual foi feito um importante esforço de ajuste fiscal, que se refletiu numa diminuição das despesas primárias em termos reais. A partir de 2015, em razão do início da recessão econômica, o governo opta por fazer um ajuste fiscal, que reduz substancialmente a taxa de crescimento das despesas primárias.

Figura 35 – Taxa de crescimento – despesas primárias e PIB

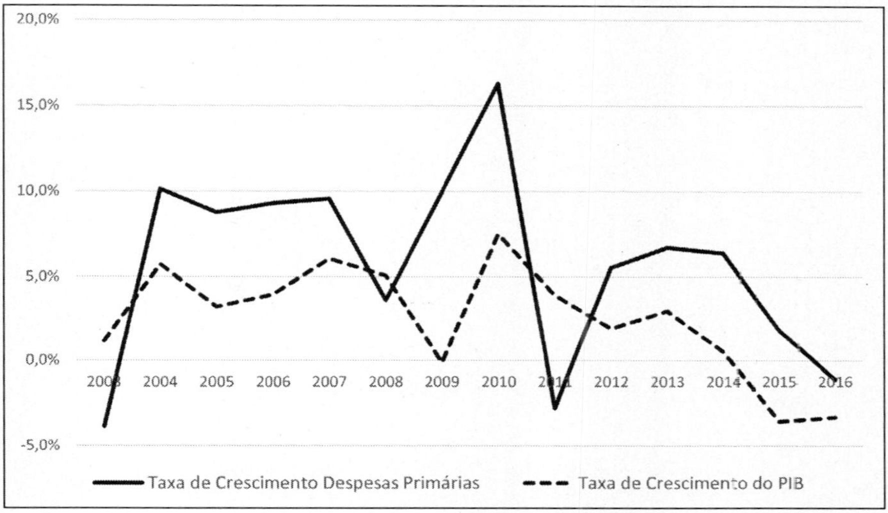

Fonte: STN. Elaboração própria.

Sob a ótica da evolução das despesas como proporção do PIB, pode-se observar que houve uma tendência de aumento ao longo das últimas duas décadas, conforme Tabela 20, e que, portanto, não houve um descontrole de gastos no primeiro mandato da Presidenta Dilma Rousseff. Por outro lado, esse aumento contínuo de gastos em relação ao PIB requeria um aumento da carga tributária ou do endividamento para que pudesse ser financiado, o que suscitou debates sobre sua pertinência.

Na rubrica de gastos com pessoal e encargos, é possível observar uma queda no primeiro mandato, de 4,1% para 3,8% do PIB, e um posterior aumento para 4,0% e 4,1% do PIB em 2015 e 2016, respectivamente, possivelmente diante da rigidez desse gasto em um contexto de recessão econômica e queda da arrecadação. No que diz respeito aos benefícios sociais, os benefícios previdenciários aumentaram desde o governo Lula da Silva em razão da política de aumentos sucessivos do salário mínimo, que vincula o pagamento desses benefícios, saltando de 6,8% do PIB em 2007 para 8,1% do PIB em 2016 (Tabela 20).

Além disso, os governos do PT utilizaram como estratégia de distribuição de renda a ampliação da transferência de renda às famílias por meio dos seus programas sociais, sobretudo o Bolsa Família e o Benefício de Prestação Continuada (BPC). O Bolsa Família subiu de 0,3% do PIB em 2007 para 0,5% do PIB em 2016. No caso do BPC, que auxilia idosos e deficientes mais vulneráveis, e que também tem seu benefício vinculado ao salário mínimo, seu valor aumentou de 0,5% do PIB em 2007 para 0,8% do PIB em 2016. No seu conjunto, os benefícios sociais aumentaram, entre 2007 e 2016, de 8,3% para 10,2% do PIB, o que explica em parte o aumento dos gastos primários no período (Tabela 20).

Um outro ponto importante que explica a dinâmica de gastos no período envolve o comportamento dos investimentos e subsídios. Durante o segundo mandato do Presidente Lula da Silva (2007-2010), houve uma inflexão na política econômica, que teve como uma de suas principais medidas a expansão do investimento público no âmbito do PAC. Entre 2007 e 2010, os investimentos aumentaram de 0,8% para 1,2% do PIB. Ao longo do primeiro mandato do governo Dilma Rousseff, houve um aumento menor dos investimentos públicos, de 1,2% para 1,4% do PIB, entre 2011 e 2014.

No primeiro mandato do governo Dilma Rousseff, a estratégia de expansão dos investimentos envolvia, em parte, a substituição dos investimentos públicos por investimentos privados, sobretudo no âmbito do PIL, que foi analisado anteriormente. Além disso, o cenário internacional mais instável e a consequente crise da indústria estimularam o governo a recorrer a subsídios e desonerações como tentativa de estimular a produção e a geração de empregos. Conforme analisado anteriormente, o PIL teve méritos, mas também dificuldades de execução, por questões relacionadas à sua gestão, às dificuldades ambientais, jurídicas e de conflitos com órgãos de controle, e por essas razões não alcançou os resultados planejados inicialmente.

Por fim, o programa Minha Casa Minha Vida (MCMV) foi um importante instrumento de subsídio para habitações populares e seu valor oscilou entre 0,1% e 0,3% entre 2012 e 2016. Entretanto, seu efeito multiplicador na economia é menor do que aqueles alcançados pelos investimentos públicos.[352]

Os subsídios e desonerações também não lograram aumentar a produção e a geração de empregos na medida esperada pelo governo. Por outro lado, esse foi um fator importante de aumento de gastos primários. Entre 2007 e 2014, os subsídios, incluindo a compensação pela desoneração da folha de pagamentos e os gastos da Conta de Desenvolvimento Energético (CDE), que serviu para evitar o reajuste dos preços da energia na esteira das medidas da MP 579, saltaram de 0,3% do PIB em 2007, para um pico de 1,3% do PIB em 2015 e 0,7% do PIB em 2014.

Tabela 20 – Despesas primárias (%PIB)

	2007	2008	2009	2010	2011
Despesas Primárias Total (%PIB)	**16.9%**	**16.2%**	**17.4%**	**17.2%**	**16.8%**
Pessoal e Encargos	4.3%	4.3%	4.6%	4.3%	4.1%
Benefícios Sociais	8.3%	7.9%	8.5%	8.3%	8.2%
Benefícios Previdenciários	6.8%	6.4%	6.7%	6.6%	6.4%
Bolsa Família	0.3%	0.3%	0.4%	0.3%	0.4%
BPC da LOAS/RMV	0.5%	0.5%	0.6%	0.6%	0.6%
Abono e Seguro desemprego	0.7%	0.7%	0.8%	0.8%	0.8%
Subsídios + CDE + compensação folha	0.3%	0.1%	0.0%	0.1%	0.2%
Despesas de capital	0.8%	0.9%	1.0%	1.2%	1.4%
Investimentos GND 4 e 5 (exceto financeiras)	0.8%	0.9%	1.0%	1.2%	1.2%
MCMV	0.0%	0.0%	0.0%	0.0%	0.2%
Outras despesas correntes	3.2%	3.0%	3.1%	3.3%	2.9%

352 Orair *et al.*, 2016.

	2012	2013	2014	2015	2016
Despesas Primárias Total (%PIB)	**16.9%**	**17.3%**	**18.1%**	**19.4%**	**19.9%**
Pessoal e Encargos	3.9%	3.8%	3.8%	4.0%	4.1%
Benefícios Sociais	8.4%	8.6%	8.9%	9.2%	10.2%
Benefícios Previdenciários	6.6%	6.7%	6.8%	7.3%	8.1%
Bolsa Família	0.4%	0.5%	0.5%	0.4%	0.5%
BPC da LOAS/RMV	0.6%	0.6%	0.7%	0.7%	0.8%
Abono e Seguro desemprego	0.8%	0.8%	0.9%	0.8%	0.9%
Subsídios + CDE + compensação folha	0.2%	0.4%	0.5%	1.3%	0.7%
Despesas de capital	1.4%	1.6%	1.7%	1.3%	1.1%
Investimentos GND 4 e 5 (exceto financeiras)	1.2%	1.3%	1.4%	1.0%	1.0%
MCMV	0.2%	0.3%	0.3%	0.3%	0.1%
Outras despesas correntes	3.0%	2.9%	3.1%	3.5%	3.8%

Fonte: Siafi. Elaboração própria.

Nos gastos com saúde, observa-se uma estabilidade ao longo do período entre 2007 e 2014, cujo valor oscilou entre 1,6 e 1,7% do PIB. No caso dos gastos com educação, houve um aumento mais significativo entre 2007 e 2010, de 0,8% para 1,2% do PIB, sobretudo pelo comportamento do complemento do Fundeb, que atingiu 0,2% do PIB em 2010 e depois permaneceu estável até 2014 (Tabela 21).

Tabela 21 – Gastos com Saúde e Educação

(%PIB)	2007	2008	2009	2010	2011	2012	2013	2014
Educação	0,8	0,9	1,1	1,2	1,3	1,3	1,4	1,5
Saúde	1,6	1,6	1,7	1,6	1,6	1,7	1,6	1,7

Fonte: Siafi. Elaboração própria.

Em resumo, é possível identificar alguns fatores que explicam a tendência de elevação dos gastos no governo Dilma Rousseff, mesmo que numa intensidade menor quando comparado ao período de 2007 a 2010. Em primeiro lugar, a estratégia de transferência de renda às famílias por meio do Bolsa Família e BPC, além dos benefícios previdenciários vinculados ao salário mínimo, com o objetivo de redistribuir renda e estimular a economia pelo aumento do consumo. Em segundo lugar, a tentativa de expandir o investimento por meio de um ambicioso programa de concessões, que incluía a participação da iniciativa privada, que substituiria parcialmente a participação dos investimentos públicos na economia. Tal estratégia teve méritos e dificuldades, devido a alguns problemas ambientais, de gestão e de relacionamento com órgãos de controle, e não logrou o impacto desejado no impulsionamento do investimento como vetor de crescimento da economia. Além disso, a produção industrial e a geração de empregos seriam estimuladas pelas desonerações e por medidas de redução de custo para a indústria, mas também os resultados não se materializaram plenamente em termos de aumento da produção e geração de empregos. Por fim, os gastos com saúde permaneceram estáveis e os gastos com educação cresceram, mas uma taxa maior no período entre 2007 e 2010, devido ao complemento do Fundeb.

Além da política fiscal em si, é necessário analisar suas consequências no comportamento da dívida pública. Historicamente, o conceito utilizado pelos analistas como principal indicador de solvência era a Dívida Líquida do Setor Público, cujas séries históricas existem desde a década de 1980. A partir do segundo governo Lula da Silva, e de maneira mais marcante durante o primeiro mandato de Dilma Rousseff, diversos analistas de mercado e agências de classificação de risco passaram a utilizar como principal indicador de solvência a dívida bruta, pois os repasses do Tesouro Nacional ao BNDES, que somaram mais de R$ 400 bilhões não tinham, ao menos num primeiro momento, impacto sobre a dívida líquida, dado que os títulos do Tesouro Nacional eram contabilizados como passivos (dívida mobiliária) e ativos no caso dos créditos junto aos bancos públicos (BNDES).[353]

353 Sobre a discussão das diferenças entre dívidas bruta e líquida, ver: BORGES, Bráulio. *Dívida bruta ou dívida líquida, eis a questão*. 2017. Disponível em: https://blogdoibre.fgv.br/posts/divida-bruta-ou-divida-liquida-eis-questao. Acessado em: 01.04.2020; BARBOSA-FILHO, Nelson Henrique. "Resultado primário, dívida líquida e dívida bruta: um modelo contábil". *Texto de Discussão*, 2014. Disponível em: http://brasildebate.com.br/wp-content/uploads/2014/08/Modelo-Contabil.pdf. Acessado em: 05.04.2020.

De acordo com a Figura 36, a dívida líquida teve uma trajetória de queda, desde meados de 2009, diminuindo de cerca de 41%, em agosto de 2009, para aproximadamente 33% no final de 2014. A dívida bruta, por sua vez, teve um comportamento mais estável, diminuindo de cerca de 61% para aproximadamente 56% no mesmo período. A diferença encontrada na trajetória deve-se sobretudo aos repasses do Tesouro ao BNDES, mas não se pode afirmar que houve um descontrole desse indicador no período. Por outro lado, a partir de 2015, com a guinada da política econômica e o início da recessão no país, ambos os indicadores invertem a trajetória, especialmente pela redução do PIB.

Figura 36 – Dívida Bruta e Líquida (%PIB)

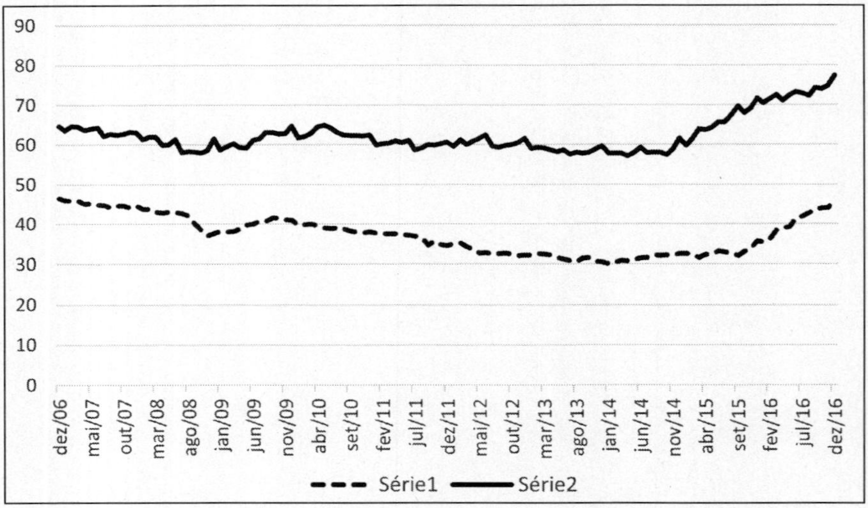

Fonte: BCB. Elaboração própria.

Os aportes fiscais do Tesouro ao BNDES, que ocasionaram a alteração de indicador fiscal monitorado por parte de diversos agentes do mercado, da dívida líquida para a dívida bruta, está associada à uma discussão maior sobre a estratégia de utilização de operações fiscais não-recorrentes, posteriormente chamadas pela mídia de "pedaladas fiscais", por parte do governo. Um marco dessas operações ocorreu no final de 2012, quando o governo publicou uma série de normativos com o objetivo de fortalecer o caixa do Tesouro e, consequentemente, o resultado fiscal do governo.[354]

A transação mais significativa envolveu a Secretaria do Tesouro Nacional (STN), o Fundo Soberano (Fundo Fiscal de Investimentos e Estabilização – FFIE) e o BNDES. Nessa triangulação, o BNDES comprou ações da Petrobras que estavam na carteira do FFIE com pagamento em títulos públicos, e não em *cash*. Posteriormente, esses títulos, que passaram a compor a carteira do FFIE, foram objetos de compra antecipada por parte da STN. O BNDES, por sua vez, recebeu aportes do Tesouro também por meio de títulos públicos, e não em *cash*. Essa operação rendeu R$ 12,4 bilhões ao caixa do Tesouro.

Uma segunda triangulação envolveu a STN, a Caixa Econômica e a BNDESPar. Nesse caso, a BNDESPar repassou à STN ações de oito empresas no valor de R$ 6 bilhões em troca de crédito a receber da Itaipu Binacional. Posteriormente, a STN fez um aporte em ações na Caixa no valor de R$ 5,4 bilhões e recebeu uma antecipação de dividendos no valor de R$ 4,7 bilhões.[355]

Além dessas operações, o Tesouro atrasou o pagamento aos bancos públicos de programas do governo e benefícios sociais executados por eles. Esse conjunto de medidas, que passou a ter destaque na mídia a partir de 2013 sob a denominação do termo pedaladas fiscais, foi a base para a abertura do processo de *impeachment* da Presidenta Dilma Rousseff no final de 2015. De acordo com os relatos

---

354 Medida Provisória n. 600 de 2012, Decreto 7.880 n. de 2012, Decreto 7.881 n. de 2012 e Resolução CMN n. 4.175 de 2012.

355 Para detalhes, ver: BARROS, Gabriel Leal de; AFONSO, José Roberto. "Sobre 'fazer o cumprimento' da meta de superávit primário de 2012". *Texto de Discussão*, nº 30, 2013. Disponível em: https://portalibre.fgv.br/sites/default/files/2021-03/td-sobre-fazer-o-cumprimento.pdf. Acessado em: 28.03.2025.

colhidos nas entrevistas, pôde-se constatar que, por um lado, os membros do governo concordavam que havia jurisprudência para a realização dessas operações, sendo que essa prática ocorria ao menos desde o governo Fernando Henrique Cardoso, mas por outro lado, havia uma divisão na equipe econômica acerca da melhor estratégia para lidar com a questão fiscal. De um lado, o então secretário-executivo do Ministério da Fazenda, Nelson Barbosa, entrevistado 6 (informação verbal),[356] possuía a seguinte opinião:

> A partir de 2012, a China desacelera, na Europa você tem o problema da Grécia, nos Estados Unidos você tem o problema "fiscal cliff". Então hoje, passado bastante tempo, a gente vê que teve uma desaceleração forte, o preço das commodities começa a cair em 2012, continua caindo em 2013 e desaba em 2014 e 2015. Então, estes eram os condicionantes externos... Aí houve embate no governo. Eu disse: bom, não era para ter feito a consolidação tão forte como foi em 2011, mas já que fez e o crescimento desacelerou, há duas alternativas. Primeira, abaixa a meta de resultado primário, reconhece o problema para manter o investimento público, porque a economia desacelerou. Porém, você não tira uma coisa sem botar outra no lugar, para reduzir o primário era preciso, ato contínuo, fazer reforma estrutural, previdência e tributária, que é um pouco do que está acontecendo agora. Foi esta alternativa que eu defendi. A segunda alternativa era manter a meta do primário, fazer algumas operações não recorrentes, que eram legais pela jurisprudência, para adiar despesas e antecipar receitas, que foi o caminho adotado. Contribuiu para isto o fato de o Brasil ter se recuperado rápido da crise de 2009. Para ser justo com as pessoas que defendiam a segunda alternativa na época, eles pensaram que, como o Brasil saiu rápido da crise de 2009, bastaria fazer um esquema com os mesmos

356 Entrevista concedida por BARBOSA FILHO, Nelson Henrique. Entrevista VI. [05.2019]. Entrevistador: Leonardo Loureiro Nunes. Brasília, 2019. Anexo VII.

estímulos que tinham sido feitos em 2009, e em 2012 nós também sairíamos rápido da crise. Qual foi o erro de diagnóstico? Primeiro, que as condições iniciais eram diferentes. Quando veio a crise de 2009, o primário está alto, quando veio a crise de 2012 o primário já estava baixo. Quando veio a crise de 2009 a dívida pública estava caindo, quando veio a crise de 2012 a dívida pública já estava subindo. As condições iniciais eram diferentes. Em segundo lugar, os estímulos que foram dados em 2012 foram muito maiores do que os de 2009. Por exemplo, a taxa de juro do BNDES, no PSI, caiu para 2,5% ao ano. Você estava dando taxa de 2,5% para grandes empresas, pessoas ricas comprarem bens de capital, sendo que no Fies, para o estudante pobre, você estava cobrando 3,5%. Então isso gerou um grande embate dentro e fora do governo. Daí começa desconforto na equipe econômica, pois eu falava essas coisas nos debates internos: vai dar problema, é melhor derrubar o primário, é melhor reconhecer o problema, porque o problema na época não era simples. Na esfera política, se você reconhecesse que o primário tinha que baixar, não teria sido necessário fazer as operações orçamentárias do final de 2012 para cumprir a meta contabilmente. Era melhor dizer: a situação mudou, a meta vai ser menor, e vamos fazer um ajuste mais estrutural, começando pela reforma da previdência. Como o governo não queria enfrentar a reforma da previdência naquele momento, a escolha foi por manter a meta via operações orçamentárias não recorrentes... preferiu fazer isso na expectativa de que a desaceleração seria temporária como foi em 2009. Que iríamos voltar a crescer mais rápido já em 2013, só que aí vem o outro marco de ruptura, no final de 2012. Nós temos um sistema de contas públicas bem transparente. O Tesouro publica seu resultado com apenas um mês de defasagem. Então, no final de cada mês, a gente sabe o resultado do mês passado. Portanto, não adianta fazer operações não recorrentes porque todo mundo saberá disso no mês seguinte, ainda bem. Todo mundo tem acesso aos dados do Tesouro e sabe calcular onde estão os problemas.

> No final de 2012, todo mundo do mercado sabia que tinha uma discrepância, uma insuficiência de cerca de R$ 20 a R$ 30 bilhões para cumprir a meta fiscal daquele ano, que seria necessário algo para fechar essa conta. Como também era época de eleição municipal, o governo preferiu deixar o ajuste para depois da eleição. O diabo é sempre tentador. Quando finalmente o governo mostra como vai fechar as contas, aconteceu algo parecido até com a questão da energia, mas por motivos diferentes. O governo não antecipou ou explicou bem as operações. Elas foram feitas entre o Natal e o Ano Novo, com uma série de MPs, fazendo aquelas operações, sem sinalização prévia ou explicação posterior adequada ... Final de 2012 para 2013, uma coisa de R$ 15 a 20 bilhões. Uma coisa desta magnitude, quando precisa ser feita, é necessário explicar bem o porquê. Tem que chamar uma coletiva, explicar e reconhecer o problema fiscal, dizer que em 2013 vai derrubar o primário, mas fazer reforma da Previdência, só que não foi o que aconteceu. Houve o mesmo erro da política monetária. O que tem de comum entre a postura do Banco Central em 2011, a postura da infraestrutura em 2012 e a postura do Tesouro na virada de 2012 para 2013? Faz as coisas sem explicar direito o porquê. Só houve explicação depois, quando o mercado e a sociedade cobraram, e isso foi criando uma sensação de insegurança, de incerteza. Quem já era contra o governo sem motivo, passou a ter motivo. Ficou fácil para a oposição.

Do outro lado, o grupo liderado pelo Secretário do Tesouro, Arno Augustin, defendia a utilização das operações não-recorrentes, base para a acusação de crime de responsabilidade que possibilitou o processo de *impeachment* da Presidenta no final de 2015, e essa foi a estratégia vitoriosa dentro do governo. De acordo com a análise do próprio secretário, entrevistado 10 (informação verbal):[357]

> Não há um centavo de valores mal divulgados, de equívoco, absolutamente nada. Isso é simplesmente uma invenção. É uma invenção com objetivo político de criar uma versão para defender as teses neoliberais. O problema desse processo todo tem a ver com a postura que o governo passou a ter a partir de 2015. O próprio governo de alguma forma deixou solto. Na medida em que a Presidenta mudou a política econômica, ela criou as condições para que o outro lado viesse para cima. Além disso, muitas das pessoas que são responsáveis pelas políticas, às vezes depois criticam. Nenhuma conta fiscal é feita pelo Tesouro. O Tesouro faz o chamado resultado, ou seja, nós divulgamos o primário calculado pelo Tesouro, mas não é o resultado primário oficial, é uma conta acima da linha. O primário mesmo, que é objeto de discussão pelo TCU, é calculado pelo Banco Central do Brasil, ou seja, ele é calculado pelo outro lado. Então o Banco Central calculou errado o primário em algum momento? Não, o Banco Central não acha que calculou errado o primário em nenhum momento. Mas o processo político que gerou essa tese é uma das coisas mais graves que se pode imaginar. É criada uma tese mentirosa e essa tese passa a ser repetida. A maneira como o TCU se comportou, a maneira como o Congresso se comportou nesse assunto é grave do ponto de vista da ética, da correção. O TCU aprovou as contas, até 2013 inclusive, em que o primário foi calculado exatamente da mesma maneira. A partir de um determinado momento em que a política mudou aquilo passou a ser incorreto. Na minha visão, o que deu base política para essa tese foi a ação do governo em 2015. Aliás quem começou com isso foi o próprio governo

---

357 Entrevista concedida por AUGUSTIN FILHO, Arno Hugo. Entrevista X. [05.2019]. Entrevistador: Leonardo Loureiro Nunes. Porto Alegre, 2019. Anexo XI.

> ao ficar dizendo que havia déficit previsto para 2015, ou seja, a Presidenta colocou uma área econômica que queria dizer que antes estava tudo errado, o que é complicado, porque a Presidenta era a mesma. Portanto, ao fazer isso, ela criou essa base que a direita aproveitou.

Um outro ponto a ser abordado, citado anteriormente pela literatura e que, de acordo com os relatos obtidos para o trabalho, serviram como ponto de desgaste do governo com os donos do PIB e os sobrevivente da indústria, foi o desempenho econômico e a consequente redução da lucratividade das empresas ao longo do primeiro mandato de Dilma Rousseff. A Tabela 22 mostra a composição na formação bruta de capital fixo (FBCF) das fontes de financiamentos das empresas e famílias em porcentagem do PIB. A principal fonte de financiamento são os recursos próprios, que representam mais de 50% do total da composição de financiamento entre 2006 e 2014. A capacidade de utilização dessa fonte de financiamento está diretamente ligada à margem de lucro das empresas, que foi decrescente durante boa parte do período e representou um fator importante para o desempenho das empresas.

A participação do BNDES como fonte de financiamento das empresas aumentou de 1,2% do PIB em 2006 para 2,7% do PIB em 2014, com pico de 3,0% do PIB em 2009, dentre outros motivos, pelos aportes do Tesouro no banco, conforme discutido anteriormente, que viabilizaram linhas subsidiadas no âmbito do FINAME. Outra fonte que teve desempenho crescente ao longo do período foi a Habitacional, que subiu de 0,4% em 2006 para 1,2% em 2014, com pico de 1,4% em 2011, especialmente devido ao programa Minha Casa Minha Vida. O investimento direto estrangeiro teve oscilações no período e variou de 1,7% em 2006 para 2,7% do PIB em 2014, assim como a participação do mercado de capitais (1,0% do PIB em 2006 para 1,5% do PIB em 2014), as fontes internacionais (1,0% do PIB em 2006 para 1,3% do PIB em 2014) e as emissões primárias de ações (queda de 1,0% do PIB em 2006 para 0,3% do PIB em 2014).

A partir da tabela, pode-se observar a importância relativa das fontes de recursos próprios para o financiamento das empresas, que depende do desempenho financeiro das empresas, e a relevância da participação do Estado, por meio dos recursos do BNDES e do programa Minha Casa Minha Vida, para estimular a taxa de investimento no período.

Tabela 22 – Fonte de recursos de financiamento das empresas

(Formação Bruta de Capital Fixo - % PIB)	2006	2007	2008	2009	2010	2011	2012
Recursos Próprios (poupança e lucros retidos)	9.3%	9.0%	10.7%	9.3%	9.1%	9.3%	7.9%
Investimento Estrangeiro Direto	1.7%	2.5%	2.7%	1.5%	2.2%	2.5%	2.7%
Desembolso BNDS (FINAME E FINEM)	1.2%	1.7%	1.9%	3.0%	2.5%	2.4%	2.4%
Mercado de Capitais	1.0%	0.6%	0.4%	0.9%	1.6%	1.5%	2.1%
Habitacional (FGTS + SBPE)	0.4%	0.4%	0.6%	0.6%	1.1%	1.4%	1.2%
Fontes Mercados Internacionais	1.0%	0.5%	0.1%	0.9%	0.9%	0.9%	1.2%
Emissão primária de ações	0.6%	1.2%	1.1%	0.5%	0.4%	0.3%	0.2%
Total (FBCF)	15.2%	15.9%	17.5%	16.7%	17.8%	18.3%	17.7%

Fonte: CEMEC. Elaboração própria.

A Tabela 23 considera dados de 340 empresas de capital aberto, cujos faturamentos representaram aproximadamente um terço do PIB brasileiro entre 2010 e 2015.[358] A partir dela, observa-se que, de maneira geral, os indicadores de margens líquida e operacional sofreram uma queda significativa entre 2010 e 2015, comprometendo o desempenho das maiores empresas que operam no Brasil. No caso da indústria, a margem líquida reduziu-se de 13,8% para -6,9%. Essa queda brusca foi altamente influenciada pelo mau desempenho da Petrobras e da Vale, devido ao elevado endividamento externo, em um momento de depreciação da taxa de câmbio, redução dos preços do minério de ferro e do petróleo e de contenção de tarifas de derivados do petróleo e energia elétrica.[359]

358 IEDI. *Carta IEDI*: sem lucro, sem investimento. 2016. Disponível em: https://iedi.org.br/cartas/carta_iedi_n_738.html. Acessado em: 28.03.2025.

359 IEDI. *Carta IEDI*: sem lucro, sem investimento. 2016. Disponível em: https://iedi.org.br/cartas/carta_iedi_n_738.html. Acessado em: 28.03.2025.

Tabela 23 – Margem de lucro das 340 maiores empresas de capital aberto.

	Margem Líquida (%)			Margem Operacional (%)		
	2010	2013	2015	2010	2013	2015
Indústria	13,8	2,9	-6,9	19,7	10,9	0,9
Indústria sem Petrobras e Vale	8,3	0,0	0,5	13,3	6,7	7,6
Serviços	12,9	7,3	1,2	22,8	15,9	11,5
Comércio	3,3	2,8	0,5	7,4	7,0	4,4

Fonte: IEDI (análise de 340 empresas de capital aberto entre 2010 e 2015). Elaboração própria.

Mesmo quando excluídas essas duas empresas, nota-se que o desempenho da indústria, e das empresas de maneira geral, também teve uma trajetória descendente. A margem líquida da indústria, excluindo-se a Petrobras e a Vale, diminuiu de 8,3% para 0,5% entre 2010 e 2015. Os fatores que explicam esse desempenho são a concorrência dos importados e a piora gradativa das condições de financiamento, com a desvalorização cambial e aumento das taxas de juros, que pressionou as despesas financeiras das empresas.

No caso do setor de serviços, a margem diminuiu de 12,9% para 1,2% entre 2010 e 2015 e os outros indicadores também acompanharam essa tendência, assim como no setor de comércio, cuja margem líquida diminuiu de 3,3% para 0,5% no mesmo período, possivelmente em razão da deterioração do cenário econômico e piora nas condições de financiamento.

Além disso, uma outra maneira de avaliar o desempenho das empresas é comparar o retorno sobre o capital investido (ROIC), que mede o retorno sobre o capital total investido (próprio e de terceiros), com o custo médio ponderado de capital (WACC), que serve como medida de atratividade mínima para um investimento. Rocca[360] compilou dados do ROIC e do WACC das 320 maiores empresas

360 ROCCA, Carlos A. "14° Seminário CEMEC de Mercados de Capitais". *In*: *Ajuste Fiscal e Recuperação do Investimento*. São Paulo: CEMEC, 2014.

não-financeiras de capital aberto[361] e das 421 maiores empresas de capital fechado[362] do país, no período entre 2005 e 2014, cujos dados encontram-se na Figura 37.

De acordo com ela, entre 2005 e 2014, o WACC ficou acima do ROIC durante a maior parte do período. Entretanto, é possível observar que entre 2011 e 2014, durante o primeiro mandato do governo Dilma Rousseff, há um descolamento entre essas duas variáveis. Em 2010, o WACC era de 14,5% e o ROIC era de 13,7%. Em 2014, o WACC aumentou para 15,9% e o ROIC apresentou uma queda considerável, para 6,7%.

Figura 37 – ROIC e WACC das companhias abertas e maiores fechadas (com Petrobras, Eletrobras e Vale)

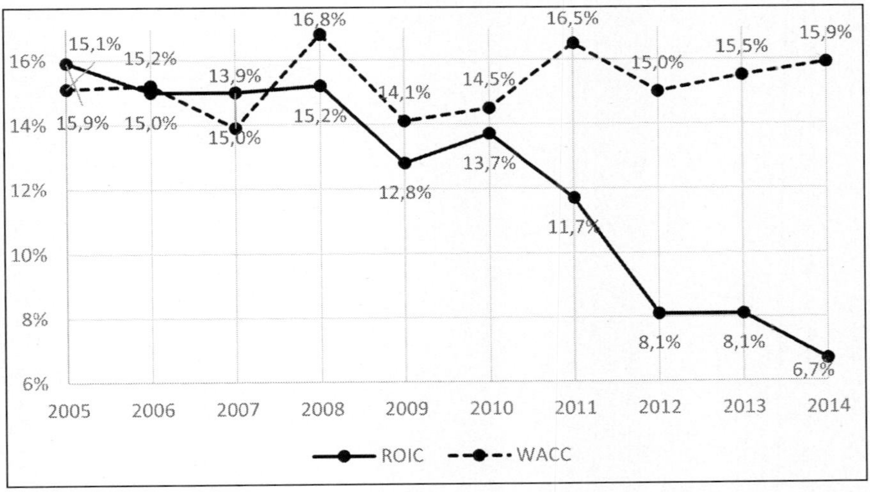

Fonte: CEMEC. Elaboração própria.

361 Fonte: Economatica e ValorPro.

362 Fonte: Cadastro das Maiores e Melhores da Revista Exame e ValorPro.

A Tabela 24, por sua vez, mostra o impacto do desempenho macroeconômico e de medidas regulatórias implementadas pelo governo, como a MP 579 (da energia) e o controle de preços dos produtos derivados do petróleo, no resultado financeiro das empresas, que estão inseridas na categoria dos donos do PIB. Entre 2010 e 2014, as empresas do setor de energia e óleo e gás afetadas pelas medidas do governo passaram de um lucro de R$ 77 bilhões para um prejuízo de R$ 31 bilhões. A Vale, no mesmo período, saiu de um lucro de R$ 30 bilhões para R$ 220 milhões, em razão da queda do preço do minério e da piora nas suas condições de financiamento, com o aumento das despesas financeiras. Os outros setores, construção civil, indústria extrativa, serviços e indústria da transformação, muitas das quais inseridas na categoria dos sobreviventes da indústria, também foram afetados pelo desempenho econômico e pelo aumento dos seus custos, como salários e despesas financeiras. O desempenho das empresas afetadas pelas medidas do governo, que estão entre os donos do PIB, representaram 68% do total da variação negativa de lucro líquido no período, o que explica em boa medida a mudança de humor em relação ao governo.

Tabela 24 – Lucro líquido das empresas afetadas pelas políticas públicas do governo, Vale, construção civil, indústria extrativa, serviços e indústria da transformação

Setor	LL 2010 (R$ bi)	LL 2014 (R$ bi)	Var. % LL	% Var. LL
Afetados por políticas públicas	77,14	-31,09	-140,3%	64,6%
Vale	30,42	0,22	-99,3%	18,0%
Construção Civil	8,19	1,64	-80,0%	3,9%
Indústria Extrativa	7,63	3,03	-60,3%	2,7%
Serviços	54,45	39,62	-27,2%	8,9%
Indústria da Transformação	48,89	45,81	-6,3%	1,8%

Fonte: CEMEC. Elaboração própria.

Dentro desse grupo de empresas, a Eletrobras sofreu uma variação negativa do seu lucro líquido de mais de 200%, passando de um lucro de R$ 2,5 bilhões para um prejuízo de R$ 2,9 bilhões.

As demais empresas de energia sofreram variação negativa no seu lucro líquido de 158%. No setor de óleo e gás, a Petrobras registrou prejuízo de quase R$ 22 bilhões em 2014, contra um lucro de R$ 35 bilhões em 2010. As demais empresas do setor de óleo e gás e de etanol, que perdeu competitividade com a política de preços dos derivados do petróleo, também sofreram variações expressivas nos seus resultados. A quase totalidade dessas empresas são ou fazem parte dos grandes grupos oligopólicos que atuam no país e muitas delas são listadas em Bolsa, ou seja, estão inseridas na classificação proposta como os donos do PIB (Tabela 25).

Tabela 25 – Lucro líquido da Eletrobras e empresas do setor de energia

Afetadas por políticas públicas	LL 2010 (R$ bi)	LL 2014 (R$ bi)	Var. % LL
Eletrobrás	2,553	-2,963	-216,1%
Energia	7,869	-4,565	-158,0%
Petrobras	35,901	-21,924	-161,1%
Petroleo	-0,112	-1,674	1394,6%
Etanol	502	-187	-137,3%

Fonte: CEMEC. Elaboração própria.

No caso da indústria da transformação, na qual boa parte das empresas está inserida na classificação dos sobreviventes da indústria, houve uma variação negativa no lucro líquido, entre 2010 e 2014, de 6,3%, de cerca de R$ 49 bilhões para R$ 45 bilhões (Tabela 24). Os fatores que contribuíram para essa queda foram a crise da indústria, conforme discutido anteriormente, e a mudança do cenário econômico, na comparação com o governo anterior, que afetou o comportamento da demanda.

No que diz respeito aos seus custos, o custo unitário do trabalho relativo efetivo em dólar real (CUTRE), que é formado pelo salário médio real relativo efetivo, pela produtividade efetiva relativa e pela taxa de câmbio real efetiva, sofreu uma queda de 23,3%, entre 2011 e 2015, o que significou um aumento da competitividade nesse período e representou uma recuperação parcial desse indicador quando considerado o horizonte de 10 anos, no qual houve aumento de 40,6%.[363]

Entre 2011 e 2015, a produtividade da indústria ficou praticamente estagnada. O salário médio real na indústria de transformação brasileira aumentou 11,1% em relação à média dos salários nos principais parceiros comerciais, contribuindo para o aumento do CUTRE, com efeitos negativos sobre a competitividade. Por outro lado, a competitividade no período foi mais que compensada pela depreciação acumulada pelo real, fator determinante para a redução do CUTRE.[364]

Portanto, a piora no desempenho da indústria da transformação pode ser explicada pela apreciação da taxa de câmbio por um longo período de tempo, desde o Plano Real até o governo Lula da Silva, apesar da sua depreciação no período em tela, pela competição externa, sobretudo da China, que foi um dos motivos que dificultou o repasse de aumento de custos para os preços, pela diminuição da taxa de crescimento do PIB e pela piora nas condições de financiamento das empresas, que ocasionou um aumento de 2,57 vezes nas despesas financeiras, contra um aumento do custo dos produtos vendidos em 1,12 vezes.[365]

Portanto, é possível inferir que as despesas financeiras tiveram um peso importante na deterioração do desempenho das empresas no período. Além disso, apesar do aumento dos salários durante o mesmo período, o custo unitário do trabalho relativo efetivo em dólar real (CUTRE) acumulou queda de 23,3% (CNI), o que contribuiu para o aumento da competitividade da indústria entre 2011 e 2015.

---

363 CNI. *Indicadores de competitividade da indústria*. Brasília, 2016.

364 CNI. *Indicadores de competitividade da indústria*. Brasília, 2016.

365 IEDI. *Carta IEDI*: sem lucro, sem investimento. 2016. Disponível em: https://iedi.org.br/cartas/carta_iedi_n_738.html. Acessado em: 28.03.2025.

Em resumo, a política econômica do governo possuía dois pilares fundamentais: aumentar a competitividade da economia brasileira por meio de intervenções na formação de preços-chave para, na visão do governo, diminuir lucros extraordinários de grupos oligopólicos (donos do PIB) em setores estratégicos e, sobretudo a partir de 2012, adoção de medidas similares àquelas adotadas na crise econômica de 2008, muitas das quais convergentes com as reivindicações dos sobreviventes da indústria, com o objetivo de manter a taxa de crescimento do PIB e o nível de empregos.

A primeira frente de batalha consistiu em fazer intervenção nos seguintes preços: taxas de juros e *spreads* dos bancos, o que gerou descontentamento do sistema financeiro (donos do PIB), redução do preço da energia por meio da MP 579, com desgaste junto ao setor elétrico e ao mercado financeiro, por afetarem empresas importantes listadas em bolsa (donos do PIB), modicidade tarifária no âmbito do PIL, com desgaste junto às empreiteiras (donos do PIB) e controle do preço dos derivados de petróleo, o que afetou o balanço da Petrobras e o setor de etanol, gerando desgaste junto aos usineiros e ao mercado financeiro (donos do PIB). Esse conjunto de medidas deteriorou a relação do governo com o empresariado e consolidou a imagem de intervencionismo. Na avaliação do governo, essas medidas aumentariam a competitividade do país e o desgaste junto a esses setores seria compensado pelo apoio dos sobreviventes da indústria e de boa parte da sociedade, pela convergência de agenda junto a esse grupo e pela expectativa de que os resultados econômicos manteriam a aprovação do governo em alta junto ao conjunto da sociedade.

A segunda frente de batalha foi a política macroeconômica, cujo objetivo era manter as taxas de crescimento do governo Lula da Silva, com uma tentativa de convergência junto aos sobreviventes da indústria. No âmbito fiscal, apesar de não ter havido um descontrole das contas públicas até 2014, a questão do financiamento das despesas tornou-se cada vez mais importante devido à maior estabilidade das receitas como proporção do PIB e ao aumento contínuo das despesas como proporção do PIB.

Um dos fatores que explicam esse descompasso era a diminuição da taxa de crescimento do PIB na comparação com os governos Lula da Silva. A tentativa de manter a taxa de crescimento do PIB em patamares mais consistentes tinha duas vertentes. Por um lado, buscou-se ampliar a participação dos investimentos privados, que substituíram em parte os investimentos públicos, por meio do PIL, que teve méritos, mas enfrentou obstáculos já mencionados anteriormente. Por outro lado, o governo alterou o seu padrão de política fiscal, também em razão da crise da indústria, ao substituir investimentos públicos por subsídios e desonerações,[366] como forma de ativar a geração de emprego e renda, o que não se concretizou de maneira satisfatória. Além disso, o exagero na concessão desses benefícios, que teve participação decisiva do Congresso Nacional, deteriorou o cenário fiscal. Na avaliação do ex-Presidente do BNDES, Luciano Coutinho, entrevistado 12 (informação verbal):[367]

> ...a pergunta do porquê falhou, que é uma pergunta pertinente, deve levar em conta duas ordens de questão. Uma questão mais macroeconômica propriamente, e outra questão de execução. Então começando pela questão de execução, eu acho que há falhas de execução sérias que levaram à perda do timing. Ao mesmo tempo em que houve uma certa perda do timing das decisões, houve em vários momentos uma precipitação de tomada de decisão, a partir de 2012/2013, até por um certo desespero de sentir que não estava dando certo. Se nós tomarmos, por exemplo, a política de infraestrutura, ela pretendia ao mesmo tempo alavancar o investimento e evitar uma queda na taxa agregada de investimento. Isso implicava em manter a atratividade dos investimentos em energia e

---

366 GOBETTI, Sérgio Wulff; ORAIR, Rodrigo Octávio. "Política fiscal em perspectiva: o ciclo de 16 anos (1999-2014)". *Revista de Economia Contemporanea*, vol. 19, nº 3, 2015.

367 Entrevista concedida por COUTINHO, Luciano Galvão. Entrevista XII. [06.2019]. Entrevistador: Leonardo Loureiro Nunes. São Paulo, 2019. Anexo XIII.

> em infraestrutura, com participação do setor privado, no momento em que o ciclo econômico começava a reverter, porque não se pode esquecer que houve um vigoroso ciclo de ascensão do consumo e do investimento desde 2004. Houve uma interrupção muito curta entre 2008 e 2009, com a crise financeira global, que o Brasil reverteu brilhantemente, houve um super auge em 2010 e a partir de 2011 começava a maturar esse ciclo que ia para desaceleração. Então a tentativa de conter a desaceleração econômica justificava essa agenda, mas a agenda de infraestrutura tinha uma certa contradição.

Esses fatores, somados ao cenário econômico internacional mais instável, reduziram as taxas de crescimento da economia e afetaram a taxa de lucro de maneira geral. A queda no lucro das empresas, aí incluídos os donos do PIB e os sobreviventes da indústria, foi um fator determinante para comprometer a relação do conjunto da classe empresarial com o governo, e as medidas de intervenção em preços possibilitaram a narrativa de intervencionismo por parte do governo, reforçando ainda mais o seu desgaste com os empresários. Portanto, Dilma Rousseff cutucou as onças com a vara curta[368] e, ao mesmo tempo, a "agenda FIESP",[369] que tinha convergência apenas com uma parte da classe empresarial, qual seja os sobreviventes da indústria, não logrou os resultados econômicos esperados, o que gerou um descontentamento por parte daqueles que, a princípio, seriam os beneficiados por essas políticas. De acordo com a análise do ex-Ministro Dyogo Oliveira, entrevistado 4 (informação verbal):[370]

---

368 SINGER, André. "Cutucando onças com varas curtas: o ensaio desenvolvimentista no primeiro mandato de Dilma Rousseff (2011-2014)". *Novos Estudos CEBRAP*, nº 102, 2015.

369 CARVALHO, Laura. *Valsa brasileira*: do boom ao caos econômico. São Paulo: Todavia AS, 2018.

370 Entrevista concedida por OLIVEIRA, Dyogo Henrique de. Entrevista IV. [06.2019]. Entrevistador: Leonardo Loureiro Nunes. São Paulo, 2019. Anexo V.

> Eu acho que não havia essa compreensão do tecido empresarial naquele momento e isso prejudicou muito esse processo de relacionamento entre o governo e o meio empresarial, mas no fim do dia o fato determinante foi a deterioração do balanço das empresas. O governo (Dilma Rousseff) começou muito bem, mas ao longo do período a economia deteriorou-se e o resultado das empresas piorou, a inflação subiu, e os empresários passam a procurar motivos. Qualquer governo deve ter um entendimento muito claro de que o meio empresarial é muito heterogêneo e, por essa razão, é preciso tomar muito cuidado para não interferir no processo competitivo. No fim do dia, o que importa mesmo é se as coisas dão certo ou não, pois o empresariado não tem uma avalição teórica da realidade, mas, ao contrário, avalia a realidade a partir dos seus balanços... A falta de clareza e compreensão desse processo provocou um "rebound" dos empresários, e mesmo uma porção de beneficiados que tinham uma agenda aparentemente convergente, passaram a ter uma posição de completo distanciamento do governo e, num determinado momento, até de oposição.

Para completar o quadro, as manifestações de junho de 2013 desbalancearam a relação com o Congresso Nacional, principalmente devido à queda de popularidade do governo, e o lançamento da "Operação Lava Jato" em março de 2014, com denúncias de corrupção na Petrobras, aumentou o nível de insatisfação de uma parte importante do eleitorado com o governo. Considerados todos os elementos, é possível entender a derrota do pacto social-produtivo e origem da crise política, econômica e institucional que o país viveria a partir de 2015.

Segundo relatos de membros do governo e do Partido dos Trabalhadores, havia uma pressão dentro do partido para que o ex-Presidente Lula da Silva fosse o candidato nas eleições de 2014. Além disso, os empresários também fizeram diversos apelos no mesmo sentido junto a integrantes do governo, devido à avaliação de excesso de intervencionismo por parte do governo e pelos resultados econômicos, que não foram tão satisfatórios quanto no governo Lula da Silva. Mesmo com todos esses fatores adversos, a Presidenta Dilma Rousseff afirmou-se como candidata e, em uma eleição particularmente conturbada e por margem estreita, conseguiu se reeleger em outubro de 2014. Entretanto, as sequelas do primeiro mandato manifestar-se-iam de maneira ainda mais intensa a partir de 2015.

CAPÍTULO III

O SEGUNDO MANDATO – GUINADA LIBERAL, LAVA JATO E *IMPEACHMENT*

Na disputa mais acirrada da história brasileira, Dilma Rousseff foi reeleita em outubro de 2014.[371] Numa atitude inédita dentro da recente história da democracia brasileira, o PSDB, partido do candidato Aécio Neves, contestou o resultado das eleições e pediu auditoria dos votos.[372] Durante a campanha, um dos temas centrais foi o caráter da política econômica a ser adotada pelo futuro governo eleito. O candidato liberal, Aécio Neves, apontava a necessidade de um forte

371 FOLHA DE S. PAULO. "Na disputa mais acirrada da história, Dilma é reeleita presidente do Brasil". *Folha de S. Paulo*, out. 2014. Disponível em: https://m.folha.uol.com.br/poder/2014/10/1537894-dilma-e-reeleita-presidente-do-brasil.shtml. Acessado em: 16.05.2025.

372 MATAIS, Andreza; ROSA, Vera; BULLA, Beatriz. "PSDB de Aécio Neves pede auditoria na votação". *Estadão*, out. 2014. Disponível em: https://politica.estadao.com.br/noticias/geral,psdb-de-aecio-neves-pede-auditoria-na-votacao,1585755. Acessado em: 16.05.2025.

ajuste fiscal e monetário diante do cenário econômico,[373] enquanto a candidata à reeleição, Dilma Rousseff, defendia a manutenção da política econômica vigente.[374] O cenário econômico de 2014, apesar da baixa taxa de desemprego, apontava para uma deterioração do quadro fiscal, mas sem perspectiva de descontrole das contas públicas, e crescimento praticamente nulo.

Após a vitória, o governo reeleito teve de enfrentar duas questões que determinariam o seu destino: a orientação da política econômica e a eleição para a presidência da Câmara dos Deputados. No âmbito da economia, havia um debate entre a necessidade de um ajuste fiscal inevitável,[375] um ajuste mais gradual com foco nas reformas de médio e longo prazo[376] ou uma crítica de que uma política mais ortodoxa seria fruto de pressões políticas, como consequência do acirramento do conflito distributivo no país.[377]

De acordo com diversos relatos colhidos durante as entrevistas, houve um momento de silencio público da Presidenta Dilma Rousseff imediatamente após as eleições, que refletia discussões importantes

---

373 G1. "Aécio diz que se eleito levará inflação para centro da meta em 2 ou 3 anos". *G1*, jun. 2014. Disponível em: http://glo.bo/44dT5uo. Acessado em: 16.05.2025.

374 MELO, Ruan. "Dilma diz que Brasil não precisa de 'choque fiscal' para cumprir superávit". *G1*, set. 2014. Disponível em: http://g1.globo.com/bahia/eleicoes/2014/noticia/2014/09/dilma-diz-que-brasil-nao-precisa-de-choque-fiscal-para-cumprir-superavit.html. Acessado em: 16.05.2025.

375 ALMEIDA JR., Mansueto; LISBOA, Marcos de Barros; PESSOA, Samuel. *O ajuste inevitável*. 2015. Disponível em: http://infogbucket.s3.amazonaws.com/arquivos/2015/07/28/o-ajuste.pdf. Acessado em: 03.11.2020.

376 GOBETTI, Sérgio Wulff; AMADO, Adriana Moreira. "Ajuste fiscal no Brasil: algumas considerações de caráter pós-keynesiano". *Revista de Economia Politica*, vol. 31, nº 1, 2011.

377 SERRANO, Franklin; SUMMA, Ricardo. "Conflito distributivo e o fim da 'breve era de ouro'". *Novos Estudos*, vol. 37, nº 2, 2018.

a respeito do caminho a ser seguido. De acordo com um membro do governo, entrevistado 21 (informação verbal):[378]

> ...aquele silêncio dela (Dilma Rousseff) na virada da eleição tem a ver com negociações muito duras que ocorreram... entre agosto e setembro, ficou claro que seria necessário um freio de arrumação muito pesado, mas que seria de curta duração...

Ainda segundo os relatos das entrevistas, houve mais uma vez divisão na equipe econômica, e também dentro do Partido dos Trabalhadores, sobre a necessidade ou não de alterar os rumos da economia. O ex-secretário Arno Augustin, entrevistado 10 (informação verbal),[379] era uma das principais vozes na defesa da manutenção da política econômica, conforme sua análise:

> Não é que não houvesse dificuldades econômicas. Muitas pessoas subestimam alguns fatores, mas, por exemplo, houve muitos anos de seca naquele período, com consequências fiscais para o governo, que tinha que sustentar várias operações de combate à seca, além de contratar energia. Além disso, posteriormente a "Lava Jato" teve um efeito importante na economia, mas eram todos problemas que se resolveriam com o tempo. De todo modo, os motivos e os problemas estão todos na esfera política, não na esfera econômica, e esse é o ponto principal. Muita gente mistura, como se a economia estivesse com alguma dificuldade relevante. Eu não enxergo isso, não concordo com isso. Eu acho que o fato de que não havia um nível de investimento que talvez nós não gostássemos não era tão grave. A taxa de investimento cresceu até 2013. Em 2014

---

378 Entrevista concedida em caráter anônimo. Entrevista XXI. [06.2019]. Entrevistador: Leonardo Loureiro Nunes. São Paulo, 2019. arquivo mp3 (35 min).

379 Entrevista concedida por AUGUSTIN FILHO, Arno Hugo. Entrevista X. [05.2019]. Entrevistador: Leonardo Loureiro Nunes. Porto Alegre, 2019. Anexo XI.

> há uma pequena queda, mas foi normal, menor inclusive do que a de 2008/2009. Portanto, o país investia e nada apontava para uma recessão como a de hoje. A recessão que houve foi causada, no meu modo de ver, por uma mudança brutal das políticas governamentais. Na esfera política, o primeiro problema foi que toda a estrutura sempre foi montada dentro de um arco de alianças amplo, e esse arco tinha algumas restrições a fazer as mudanças que eram necessárias na economia, e que a Dilma fez. Isso gerava restrições de pessoas que estavam no arco do governo, que é um problema relevante. Em segundo lugar, a oposição começou a radicalizar muito, a pressionar o governo e isso naturalmente teve um impacto.

No campo de visão oposto, mais uma colocava-se o ex-Ministro Nelson Barbosa, entrevistado 6 (informação verbal),[380] que assumiria em 2015 o ministério do Orçamento, Planejamento e Gestão. De acordo com ele:

> Novamente, em economia é muito fácil explicar as coisas depois que elas aconteceram. É claro que a guinada ali foi muito forte, o governo estava disposto a bancar todas as propostas que o (Joaquim) Levy tinha feito, porque tinha muito medo de perder o *investment grade*. Eu já tinha colocado durante a campanha que a questão não era se vai perder ou não o *investment grade*, mas quando e como. Então, foi a mesma batalha de sempre sobre o resultado primário: eu dizia que era inevitável ele diminuir, mais isto poderia ser feito de modo desorganizado, ou de modo organizado, apresentando um programa de reformas do gasto. Mas o governo optou pela mesma aposta de 2012, manter metas ambiciosas. Menores, mas ainda assim ambiciosas para a realidade da época. Bom, acho que o Levy achou que o Brasil estava numa situação parecida com aquela do início do governo Lula. Achou que

---

380 Entrevista concedida por BARBOSA FILHO, Nelson Henrique. Entrevista VI. [05.2019]. Entrevistador: Leonardo Loureiro Nunes. Brasília, 2019. Anexo VII.

> se fizesse um contingenciamento, uma leve pisada no freio, a economia cresceria, aumentando a confiança do setor privado, que o ajuste ia durar um ou dois anos, como em 2003/2004. Mas, novamente, o cenário era outro. Várias coisas adversas acontecem. Aquela queda de preços de commodities, que começou em 2012, se intensificou no segundo semestre de 2014 e continua até o início de 2016. O preço do petróleo chegou a ficar temporariamente abaixo de US$ 30, o preço do minério despencou, a China deu dois *circuit brakes* na bolsa de Shangai, um em junho de 2015, outra em janeiro de 2016. Foi o fundo do superciclo internacional das commodities, no momento em que o Levy fazia o contingenciamento de gasto internamente. Tinha que fazer? Sim, tinha que fazer. O orçamento de 2015 foi feito em 2014, ano de eleição. Provavelmente foi o orçamento mais inflado da história da República. Logo havia excessos para cortar. Hoje alguns falam que o PT não pode criticar contingenciamento porque, quando era governo, cortou mais em 2015. Mas 2015 foi contingenciamento sobre uma base inicial enorme. Uma coisa é você cortar R$ 7 bilhões em R$ 140 bilhões, outra coisa é cortar R$ 7 bilhões em R$ 70 bilhões.

A guinada na política econômica foi o fator determinante para saída do ex-secretário do Tesouro, que foi uma das figuras mais próximas à Presidenta Dilma Rousseff no âmbito da agenda econômica, sobretudo na política fiscal e na agenda regulatória. Sobre esse tema e sobre as razões que levaram a essa mudança, o ex-secretário, entrevistado 10 (informação verbal),[381] fez a seguinte análise:

> Eu sinceramente não me arrisco a especular os motivos da Presidenta, porque para mim foi uma coisa muito surpreendente... Nada no comportamento do governo, nas suas ações, indicava essa mudança. Eu não enxerguei nenhuma preparação

---

381 Entrevista concedida por AUGUSTIN FILHO, Arno Hugo. Entrevista X. [05.2019]. Entrevistador: Leonardo Loureiro Nunes. Porto Alegre, 2019. Anexo XI.

> para isso... Quando ela (Dilma Rousseff) mudou a política econômica, não fazia o menor sentido a minha permanência. Eu achei que era um rumo absolutamente incorreto, que não tinha a ver com que eu pensava que devia ser feito, e na minha visão a opção foi feita por razões políticas, porque na economia eu não consigo enxergar sentido no que foi feito.

De fato, também segundo relatos das entrevistas, a guinada na política econômica visava uma sinalização ao mercado, na linha do que o ex-Presidente Lula da Silva havia feito em 2003. O objetivo seria repetir a mesma fórmula adotada anteriormente. As discussões foram arbitradas e contaram com a participação decisiva do ex-Presidente, que defendia a solução que se tornou vitoriosa. O ex-Presidente sugeriu à Dilma Rousseff o nome de Luiz Carlos Trabuco, Presidente do conselho de administração do Bradesco, segundo maior banco privado do país, para o ministério da Fazenda. De acordo com a ex-Ministra Gleisi Hoffmann, entrevistada 7 (informação verbal):[382]

> ...o (ex-Presidente) Lula tinha uma sugestão de indicar o (Luiz Carlos) Trabuco, porque ele achava que poderia fazer uma interlocução com o setor financeiro. O Trabuco é um perfil diferente do Levy. O Levy é um fiscalista. O Trabuco é um banqueiro, mas tem uma visão mais política da sociedade, mas o Trabuco não aceitou e indicou o Joaquim Levy. Ela não consultou o Lula sobre o Joaquim Levy. Não que eu saiba. Não sei se o Trabuco daria certo também. Acho que não, mas o Joaquim Levy foi catastrófico.

---

382 Entrevista concedida por HOFFMANN, Gleisi Helena. Entrevista VII. [05.2019]. Entrevistador: Leonardo Loureiro Nunes. Brasília, 2019. Anexo VIII.

O ex-Ministro Dyogo de Oliveira, entrevistado 4 (informação verbal),[383] também julgava necessário a escolha de um nome com maior trânsito político, conforme a seguinte declaração:

> De fato, o governo precisava fazer uma mudança, mas a meu ver ela não poderia fazer uma ruptura e a escolha do Levy representava isso, com um grande apoio da imprensa, do mercado e de vários setores empresariais. O problema é que esse fato gerou uma reação dos grupos que apoiavam o governo e algumas medidas foram particularmente importantes para seu insucesso. Por exemplo, a história do "tarifaço" foi muito forte do ponto de vista de impacto político, as medidas provisórias do ajuste fiscal, que reverteram em grande medida os benefícios e a redução da desoneração da folha. Eram medidas necessárias, mas a inversão do discurso do governo confundiu o próprio grupo que o apoiava. A melhor saída seria a nomeação de um ministro que representasse uma mudança, mas não uma ruptura.

A estratégia escolhida para a economia e o nome do ex-Ministro Joaquim Levy enfrentariam três obstáculos. Em primeiro lugar, a orientação da política econômica não agradava a muitos membros do governo. Em segundo lugar, argumentava-se que o ex-Ministro Levy não tinha o perfil político necessário para a missão. Em terceiro lugar, ele não tinha ascendência sobre o Partido dos Trabalhadores, ao contrário do ex-Ministro Antonio Palocci, que implementou uma política econômica ortodoxa no início do primeiro mandato do ex-Presidente Lula da Silva, em 2003. Segundo relato de um membro do governo, entrevistado 21 (informação verbal):[384]

---

383 Entrevista concedida por OLIVEIRA, Dyogo Henrique de. Entrevista IV. [06.2019]. Entrevistador: Leonardo Loureiro Nunes. São Paulo, 2019. Anexo V.

384 Entrevista concedida em caráter anônimo. Entrevista XXI. [06.2019]. Entrevistador: Leonardo Loureiro Nunes. São Paulo, 2019. arquivo mp3 (35 min).

> ...em 2003 ele (Lula) fez isso com alguém do PT, hábil politicamente ao extremo... e que tinha canal direto com o Lula ... o Lula entendeu em 2014, naquele momento, que era necessário dar um sinal para o mercado, e nada melhor do que alguém absolutamente conservador. Qual foi o problema? Ela (Dilma Rousseff) não tinha o perfil para suportar isso e ela tinha uma equipe que também não tinha esse perfil ... o (Joaquim) Levy não tinha qualquer ascendência, ao contrário do (Antonio) Palocci... o Levy não conseguiu ser isso, não só porque era um estranho no ninho, mas porque o perfil do Levy é de um gestor...

A partir de 2015, o cenário externo tornou-se muito mais adverso do que durante o período 2011-2014, com efeitos significativos no risco-país[385] e no desempenho econômico. A Figura 38 mostra o comportamento do índice geral de preços de *commodities*, de metais e do petróleo. Na comparação entre o início de 2011 e 2015, o índice geral de *commodities* foi reduzido em mais de 50%, o índice de metais caiu mais de 90% e o índice de petróleo mais de 80%. Esse contexto amplificou o efeito das medidas contracionistas adotadas pelo novo governo.

O ministro da Fazenda promoveu uma combinação de choque fiscal, monetário, creditício e tarifário ao mesmo tempo. No plano fiscal, houve redução no crescimento real das receitas de 6,0% no período entre 2015 e 2016 e aumento real de 2,2% nas despesas, valor inferior aos períodos anteriores (Tabela 19). Os investimentos foram reduzidos de 1,4% do PIB em 2014 para 1,0% do PIB em 2015 e 2016. O programa Minha Casa Minha Vida teve seu valor reduzido de 0,3% do PIB em 2014 para 0,1% em 2015 (Tabela 20).

---

385 AIDAR, Gabriel; BRAGA, Julia. "Country-Risk Premium in the Periphery and the International Financial Cycle 1999-2019". *Investigación Económica*, vol. 79, nº 313, 2020.

Figura 38 – Índice de Commodities

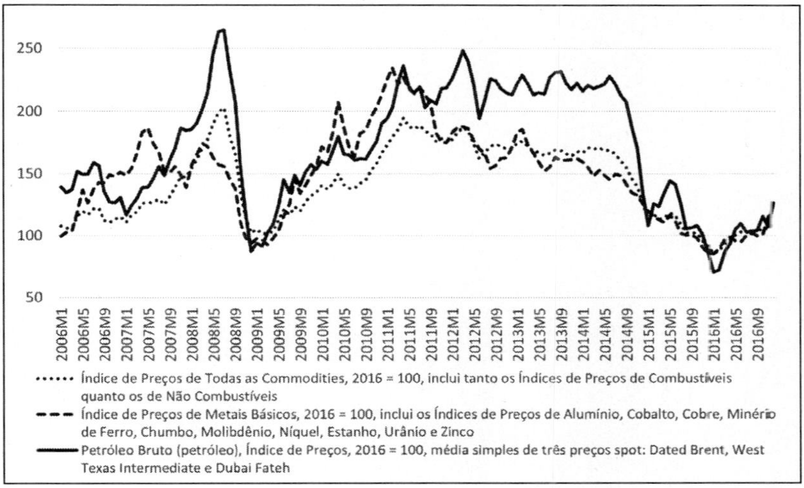

Fonte: FMI. Elaboração própria.

No âmbito monetário, o governo elevou a taxa Selic até o patamar de 14,25%, em agosto de 2015, para combater a inflação, cujo principal componente eram as tarifas reajustadas pelo próprio governo. Além disso, o governo promoveu um aumento na TJLP, de 5,0% no final de 2014 para 7,0% no final de 2015. Para completar, a taxa de câmbio real sofreu uma desvalorização de mais de 25% entre o final de 2014 e o final de 2015, contribuindo para a pressão inflacionária. A combinação de múltiplos choques, cenário externo adverso e crise política, resultou em um crescimento negativo de 3,55% em 2015.

Na avaliação do ex-Ministro Nelson Barbosa, entrevistado 6 (informação verbal),[386] o ajuste era necessário, mas a dose foi exagerada, conforme a seguinte declaração:

---

386 Entrevista concedida por BARBOSA FILHO, Nelson Henrique. Entrevista VI. [05.2019]. Entrevistador: Leonardo Loureiro Nunes. Brasília, 2019. Anexo VII.

Em paralelo ao contingenciamento, os Ministérios da Fazenda e das Minas e Energia convencem a Presidenta a reajustar todas as tarifas imediatamente, em vez de distribuir no tempo. Houve um choque no preço da energia, de 58%. Só o preço da energia, de uma inflação de 10%, se eu não me engano, gerou 3%. Assim, no início de 2015 há choque de energia, choque de commodities, o câmbio vai lá em cima, há aumento de juros, contingenciamento fiscal. Para fechar o pacote, como o governo havia dado muito crédito via BNDES para Estados e Municípios, o Levy interrompe o processo. A direção estava certa, mas foi um sudden stop. Saímos de um ritmo de R$ 50 a 60 bilhões de operações de crédito para Estados/Municípios, que é um exagero, para zero, em apenas um ano. Somado a todos estes fatores, por motivos internos e justificados, a Petrobras resolve cancelar investimentos em refinaria e rever o plano da Sete Brasil. Cada um destes choques, sozinho, não teria causado uma recessão tão grande. Todos eles combinados ampliaram a queda da renda. Usando as expectativas de mercado, no início de 2015 se contava que a economia ia crescer cerca de 1%, mas o cenário se deteriora muito rápido. Quando chegamos no meio de 2015 já estava claro que a combinação de choques adversos e ajustes de política econômica haviam derrubado a economia. No meio do ano o governo percebe que o ajuste fiscal havia sido excessivo diante dos choques adversos na economia, vindo do clima, do resto do mundo e dos efeitos econômicos da Operação Lava Jato. Para atenuar o problema, o governo propõe reduzir a intensidade do ajuste fiscal, diminuindo a meta de resultado primário. Aí houve a maior divergência entre mim e o Levy. Para mim, aprofundar o ajuste fiscal afundaria mais a economia. Novamente eu falo: é melhor reconhecer que tem um déficit primário e propor reformas estruturais.

O resultado econômico foi uma recessão e o apoio político esperado não se concretizou, conforme análise do ex-secretário Arno Augustin, entrevistado 10 (informação verbal):[387]

> O problema dessa hipótese de trabalho é que absolutamente nada indicava que isso pudesse dar certo, não havia nenhum elemento nesse sentido. A ilusão de que se o governo mudasse e passasse a fazer uma política mais conservadora, teria o apoio dos setores que estavam contra, é de uma ingenuidade atroz. O grau de concessão foi muito grande e causava problemas estruturais na economia, e por essa razão o governo perdeu força política rapidamente. Quando ela anuncia a sua nova política econômica, os indicadores de confiança de crescimento econômico do mercado, como a pesquisa Focus, desabam, a popularidade da Presidenta desaba e ela perde imediatamente toda força política que tinha acabado de conquistar na eleição. Então, não precisa ser nenhum gênio, eu sabia que isso iria acontecer, e disse para todo mundo que quis ouvir que isso iria acontecer. Nós perdermos a condição econômica que nos dava força política porque tudo o que se construiu era no outro sentido... A construção política era no sentido de manter o ensaio desenvolvimentista e de aprofundá-lo. Essa mudança de rumo, na minha visão, não fazia o menor sentido, porque a suposição de que os setores que estavam radicalmente tentando criar dificuldades para o governo, e que depois vieram a derrubar o governo, nos apoiariam, era ingênua. Eles, na verdade, ao enxergar essa mudança, passaram a enxergar a fraqueza do governo, e foram mais para cima do governo. Num processo de radicalização política, como eu acho que existia no Brasil na época, se você simplesmente cede, a tendência é que você perca, ou seja, não é que o outro lado vai se aliar. Portanto, eu não compreendo os motivos dessa mudança, e na minha opinião não há racionalidade

387 Entrevista concedida por AUGUSTIN FILHO, Arno Hugo. Entrevista X. [05.2019]. Entrevistador: Leonardo Loureiro Nunes. Porto Alegre, 2019. Anexo XI.

> econômica ou política no que foi feito a partir de dezembro de 2014 e de 2015 em diante.

A análise do economista Luiz Gonzaga Belluzzo, entrevistado 3 (informação verbal),[388] é a seguinte:

> A guinada ocorreu em 2014, quando a economia desacelerou de fato, e é normal que isso aconteça nas economias de mercado capitalistas, pois depois de ciclo muito exuberante, há uma desaceleração... havia uma má vontade muito grande com ela (Dilma Rousseff) por conta dessa tentativa de baixar a taxa de juros, que foi a 7,25%, entre 2011 e 2013. Isso causou um mal-estar e cresceu muito o volume das reclamações de que ela (Dilma Rousseff) estava saindo do regime de metas de inflação, mas isso é uma vigarice. Por que precisava de ajuste? Era necessária, na verdade, uma política econômica que incentivasse o crescimento econômico, mesmo que mais baixo, porque a economia estava desacelerando. No entanto, ela (Dilma Rousseff) sucumbiu, não só ela na verdade, foi uma interpretação de muito mais gente, de que era preciso repetir a "Carta aos Brasileiros". Portanto, a economia estava desacelerando e deram uma paulada para baixo, o que resultou nessa crise que vivemos agora... um choque de preços administrados e, por essa razão, a inflação de 2015 foi em torno de 10%, e adicionalmente houve o choque de juros e o corte de investimento público. O que poderia acontecer? Isso iria recuperar a confiança? Os empresários haviam investido e se endividado, as taxas de juros estavam elevadas, e os consumidores também. Então o governo promoveu um ajuste desse tipo e o resultado foi um tremendo desemprego, as empresas começaram a se ajustar, e ajuste significa cortar investimentos e emprego. Portanto, não é difícil entender que tenha ocorrido isso. Mas prevaleceu esse mantra, de que era

388 Entrevista concedida por BELLUZZO, Luiz Gonzaga de Mello. Entrevista III. [04.2019]. Entrevistador: Leonardo Loureiro Nunes. São Paulo, 2019. Anexo IV.

> preciso ajustar, era preciso fazer o ajuste, e deu-se um desajuste enorme na economia, que perdura até hoje... Não é a cabeça dela (Dilma Rousseff). Ela foi convencida politicamente a tomar essa decisão, como se fosse uma segunda "Carta aos Brasileiros". Aliás o (Antonio) Palocci disse que vai escrever que houve uma reunião para decidir uma segunda "Carta aos Brasileiros". Eu falei isso para o meu querido amigo (Lula): vocês queriam fazer uma segunda "Carta aos Brasileiros" e levaram a economia a esse ponto.

A ex-Ministra Gleisi Hoffmann, entrevistada 7 (informação verbal),[389] também fez uma análise crítica da escolha de política econômica no segundo mandato do governo:

> Eu acho que esse processo está muito mais ligado à deterioração econômica que ocorreu no início do segundo mandato da Presidenta Dilma e também com as políticas adotadas a partir da gestão do Ministro Joaquim Levy. Isso desestabilizou muito o governo dela, inclusive na base que a apoiou, e influenciou a crise política no próprio Congresso Nacional. Então ela (Dilma Rousseff) não estava bem na economia e tinha perdido o apoio político. Isso é a receita perfeita para a coisa dar errado... ela achou que ia reconquistar um setor da sociedade que já não estava mais conosco, que já desejava a nossa saída, e perdemos a nossa base social. Esse foi um erro trágico. O *impeachment* foi ali.

O segundo dilema enfrentado pelo governo, mencionado anteriormente, foi a eleição para a presidência da Câmara dos Deputados. No campo político, a vitória da Presidenta Dilma Rousseff trouxe ao grupo "dilmista" o sentimento de que ela era menos credora de seu antecessor quando comparada à eleição de 2010. Naquela eleição,

---

389 Entrevista concedida por HOFFMANN, Gleisi Helena. Entrevista VII. [05.2019]. Entrevistador: Leonardo Loureiro Nunes. Brasília, 2019. Anexo VIII.

o capital político de Lula da Silva havia sido fundamental para a conquista do Palácio do Planalto. Já em 2014, havia uma avaliação no entorno presidencial de que seu capital político foi o fator determinante para a eleição.

Essa leitura da situação permitiu à Presidenta montar a equipe "palaciana" com um grau máximo de afastamento do campo "lulista". A Presidenta manteve Aloizio Mercadante na Casa Civil, nomeou Pepe Vargas para a Secretaria de Relações Institucionais e Miguel Rossetto para a Secretaria-Geral da Presidência. No âmbito da sua base parlamentar, o governo mantinha, ao menos formalmente, uma ampla base de apoio no Congresso Nacional, conforme a Tabela 26. Entretanto, sob a liderança do PMDB pelo deputado Eduardo Cunha, a taxa de apoio do partido foi de 60%, valor muito abaixo das médias históricas de outros governos.[390]

Tabela 26 – Base de Apoio ao Governo em 2015 (Partidos da Aliança Eleitoral)

Tipo de Apoio	% / Número de Parlamentares (Câmara)	% / Número de Parlamentares (Senado)
Consistente	59% (304)	66% (53)
Condicionado	6% (33)	1% (1)
Oposição	35% (176)	33% (17)

Fonte: Departamento Intersindical de Assessoria Parlamentar

Devido o histórico do governo com o "Centrão" e especificamente com o deputado Eduardo Cunha, o governo decidiu testar seu poder de fogo e lançou o deputado Arlindo Chinaglia (PT-SP) para a presidência da Casa, e na tentativa de assegurar votos para seu candidato, os petistas abriram mão de outros cargos titulares

390 LIMONGI, Fernando. "O passaporte de Cunha". *Novos Estudos – CEBRAP*, vol. 103, 2015.

na Mesa Diretora, cedidos a aliados. A primeira vice-presidência ficou com o PP; a segunda, com o PR; a primeira secretaria foi para o PRB, enquanto a segunda coube ao PSD; a terceira foi destinada ao PSDB e a quarta secretaria ao PTB.

O resultado para o governo foi desastroso. O deputado Eduardo Cunha foi eleito em primeiro turno com 267 votos e o deputado Arlindo Chinaglia obteve 136 votos, 44 votos a menos do que a soma dos deputados que compunham o bloco que o apoiou. Além disso, o PT ficou sem nenhum cargo importante na Mesa Diretora da Câmara dos Deputados. O enfrentamento do governo deu a senha para que o deputado Eduardo Cunha passasse a trabalhar contra o governo no exercício da presidência da Câmara. As principais derrotas do governo impostas pelo Congresso Nacional constam na Tabela 27.

Tabela 27 – Principais derrotas do governo no Congresso Nacional em 2015

Medida	Assunto
PL n. 358/2013	Torna impositiva a execução das emendas individuais dos parlamentares ao Orçamento da União
PL n. 4.302/1998 (Câmara)	Autoriza que sejam contratados trabalhadores terceirizados para as atividades-fim, ou seja, as principais atividades da empresa.
PEC n. 457/2005	Emenda à Constituição que eleva a aposentadoria obrigatória do STF (Supremo Tribunal Federal) de 70 para 75 anos.
Devolução MP n. 669/2015 (Senado)	Devolve ao Executivo a medida provisória que revisava as regras de desoneração da folha de pagamento de vários setores da economia.
PEC n. 299/2013 (Câmara – Comissão)	Reduz o número de ministérios para o número de 20.
PEC n. 171/1993 (Admissibilidade na CCJ)	Reduz a maioridade penal de 18 para 16 anos.

Fonte: Congresso Nacional. Elaboração própria.

Na avaliação da ex-Ministra Gleisi Hoffmann, entrevistada 7 (informação verbal):[391]

> foi um erro da bancada. Foi um erro e passaram isso para ela (Dilma Rousseff). Eu acho que era uma derrota anunciada.

De acordo com outro membro do governo, entrevistada 21 (informação verbal):[392]

> a única alternativa que ela (Dilma Rousseff) tinha era ficar neutra, ela jamais apoiaria (Eduardo Cunha), mas foi convencida pelo PT de que valia a pena enfrentar... o fato dela ter uma péssima relação com ele (Eduardo Cunha) contribuiu para a decisão...

Além da crise econômica e de relacionamento com o Congresso Nacional, sobretudo com o Presidente Eduardo Cunha, o governo também enfrentou os desdobramentos da Operação Lava Jato, que havia sido lançada em 2014 e atingia seu ápice em 2015. Em março do mesmo ano, três meses após a posse do novo governo, uma onda de protestos contra o governo espalhou-se pelo país, nos quais os manifestantes culpavam os governos do PT pelo escândalo de corrupção na Petrobras e pediam o *impeachment* da Presidenta recém-reeleita.[393]

---

391 Entrevista concedida por HOFFMANN, Gleisi Helena. Entrevista VII. [05.2019]. Entrevistador: Leonardo Loureiro Nunes. Brasília, 2019. Anexo VIII.

392 Entrevista concedida em caráter anônimo. Entrevista XXI. [06.2019]. Entrevistador: Leonardo Loureiro Nunes. São Paulo, 2019. arquivo mp3 (35 min).

393 FOLHA DE S. PAULO. "Protestos contra o governo reúnem quase 1 milhão pelo país". *Folha de S. Paulo*, mar. 2015. Disponível em: https://m.folha.uol.com.br/poder/2015/03/1603286-protestos-contra-o-governo-reune-quase-1-milhao-pelo-pais.shtml. Acessado em: 16.05.2025.

O marco mais recente na transformação da Petrobras foi a descoberta da camada do pré-sal, em 2006, que colocou a empresa em outro patamar no mercado internacional. Em 2010, a camada do pré-sal era responsável pela produção de 41 mil barris/dia, enquanto em 2018 esse número aumentou para 1,5 milhões de barris/dia.[394] A atuação da estatal teve como principal marco a Lei n. 12.351/2010, e foi estruturada dois eixos. O primeiro deles foi a definição de que a Petrobras passaria a ser operadora de todos os blocos licitados das áreas do pré-sal e teria uma participação mínima de 30% no consórcio formado para executar as atividades sob esse regime. De acordo com um membro do governo, entrevistado 21 (informação verbal):[395]

> ...foi aprovada em 2010, mas o redesenho começou em 2008/2009. Ela (Dilma Rousseff) já tinha se tornado persona non grata nesse processo das grandes petrolíferas no Brasil ao colocar a legislação que foi aprovada. Ela (Dilma Rousseff) convenceu o Lula que dava para fazer desse jeito... mas para as petrolíferas isso significou que a exploração dependeria do ritmo da Petrobras... o tempo da exploração do petróleo, que era de altíssima qualidade e com risco muito baixo, estaria submetido à capacidade de investimento da Petrobras...

Além da mudança no regime de exploração, que privilegiava a Petrobras, o vertiginoso crescimento das reservas e da produção criaram uma janela de oportunidade para que o governo apostasse no adensamento da cadeia de petróleo e gás por meio da política de conteúdo local. Ela pode ser justificada para ampliar o emprego doméstico, permitir transferência tecnológica e internalizar elos

394 Disponível em: https://petrobras.com.br/pt/nossas-atividades/areas-de-atuacao/exploracao-e-producao-de-petroleo-e-gas/pre-sal/.

395 Entrevista concedida em caráter anônimo. Entrevista XXI. [06.2019]. Entrevistador: Leonardo Loureiro Nunes. São Paulo, 2019. arquivo mp3 (35 min).

da cadeia produtiva com redução gradativa de custos.[396] No caso brasileiro, essa política foi efetiva no aumento da produção de bens e serviços relacionados à indústria de óleo e gás. Em 2015, o Brasil possuía a quarta maior frota *offshore* e a terceira maior indústria de estaleiros do mundo.[397]

Entretanto, houve alguns problemas no desenho dessa política, que resultaram em ineficiências para a própria Petrobras. Uma das principais críticas ao modelo era de que as empresas deveriam assumir os compromissos de conteúdo local no processo de concorrência, muito antes da aquisição dos bens e serviços, sem possibilidade do processo de aprendizagem e erro.[398]

Essa estrutura criava um incentivo negativo para empresas assumirem metas não-factíveis de conteúdo local, mesmo com a incidência de multas para o não-cumprimento delas. Além disso, um estudo da CNI[399] apontou como problemas adicionais a falta de estruturação adequada da cadeia de bens e serviços e a complexidade e burocracia para o processo atual de certificação do conteúdo local.[400]

---

396 NORDÅS, Hildegunn Kyvik; VATNE, Eirik; HEUM, Per. *The upstream petroleum industry and local industrial development*: a comparative study. Bergen, 2003.

397 ALMEIDA, Edmar de; MARTINEZ-PIETRO, Diana. "The impact and effectiveness of local content policy on oil exploration and production in Brazil". *Oxford Energy Forum*, nº 98, 2014. Disponível em: https://www.oxfordenergy.org/publications/oxford-energy-forum-issue-98/. Acessado em: 28.03.2025.

398 ALMEIDA, Edmar de; MARTINEZ-PIETRO, Diana. "The impact and effectiveness of local content policy on oil exploration and production in Brazil". *Oxford Energy Forum*, nº 98, 2014. Disponível em: https://www.oxfordenergy.org/publications/oxford-energy-forum-issue-98/. Acessado em: 28.03.2025.

399 CNI. *Gás natural em terra*: uma agenda para o desenvolvimento e modernização do setor. Brasília, 2015.

400 Para um balanço da política de conteúdo local, ver: ALMEIDA, Edmar de *et al.* "Custos e Benefícios da atual política de conteúdo local". *Texto para Discussão*, Rio de Janeiro, 2016. Disponível em: https://www.ibp.

Além das dificuldades encontradas para a operacionalização da política de conteúdo local, a sua implantação, concomitantemente a um amplo programa de investimentos e à política de controle de preços dos derivados do petróleo, criou dificuldades financeiras para a Petrobras, conforme Tabela 28. A margem líquida da empresa decresceu de 15% para -9%, entre 2007 e 2015, e a empresa saiu de uma posição de lucro líquido de US$ 13 bilhões em 2007 para um prejuízo de US$ 1,1 bilhão em 2015. Esses resultados ocorreram porque a política de conteúdo local aumentou, ao menos inicialmente, o custo de produção da Petrobras, ao mesmo tempo em que a política de controle de preços dos derivados do petróleo estrangulou a receita da empresa. Por fim, nesse contexto, o ambicioso programa de investimentos provocou um aumento na sua alavancagem.

Tabela 28 – Indicadores Financeiros da Petrobras

	2007	2008	2009	2010	2011	2012	2013	2014	2015
Brent (US$/bbl)	73,00	97,00	61,51	79,47	111,27	111,58	108,66	98 99	52,46
Margem líquida	15%	16%	17%	16%	14%	8%	8%	-5%	-9%
Lucro (prezuízo) antes do resultado financeiro, participações e impostos (US$ mi)	13.138	18.879	15.504	19.184	27.285	16.900	16.214	(6.953)	(1.130)

Fonte: Petrobras. Elaboração própria.

De acordo com o relato das entrevistas, a política de conteúdo local era meritória, mas encontrou dificuldades na sua formatação. O Diretor-executivo do IEDI, Júlio de Almeida, entrevistado 1 (informação verbal),[401] fez a seguinte análise:

> A política de conteúdo local foi criada antes do governo Lula. Ela teve uma importância grande quando se tirou o monopólio

org.br/personalizado/uploads/2016/09/2016_TD_Custos-e-Benefícios-da-Política-Conteúdo-Local.pdf. Acessado em: 28.03.2025.

401 Entrevista concedida por ALMEIDA, Júlio Sérgio de. Entrevista I. [04.2019]. Entrevistador: Leonardo Loureiro Nunes. São Paulo, 2019. Anexo II.

> da Petrobras. Talvez tenha havido uma proliferação muito grande da lei, mas o conteúdo local tinha uma sistemática que no curto prazo, se fossem medidas pontuais e de relativo curto prazo, só fariam bem, porque se protege e ao mesmo tempo requer um compromisso de produzir localmente, em troca de algum incentivo para as empresas, com o objetivo de desenvolver uma cadeia produtiva... Isso nós cansamos de ouvir dentro do IEDI. Os empresários criticavam o grau de exigência, especialmente na área de petróleo e gás, e aceitavam as multas, com a expectativa de perdão ou revisão, porque era inviável. Portanto, o governo errou a mão, como também em outros momentos uma política liberal também erra a mão na liberalização. Esse é outro segredo das políticas econômicas, atuar na intensidade correta. Há espaço para conteúdo local.

Além das questões levantadas, a discussão da política de conteúdo local foi contaminada pelas denúncias de corrupção na Petrobras no âmbito da Operação Lava Jato, que apurou um suposto esquema de corrupção na empresa, cuja finalidade seria o desvio e lavagem de dinheiro envolvendo diretores da estatal, grandes empreiteiras e políticos.[402] Segundo a denúncia, a Petrobras contratava empreiteiras por licitações fraudadas. As empreiteiras combinariam entre si qual delas seria a vencedora da licitação e superfaturavam o valor da obra. Uma parte do valor superfaturado seria desviado para pagar propinas a diretores da estatal, que, em troca, aprovariam os contratos superfaturados.

De acordo com a análise do Presidente do IEDI e do conselho do grupo Ultra, Pedro Wongtschowski, entrevistado 11 (informação verbal):[403]

---

402 G1. *Entenda a Operação Lava Jato*. Disponível em: http://g1.globo.com/politica/noticia/2014/04/entenda-operacao-lava-jato-da-policia-federal.html. Acessado em: 16.05.2025.

403 Entrevista concedida por WONGTSCHOWSKI, Pedro. Entrevista XI. [06.2019]. Entrevistador: Leonardo Loureiro Nunes. São Paulo, 2019. Anexo XII.

> Conteúdo local é um dos assuntos mais polêmicos no meio empresarial. Na minha opinião ele faz sentido e foi mal implementado. Conteúdo nacional não é uma jabuticaba. Ele existe inclusive nos Estados Unidos e em muitos países do mundo. Eu acho que faz todo o sentido, mas no caso do setor de óleo e gás foi muito mal feito. Eu sou a favor de políticas de conteúdo local, mas transitórias e cuidadosamente dimensionadas. Houve exagero e fraude, uma combinação de definição inadequada e corrupção, como no caso da Sete Brasil.

O Presidente da ABDIB, Venilton Tadini, entrevistado 2 (informação verbal),[404] fez a seguinte análise do processo:

> Foi instalada uma estrutura de convergência das grandes construtoras com os grandes fabricantes, por meio da política de conteúdo local associada ao pré-sal, e com a utilização da Sete Brasil para contratar estaleiros locais. Eu fui, como diretor do BNDES, gestor do fundo da Marinha Mercante durante dois anos. Eu conhecia com profundidade a indústria da construção naval e sei o que é uma indústria desta sem escala. Não fazia sentido uma ampliação de capacidade tão pulverizada. O fato é que aquilo era absolutamente "over", não tinha chance de dar certo. Se a Sete Brasil tivesse sido um pouco menos ambiciosa com a contratação de menos estaleiros, teria um efeito dinâmico fantástico, inclusive do ponto de vista de alavancagem da Petrobras, pois a lógica da Sete Brasil é excelente. A Petrobras contrata uma empresa (Sete Brasil), que contrata a construção das embarcações, então não precisa da gestão do estaleiro. As embarcações são arrendadas à Petrobras, que contabiliza apenas despesas e não investimentos. Entretanto, foi mal executado no tamanho e no tempo. Aliado a tudo isso, já próximo ao fim do primeiro mandato do governo Dilma, há uma queda no preço do petróleo. Portanto, por um lado, algumas iniciativas não

---

404 Entrevista concedida por TADINI, Venilton. Entrevista II. [04.2019]. Entrevistador: Leonardo Loureiro Nunes. São Paulo, 2019. Anexo III.

> combinavam com a realidade, e por outro lado havia uma relação de cooptação por meio da Petrobras, com um volume enorme de investimentos, como em Abreu e Lima e o Comperj.

Ainda de acordo com o Presidente da ABDIB, entrevistado 2 (informação verbal),[405] a combinação de excesso de investimentos com a política de controle de preços de derivados do petróleo foi danosa para a estatal e para a base de sustentação do próprio governo:

> no momento em que o governo manteve os preços dos derivados lá embaixo, começou a cair o preço do petróleo, e houve uma redução do investimento e um questionamento da política de conteúdo local. O governo controlou o preço dos derivados para agradar a classe média e os caminhoneiros e manter a inflação sob controle. Além disso, com essa política o governo desestruturou o pró-álcool... O governo desagradou os usineiros, parte das concessionárias de energia elétrica, descapitalizou a Petrobras, mesmo com o pré-sal, sendo que o Presidente Lula havia feito um aumento de capital de quase R$100 bilhões para alavancar. Ela (Dilma Rousseff) descapitalizou aquilo em menos de 3 anos. Isso tudo ocorreu simultaneamente, e aliado a isso o projeto de concessões não decolou. Como resultado, a taxa de formação de capital foi declinando, e começa a haver problemas na receita pela queda do investimento e risco de inatividade. Em 2014 começa a Lava Jato, com Petrobras enfraquecida, e também os próprios empresários começam a se enfraquecer com a queda de investimento. Mesmo assim, ela se reelege com a demanda ainda aquecida e 4% de desemprego.

Sobre a política de controle de preços da Petrobras, o economista Luiz Gonzaga Belluzzo, entrevistado 3 (informação verbal), fez a seguinte análise:

---

405 Entrevista concedida por TADINI, Venilton. Entrevista II. [04.2019]. Entrevistador: Leonardo Loureiro Nunes. São Paulo, 2019. Anexo III.

> Se há uma abertura de capital de empresas desse tipo, corre-se o risco de levar uma paulada do mercado, caso não se atenda a expectativa a respeito da estratégia de precificação... restringe-se a liberdade de fazer isso, e a empresa deixa de ser uma absorvedora de choques, pois é necessário responder ao mercado e aí a coisa fica complicada. Veja se os chineses utilizam suas empresas estatais para aumentar tarifas. Não, elas existem para ajudar o setor privado.

O ex-Ministro Dyogo Oliveira, entrevistado 4 (informação verbal),[406] também fez uma análise crítica a respeito do tema, exemplificando as intrincadas relações dos grandes grupos oligopólicos brasileiros, ou seja, os donos do PIB:

> Essa questão da interferência nos mercados, principalmente na Petrobras, exemplifica bem esse processo. A Petrobras é uma empresa com controle estatal e é a empresa mais negociada na bolsa brasileira. Ao longo do governo, os acionistas começaram a perder dinheiro e isso gerou muita insatisfação. Então muitos investidores compraram ações da Petrobras e num determinado momento o governo decidiu que não aumentaria a gasolina. Essa decisão gerou uma série de críticas ao governo. Além disso, ao interferir na Petrobras há também uma interferência indireta no setor de etanol. Mas muitos grupos do setor sucroalcooleiro, e não são só desse setor, têm ao mesmo tempo, por exemplo, ferrovias, construtoras, indústria química e etanol. Então, não houve compreensão dessa complexidade, e muitas vezes havia incentivo de um lado, mas prejuízo do outro, como no caso do etanol. Além de tudo isso, houve insatisfação pela maneira abrupta pela qual muitas coisas foram feitas.

---

406 Entrevista concedida por OLIVEIRA, Dyogo Henrique de. Entrevista IV. [06.2019]. Entrevistador: Leonardo Loureiro Nunes. São Paulo, 2019. Anexo V.

Segundo relatos colhidos nas entrevistas com integrantes do governo, inicialmente a Operação Lava Jato foi vista pela cúpula do governo como uma atitude isolada de membros do Ministério Público e do Judiciário, mas passado algum tempo a narrativa seria a de que haveria interesses econômicos e políticos na condução da operação. Ainda de acordo com um membro do governo, entrevistado 21 (informação verbal):[407]

> A Presidenta (Dilma Rousseff) sentia-se segura em relação à Lava Jato simplesmente porque não havia nada contra ela. A Maria das Graças Foster (ex-Presidente da Petrobras) foi colocada lá para racionalizar a empresa.... uma coisa era a Petrobras de 2003, outra coisa era a Petrobras de 2010, o tamanho da operação... as gestões anteriores adotaram um método de descentralização, que fazia sentido e que dava agilidade, mas o excesso de delegação às vezes pode tirar a capacidade de controlar as grandes decisões e dava a possibilidade de que cada diretoria pudesse virar um balcão próprio de negócio de um partido, de maneira que o Presidente não tinha visão do geral, pois tudo era grande o suficiente para sumir naquela imensidão... então quando ela coloca a Graça, ela centraliza tudo, pois o objetivo era minar possíveis canais de fuga...

Além disso, na avaliação da ex-Ministra Gleisi Hoffmann, entrevistada 7 (informação verbal),[408] a Operação Lava Jato tinha objetivos econômicos:

> A "Lava Jato", mais do que o caráter político que ela assumiu, também tinha um objetivo econômico, que era exatamente o

---

407 Entrevista concedida em caráter anônimo. Entrevista XXI. [06.2019]. Entrevistador: Leonardo Loureiro Nunes. São Paulo, 2019. arquivo mp3 (35 min).

408 Entrevista concedida por HOFFMANN, Gleisi Helena. Entrevista VII. [05.2019]. Entrevistador: Leonardo Loureiro Nunes. Brasília, 2019. Anexo VIII.

> de remodelar as relações econômicas que existiam até então, as alianças com as empresas e com o setor nacional. A questão do "pré-sal" foi fundamental para isso, ou seja, toda a indústria de petróleo e gás que foi criada, com as empreiteiras, que eram base nessa indústria, a questão das plataformas da Petrobras, dos navios, tudo isso feriu interesses também estrangeiros, de empresas internacionais que prestavam serviços, das petroleiras, e a Lava Jato cumpriu um papel no sentido de desestruturar essa cadeia produtiva e essa aliança, tanto que eles quebraram essas empresas. Uma operação para combater a corrupção teria que combater as pessoas físicas. Eles fizeram o contrário, soltaram as pessoas físicas, fizeram acordos com essas pessoas físicas, elas ganharam, saíram da cadeia e impuseram penalidades muito grandes às empresas, como por exemplo o acordo de leniência que fizeram com a própria Petrobras por meio do Departamento de Justiça norte-americano, que tirou R$ 2,5 bilhões da Petrobras.

De fato, a Lava Jato atingiu o coração da relação de diversas empresas com o governo, e as penalidades às pessoas jurídicas prejudicaram o ambiente econômico, conforme análise do Presidente da ABDIB, Venilton Tadini, entrevistado 2 (informação verbal):[409]

> Quando a Lava Jato se acelera, se inicia a paralização de projetos. Não se soube lidar com esse problema e de novo jogamos o bebê junto com a água do banho, porque os sócios, os executivos e as empresas foram execrados. A empresa devia pagar multa e seguir operando, os executivos e controladores poderiam ser afastados, mas o negócio deveria seguir. Portanto, saímos de um tipo de intervenção nefasta de um lado para uma outra ação desarticulada dos entes públicos para se atingir os acordos de leniência, não houve uma centralização... Havia uma virtuosidade da Petrobras, e o governo abriu a

---

409 Entrevista concedida por TADINI, Venilton. Entrevista II. [04.2019]. Entrevistador: Leonardo Loureiro Nunes. São Paulo, 2019. Anexo III.

frente das concessões, sendo que as grandes concessionárias eram derivadas de participações das construtoras.

E ex-secretário Arno Augustin, entrevistado 10 (informação verbal),[410] por sua vez, fez a seguinte análise sobre a questão:

A Lava Jato tem grande relevância econômica porque as empresas afetadas diminuíram sua atividade, o PIB diminuiu, e inclusive a própria Petrobras, que é a maior empresa do Brasil, sofreu um enorme impacto. Politicamente eu não sei exatamente quais eram os vasos comunicantes, mas provavelmente houve algo de errado e a gestão da Petrobras evidentemente não foi boa. Independentemente de inventarem muitas coisas contra o Lula, houve coisas que aconteceram. O grau de controle que a gestão da Petrobras tinha sobre a própria empresa era indiscutivelmente baixo, supondo boa-fé, supondo que as pessoas não sabiam o que que estava acontecendo.

À medida que o ano de 2015 avançava, o governo enfrentava a crise econômica, os problemas criados pela Lava Jato e a tensa relação com o Congresso Nacional, especialmente com o Eduardo Cunha. Ainda em abril desse ano, a Presidenta entregou a articulação política do governo com o parlamento ao então vice-Presidente Michel Temer, do mesmo partido que Eduardo Cunha, como maneira de tentar estabilizar a relação com a sua base parlamentar. Entretanto, a relação entre a Presidenta e seu vice já estava desgastada há tempos, conforme declaração da ex-Ministra Gleisi Hoffmann, entrevistada 7 (informação verbal):[411]

O Temer já tinha uma indisposição com a Dilma pela relação dos dois... A MP dos Portos deteriorou muito a relação e

---

410 Entrevista concedida por AUGUSTIN FILHO, Arno Hugo. Entrevista X. [05.2019]. Entrevistador: Leonardo Loureiro Nunes. Porto Alegre, 2019. Anexo XI.

411 Entrevista concedida por HOFFMANN, Gleisi Helena. Entrevista VII. [05.2019]. Entrevistador: Leonardo Loureiro Nunes. Brasília, 2019. Anexo VIII.

> depois a própria forma de se relacionar com ele. Ele se sentia deixado de lado e achava que não fazia parte do governo. Ele se considerava decorativo e já tinha uma predisposição. O Eduardo Cunha era uma pessoa dele e começaram a analisar as condições, porque a economia estava no chão. Ela foi impedida pela economia, não pela política, porque se a economia estivesse bem, a política podia estar com crise, mas não teriam força para fazer isso.

Entretanto, o ponto que levou à ruptura da relação entre ambos foi a interferência da Presidenta na Secretaria de Aviação Civil (SAC), comandada pelo ex-Ministro Moreira Franco, aliado do vice-Presidente, de acordo com um membro do governo, entrevistado 21 (informação verbal):[412]

> a relação com ele (Michel Temer) foi para o espaço mesmo quando ela (Dilma Rousseff) interferiu na Secretaria de Aviação Civil, sob o controle do Moreira Franco... já havia a história da MP dos Portos, mas não era explícito. Ele (Temer) ficou absolutamente em cima do muro... realmente colocou o Eduardo Cunha para negociar, mas ele foi muito discreto nesse processo... ele (Michel Temer) começou a conspirar quando o Eduardo Cunha fez acordo com o PSDB para sabotar o governo...

A crise política, econômica e institucional paralisou o país em 2015 e muitos empresários passaram a manifestar sua insatisfação com a situação, conforme análise do ex-Ministro Dyogo Oliveira, entrevistado 4 (informação verbal):[413]

---

412 Entrevista concedida em caráter anônimo. Entrevista XXI. [06.2019]. Entrevistador: Leonardo Loureiro Nunes. São Paulo, 2019. arquivo mp3 (35 min).

413 Entrevista concedida por OLIVEIRA, Dyogo Henrique de. Entrevista IV. [06.2019]. Entrevistador: Leonardo Loureiro Nunes. São Paulo, 2019. Anexo V.

> A Lava Jato atinge exatamente as empresas que tinham maior relacionamento com o governo, o que corrói sua base, mas ela tem acima de tudo um impacto concreto na atividade econômica, que prejudicou muito as empresas. Então, à medida que as obras foram paralisadas, foi atingida a lucratividade das empresas. A engrenagem foi travando e afetou não apenas as construtoras, mas também fábricas de motor, de máquinas e equipamentos, aço, insumos para construção e produção industrial, ou seja, toda a cadeia. As empresas começaram a sofrer diretamente as consequências de um problema que foi atribuído ao governo, e muitos começaram a se convencer, com uma certa lógica, de que o culpado disso era o governo, que deixou isso tudo acontecer... Havia um enunciado geral inicial que parecia convergente, mas na execução e no conjunto das ações de governo havia coisas conflitantes. Além disso, a economia foi se deteriorando, o que gerou um descontentamento da classe empresarial com o governo que, ao final, resultou até numa mudança de posição, ou seja, saiu de apoio para uma posição de derrubar o governo. Por fim, há um elemento que também não pode ser desprezado, que é o fato de que o setor empresarial também tem pretensões políticas, se faz representar e muitos empresários são políticos. Então, lideranças empresariais tinham pretensões políticas, o que adiciona um componente político. Quando algumas lideranças viram que o barco estava balançando, eles pularam fora.

Em setembro de 2015, diante do quadro descrito anteriormente, a FIESP, uma das principais entidades de representação da indústria do país, mais especificamente dos sobreviventes da indústria, que apoiou a agenda da Presidenta Dilma Rousseff em 2011, e cujo Presidente (Paulo Skaf) pertencia ao mesmo partido do vice-Presidente Michel Temer e do deputado Eduardo Cunha, lançou a campanha "Não vou pagar o Pato".[414] Oficialmente, a campanha tinha como objetivo evitar

414 FIESP. *Campanha da Fiesp "Não Vou Pagar o Pato" é contra aumento e a criação de impostos*. Disponível em: https://www.fiesp.com.br/

a criação e o aumento de impostos, mas na prática ela foi utilizada como um símbolo da defesa do *impeachment* de Dilma Rousseff.

O quadro de 2015 era dramático para o país e para o governo. Ao longo do seu primeiro mandato, a implantação do pacto social--produtivo teve como um de seus eixos fundamentais uma agenda que visava, na visão do governo, aumentar a competitividade do país. A reestruturação do setor elétrico, a redução das taxas de juros e dos *spreads*, a modicidade tarifária das concessões e o controle de preços dos derivados do petróleo possuíam um traço em comum, que era a intervenção em preços estratégicos da economia. Essas intervenções significavam a tentativa de reduzir, na visão do governo, lucros extraordinários de muitos dos grandes grupos oligopólicos que operam no país, denominados no trabalho como os donos do PIB.

Além disso, o governo, a partir de 2012, passou a ter uma postura reativa em outras medidas de política econômica, de maneira a tentar sustentar as taxas de crescimento similares ao governo anterior. A estratégia foi dobrar a aposta em muitos dos instrumentos utilizados na saída da crise financeira internacional de 2008. Entram no rol de medidas a redução da taxa básica de juros, as desonerações, medida compensatória que visava minimizar o "efeito-China" e a perda de competitividade histórica da indústria, o PSI por meio do BNDES, que objetivava o aumento da taxa de investimento do país, o PIL, um ambicioso programa de investimentos privados por meio de concessões, que substituiria em parte os investimentos públicos, e a estratégia de industrialização por meio da política de conteúdo local.

Se por um lado as medidas de intervenção em preços desagradaram aos donos do PIB e fundamentaram a narrativa de intervencionismo e estatismo por parte do governo, por outro lado a inefetividade das medidas de política econômica do governo em manter as taxas de crescimento semelhantes ao período Lula da Silva

---

imprensa/campanha-da-fiesp-nao-vou-pagar-o-pato-e-contra-aumento--e-a-criacao-de-impostos/. Acessado em: 16.05.2025.

e a queda vertiginosa das taxas de lucro durante o governo Dilma Rousseff pavimentaram o caminho dos sobreviventes da indústria rumo à oposição, o que colocou o conjunto do empresariado contra o governo.

As manifestações de junho de 2013, que originalmente contestavam o reajuste das tarifas de ônibus, desbalancearam as relações do governo com o Congresso Nacional, devido ao impacto na popularidade do governo, e adicionaram um componente político ao processo, espalhando-se rapidamente e ampliando seu horizonte para críticas à qualidade dos serviços públicos e à corrupção do governo, tendo sidas também instrumentalizadas por novos grupos de direita, que seriam protagonistas nas manifestações pelo *impeachment* de Dilma Rousseff.

Num ambiente de conflagração, o governo reeleito decidiu aplicar um receituário recessivo, no plano econômico, e de confronto ao Presidente da Câmara, no plano político. A deterioração econômica e o recrudescimento da Operação Lava Jato, amplamente divulgada pela mídia, adicionaram o elemento que restava, e colocaram os grupos que já eram contrários ao governo, sobretudo as classes médias tradicionais, nas ruas a favor do *impeachment*.

Paralelamente a isso, o deputado Eduardo Cunha vinha sendo investigado pela Câmara do Deputados devido a supostos desvios de recursos para contas de sua titularidade na Suíça.[415] Diante das evidências, dois partidos protocolaram, em 13 de outubro de 2015, uma representação contra Eduardo Cunha no Conselho de Ética para pedir a cassação do seu mandato. A decisão sobre o encaminhamento do pedido caberia ao Conselho de Ética da Câmara dos

415 CARVALHO, Mario Cesar. "Suíça encontra quatro contas bancárias atribuídas a Eduardo Cunha". *Folha de S. Paulo*, out. 2015. Disponível em: https://m.folha.uol.com.br/poder/2015/10/1688952-suica-encontra--quatro-contas-bancarias-atribuidas-a-eduardo-cunha.shtml. Acessado em: 16.05.2025.

Deputados. Por ironia do destino, os votos dos três integrantes do PT no Conselho de Ética definiriam se o processo contra o deputado continuaria a ser analisado ou se seria arquivado. Após intensas negociações de bastidores, em 2 de dezembro de 2015, o PT decidiu votar contra Eduardo Cunha.[416] No mesmo dia, o deputado decidiu acatar o pedido de *impeachment*, fundamentado em suposto crime de responsabilidade pela prática das chamadas "pedaladas fiscais".[417] O processo durou quatro meses e se concretizaria como o afastamento temporário da Presidenta Dilma Rousseff da presidência da República em 17 abril de 2016, e definitivo em 31 de agosto do mesmo ano.

416 URIBE, Gustavo; BRAGON, Ranier. "PT decide votar contra Cunha, que pode deflagrar *impeachment* de Dilma". *Folha de S. Paulo*, dez. 2015. Disponível em: https://www1.folha.uol.com.br/poder/2015/12/1713918-bancada-petista-decide-votar-contra-cunha-no-conselho-de-etica-da-camara.shtml. Acessado em: 16.05.2025.

417 URIBE, Gustavo; BRAGON, Ranier. "Eduardo Cunha acata pedido de *impeachment* contra Dilma Rousseff". *Folha de S. Paulo*, dez. 2015. Disponível em: https://www1.folha.uol.com.br/poder/2015/12/1714133-cunha-deflara-processo-de-impeachment-contra-dlma.shtml. Acessado em: 16.05.2025.

CONCLUSÃO

Os motivos que levaram uma parte importante dos representantes da classe empresarial industrial a defender o *impeachment* da Presidenta devem ser compreendidos a partir de três frentes fundamentais. Em primeiro lugar, a estratégia de política econômica do governo, que confrontou os interesses dos donos do PIB na implantação da agenda da competitividade. Sob o ponto de vista do suporte político, o governo obviamente esperava uma reação de oposição dos setores atingidos por essas medidas, mas ao mesmo tempo supunha que haveria um suporte significativo por parte dos setores beneficiados. Nesse ponto cabe uma reflexão sobre medidas setoriais que opõem perdedores fortes, coesos e em pequeno número, e ganhadores pulverizados e difusos. A partir das entrevistas ficou claro que, por um lado, os perdedores passaram fazer forte oposição ao governo e, por outro lado, essas medidas não se traduziram em apoio consistente por parte daqueles que obtiveram ganhos com essas medidas.

Além disso, a política macroeconômica não logrou manter as taxas de crescimento do período Lula da Silva, fato esse causou descontentamento por parte dos sobreviventes da indústria. Desse modo, a intervenção nos preços que afetaram negativamente o lucro dos donos do PIB, e o desempenho econômico, que afetou negativamente a taxa de lucro dos sobreviventes da indústria, colocaram o conjunto do empresariado contra o governo. Por fim, após uma reeleição por margem apertada, a Presidenta deu uma guinada liberal na política econômica, que resultou em uma recessão econômica, com o intuito de reconciliar-se com setores que já não apoiavam mais o governo. Em segundo lugar, as condições econômicas internacionais foram muito mais adversas do que na década anterior, sobretudo a partir de 2015, e essa realidade contribuiu para o resultado econômico do período.

Em terceiro lugar, no plano político, o governo teve que gerenciar a relação com um Congresso Nacional muito fragmentado, sob a liderança do deputado Eduardo Cunha, que teve papel fundamental na deterioração das relações do governo com sua base parlamentar. Além disso, as manifestações de junho de 2013 desbalancearam a relação do governo com o Congresso e serviram como o primeiro grande teste para grupos de direita, que seriam protagonistas nas manifestações a favor do *impeachment* da Presidenta em 2015. A Operação Lava Jato, por sua vez, adicionou o elemento que restava para colocar na rua setores, sobretudo as classes médias tradicionais, que não tinham simpatia pelo governo. A questão política não teve impacto direto na animosidade da classe empresarial industrial em relação ao governo, mas o seu descontentamento prévio e a crise política e institucional que paralisou o país serviram como estopim para que se formasse uma posição a favor do *impeachment* em parte importante da classe empresarial, das classes médias tradicionais e da mídia.

Ao contrário do lulismo, caracterizado pela conciliação de classes, o pacto social-produtivo foi marcado por confrontar a parcela mais importante da classe empresarial industrial, qual seja os donos do PIB. Conforme mencionado, as condições econômicas internacionais no período Dilma Rousseff foram muito mais adversas quando comparadas ao período Lula da Silva. Por essa razão, havia uma margem de manobra mais estreita para implementar um programa mais conciliatório. De todo modo, a estratégia de confrontação obedeceu mais à lógica da agenda da competitividade, cuja decisão partiu do governo, e menos às imposições da contingência internacional. Essa agenda visava aumentar a competitividade da economia brasileira a partir de regulação de alguns de seus preços estratégicos, o que na prática significou atingir o lucro de muitos dos grandes grupos oligopólicos que operam no país.

Uma maneira de analisar esse conflito é sob a ótica da formação de preços. Para o governo, esses preços estratégicos, como a tarifa de energia, a taxa de juros e os *spreads*, os pedágios e tarifas de infraestrutura, o preço da gasolina, dentre outros, deveriam se subordinar a uma lógica social, ou seja, deveriam servir como instrumento de competitividade para indústria, agricultura e comércio, e no caso dos cidadãos, deveriam refletir um custo menor na sua cesta de consumo. Por essa razão, esses preços seriam determinados pelo seu custo e uma margem de lucro definida por regulação ou intervenção do governo e, portanto, não se subordinariam à lógica de formação de preço dos mercados.

O principal obstáculo enfrentado pelo governo residiu no fato de que os setores atingidos pela regulação ou intervenção do governo e, portanto, por essa lógica de formação de preço, possuíam um alto grau de participação de empresas privadas. Esse tipo de regulação ou intervenção funciona no caso de países nos quais esses setores são estatizados. A tentativa de implementar essa lógica de formação de preços em setores privatizados, com empresas listadas em Bolsa, gerou um grau de estresse significativo do governo com os donos do PIB. Nesse aspecto, observa-se um importante fator limitador do reformismo proposto, pois é difícil implementar uma lógica social de formação de preços sem interferir na estrutura de mercados altamente privatizados. Há também um aspecto intangível importante a ser observado. Os donos do PIB, além de seu poder econômico, têm um poder de formação de opinião significativo, e isso foi um fator fundamental para que prevalecesse a narrativa de estatismo e intervencionismo por parte do governo.

Em um plano estrutural, os limites e obstáculos enfrentados pelas experiências petistas no Palácio do Planalto, tanto o lulismo quanto o pacto social-produtivo, devem ser contextualizadas nos marcos do principal problema estrutural do Brasil, qual seja o subdesenvolvimento. Ele não se configura como uma "etapa" para o desenvolvimento, mas, ao contrário, trata-se de uma particularidade do desenvolvimento histórico do capitalismo. O subdesenvolvimento cuida do caso especial de situações em que aumentos de produtividade e assimilação de novas técnicas não conduzem à homogeneização social, ainda que causem a elevação do nível de vida médio da população.[418]

O desenvolvimento do nosso subdesenvolvimento foi moldado por um padrão de luta de classes diferente daquele observado em países do centro do capitalismo.[419] A reprodução de padrões de consumo das economias centrais por parte das nossas elites teve como incontornável resultado a desigualdade social. Essa necessidade histórica tornou o nosso padrão de luta de classes mais violento, na medida em que a desigualdade se colocava como um imperativo para a manutenção e reprodução desse padrão de consumo.

Nessa perspectiva, tanto o lulismo e seu reformismo fraco quanto o pacto social-produtivo e sua estratégia de confronto não ousaram avançar sobre os alicerces das nossas iniquidades. Santos[420] destaca que o impedimento da nossa democracia se relaciona ao combate das nossas desigualdades. Souza,[421] por sua vez, observa corretamente que as raízes do Brasil estão mais na nossa escravidão

---

418 FURTADO, Celso. *Brasil*: a construção interrompida. São Paulo: Paz e Terra, 1992.

419 FERNANDES, Florestan. *A revolução burguesa no Brasil*. Rio de Janeiro: Zahar, 1976.

420 SANTOS, Wanderley Guilherme dos. *A democracia impedida*. Rio de Janeiro: FGV Editora, 2017.

421 SOUZA, Jessé. *A elite do atraso*: da escravidão a Bolsonaro. Rio de Janeiro: Estação Brasil, 2019.

do que no patrimonialismo do homem cordial.[422] De todo modo, isso não significa que o problema da corrupção mereça ser desconsiderado.

Conforme observa Fausto,[423] a esquerda, incluído nele a superação do subdesenvolvimento, deve lutar incessantemente contra as suas três principais patologias: o totalitarismo, que foi uma marca de muitas experiências do "socialismo real", o adesismo, que se concretizou na capitulação diante do capitalismo, como se não houvesse alternativa ao liberalismo econômico, e o populismo, que se nutre de figuras autoritárias e de um certo laxismo em relação ao trato da coisa pública. Acima de tudo, um projeto de esquerda, para ser bem-sucedido, deve ser profundamente autocrítico e radicalmente democrático.

---

422 HOLANDA, Sérgio Buarque de. *Raízes do Brasil*. São Paulo: Companhia das Letras, 2015.

423 FAUSTO, Ruy. "Reconstruir a Esquerda". *Piauí*, 2016. Disponível em: https://piaui.folha.uol.com.br/materia/reconstruir-a-esquerda/. Acessado em: 28.03.2025.

REFERÊNCIAS BIBLIOGRÁFICAS

ABRANCHES, Sérgio. "Presidencialismo de coalizão: o dilema institucional brasileiro". *Dados*, vol. 31, nº 1, 1988.

AFONSO, José Roberto. *Dívida pública no Brasil*: diferentes medidas e significados. EJJL, 2017. Disponível em: https://www.joserobertoafonso.com.br/divida-publica-no-brasil-afonso/. Acessado em: 28.03.2025.

AFONSO, José Roberto; FAJARDO, Bernardo. *Investimentos das Empresas Estatais em 2014*: a grande retração. IBRE/FGV, 2015. Disponível em: https://www.joserobertoafonso.com.br/investimento-das-empresas-estatais-afonso-fajardo/. Acessado em: 28.03.2025.

AFONSO, José Roberto; PINTO, Vilma. "Composição da Desoneração (Completa) da Folha de Salários". *Instituto Brasileiro de Economia (FGV/IBRE)*, 2014.

AIDAR, Gabriel; BRAGA, Julia. "Country-Risk Premium in the Periphery and the International Financial Cycle 1999-2019". *Investigación Económica*, vol. 79, nº 313, 2020.

ALESINA, Alberto; PEROTTI, Roberto. "Fiscal expansions and adjustments in OECD countries". *Economic Policy*, 1995.

ALMEIDA JR., Mansueto; LISBOA, Marcos de Barros; PESSOA, Samuel. *O ajuste inevitável*. 2015. Disponível em: http://infogbucket.s3.amazonaws.com/arquivos/2015/07/28/o-ajuste.pdf. Acessado em: 03.11.2020.

ALMEIDA, Edmar de *et al.* "Custos e Benefícios da atual política de conteúdo local". *Texto para Discussão*, Rio de Janeiro, 2016. Disponível em: https://www.ibp.org.br/personalizado/uploads/2016/09/2016_TD_Custos-e-Benefícios-da-Política-Conteúdo-Local.pdf. Acessado em: 28.03.2025.

ALMEIDA, Edmar de; MARTINEZ-PIETRO, Diana. "The impact and effectiveness of local content policy on oil exploration and production in Brazil". *Oxford Energy Forum*, nº 98, 2014. Disponível em: https://www.oxfordenergy.org/publications/oxford-energy-forum-issue-98/. Acessado em: 28.03.2025.

BAIRD, Alfred J. "Privatization trends at the world's top-100 container ports". *Maritime Policy and Management*, vol. 29, nº 3, 2002.

BANCO CENTRAL DO BRASIL. *Ata do Copom*: 161ª Reunião. 2011. Disponível em: https://www.bcb.gov.br/publicacoes/atascopom/31082011. Acessado em: 13.02.2020.

______. *Relatório de Economia Bancária*. Brasília, 2018.

______. *Relatório de Estabilidade Financeira*. Brasília, 2013.

BARBOSA FILHO, Fernando de Holanda; PESSOA, Samuel. "Desaceleração recente da economia". *In*: CDPP. *Sob a luz do Sol*: uma agenda para o Brasil. Rio de Janeiro: Centro de Debates de Políticas Públicas, 2014. Disponível em: https://cdpp.org.br/wp-content/uploads/2017/02/Coletanea-Sob-a-Luz-do-Sol_v2509.pdf. Acessado em: 28.03.2025.

BARBOSA-FILHO, Nelson Henrique. "Resultado primário, dívida líquida e dívida bruta: um modelo contábil". *Texto de Discussão*, 2014. Disponível em: http://brasildebate.com.br/wp-content/uploads/2014/08/Modelo-Contabil.pdf. Acessado em: 05.04.2020.

BARBOSA-FILHO, Nelson Henrique; SOUZA, José Antonio Pereira de. "A Inflexão do governo Lula: política econômica, crescimento e distribuição de renda". *In*: SADER, Emir; GARCIA, Marco Aurelio (Coord.). *Brasil, entre o passado e o futuro*. São Paulo: Fundação Perseu Abramo, 2010.

BARBOZA, Ricardo de Menezes *et al.* "A indústria, o PSI, o BNDES e algumas propostas". *Textos para Discussão*, vol. 114, 2017. Disponível em: https://web.bndes.gov.br/bib/jspui/bitstream/1408/11534/1/TD_114_P_BD.pdf. Acessado em: 28.03.2025.

BARROS, Gabriel Leal de; AFONSO, José Roberto. "Sobre 'fazer o cumprimento' da meta de superávit primário de 2012". *Texto de*

Discussão, nº 30, 2013. Disponível em: https://portalibre.fgv.br/sites/default/files/2021-03/td-sobre-fazer-o-cumprimento.pdf. Acessado em: 28.03.2025.

BELLUZZO, Luiz Gonzaga de Mello; ALMEIDA, Júlio Sérgio Gomes de. *Depois da queda*: a economia brasileira da crise da dívida aos impasses do Real. Rio de Janeiro: Civilização Brasileira, 2002.

BIANCARELLI, André; ROSA, Renato; VERGNHANINI, Rodrigo. "O setor externo no governo Dilma e seu papel na crise". *In*: *Para além da política econômica*: crescimento, desaceleração e crise no experimento desenvolvimentista. São Paulo: Unesp, 2018.

BIASOTO JUNIOR, Geraldo; AFONSO, José Roberto. "Política Fiscal nos Pós-Crise de 2008: a Credibilidade Perdida". *In*: NOVAIS, Luís Fernando; CAGNIN, Rafael Fagundes; BIASOTO JUNIOR, Geraldo (Coord.). *A economia brasileira no contexto da crise global*. São Paulo: Fundap, 2014.

BNDES. *Livro Verde*: nossa história tal como ela é. Rio de Janeiro: BNDES, 2017. Disponível em: https://bit.ly/4kF1ehm. Acessado em: 28.03.2025.

______. *Relatório de efetividade 2007-2014*: a contribuição do BNDES para o desenvolvimento nacional. Rio de Janeiro: BNDES, 2015. Disponível em: https://web.bndes.gov.br/bib/jspui/handle/1408/6523. Acessado em: 28.03.2025.

BOITO JUNIOR, Armando. *As bases políticas do neodesenvolvimentismo*. São Paulo: Fórum Econômico da FGV, 2012. Disponível em: https://bibliotecadigital.fgv.br/dspace/bitstream/handle/10438/16866/Painel-3-NovoDesenvBR-Boito-BasesPolNeodesenv-PAPER.pdf.

BORGES, Bráulio. *Dívida bruta ou dívida líquida, eis a questão*. 2017. Disponível em: https://blogdoibre.fgv.br/posts/divida-bruta-ou-divida-liquida-eis-questao. Acessado em: 01.04.2020.

BOURDIEU, Pierre. *A miséria do mundo*. Rio de Janeiro: Vozes, 1999.

BRASIL 247. "Era Cunha aumenta lobby de empresas na Câmara". *Brasil 247*, jun. 2015. Disponível em: https://www.brasil247.com/pt/247/brasilia247/186556/Era-Cunha-aumenta-lobby-de-empresas-na-C%C3%A2mara.htm. Acessado em: 16.05.2025.

BRASIL. *Brasil Maior*: Balanço Executivo – 2 anos. 2013. Disponível em: http://www.protec.org.br/uploads/paginas/file/PlanoBrasilMaior-BalançoExecutivo-2anos.pdf. Acessado em: 02.03.2020.

_____. *Lei n. 12.546*, de 14 de dezembro de 2011. Brasília: Diário Oficial da União, 2011.

_____. *Lei n. 12.783*, de 11 de janeiro de 2013. Brasília: Diário Oficial da União, 2013b.

_____. *Lei n. 12.815*, de 5 de junho de 2013. 2013. Disponível em: http://www.planalto.gov.br/ccivil_03/_Ato2011-2014/2013/Lei/L12815.htm. Acessado em: 28.03.2025.

_____. *Lei n. 8.630*, de 25 de fevereiro de 1993. Brasília: Diário Oficial da União, 1993.

BRESSER-PEREIRA, Luiz Carlos. "As três interpretações da dependência". *Perspectivas*, vol. 38, nº jul./dez. 2010.

_____. "Burocracia pública e classes dirigentes no Brasil". *Revista de Sociologia Política*, vol. 28, 2007.

BRESSER-PEREIRA, Luiz Carlos; GALA, Paulo. "Foreign savings, insufficiency of demand and low growth". *Journal of Post Keynesian Economics*, vol. 30, nº 3, 2008.

BRESSER-PEREIRA, Luiz Carlos; MARCONI, Nelson. "Existe doença holandesa no Brasil?" *IV Fórum de Economia da Fundação Getúlio Vargas*, 2008. Disponível em: http://www.bresserpereira.org.br/papers/2008/08.14.Existe.doença.holandesa.comNelson.Marconi.5.4.08.pdf. Acessado em: 28.03.2025.

BRESSER-PEREIRA, Luiz Carlos; OREIRO, José Luís; MARCONI, Nelson. *Macroeconomia desenvolvimentista*: teoria e política do novo-desenvolvimentismo. Rio de Janeiro: Elsevier, 2016.

BUGIATO, Caio. "A política de financiamento do BNDES à burguesia brasileira". *Cadernos do Desenvolvimentoesenvolvimento*, vol. 9, nº 14, 2014.

BULLA, Beatriz. "Portuários mantêm ocupação de navio chinês em Santos". *Estadão*, fev. 2013. Disponível em: https://economia.estadao.com.br/noticias/geral,portuarios-mantem-ocupacao-de-navio-chines-em-santos,144277e. Acessado em: 16.05.2025.

BUNGE, Mario. "Teoría y realidad, de Mario Bunge". *Teorema: Revista Internacional de Filosofía*, vol. 3, nº 2, 1973.

CAGNIN, Rafael Fagundes *et al.* "A gestão macroeconômica do governo Dilma (2011 e 2012)". *Novos Estudos CEBRAP*, 2013.

CÂMARA DOS DEPUTADOS. MPV 595/2012. Disponível em: https://www.camara.leg.br/proposicoesWeb/fichadetramitacao?idProposicao=562615. Acessado em: 16.05.2025.

CARDOSO, Fernando Henrique. "O papel dos empresários no processo de transição: o caso brasileiro". *Revista Dados*, vol. 26, nº 1, 1983.

______. *Empresário industrial e desenvolvimento econômico no Brasil*. 1ª ed. São Paulo: Edição Europeia dos Livros, 1964.

CARDOSO, Fernando Henrique; FALETTO, Enzo. *Dependência e desenvolvimento na América Latina*: ensaio de interpretação sociológica. 4ª ed. Rio de Janeiro: Zahar, 1970.

CARNEIRO, Ricardo. *Desenvolvimento em crise*: a economia brasileira no último quarto do século XX. São Paulo: Unesp, 2002.

CARVALHO, Laura. *Valsa brasileira*: do boom ao caos econômico. São Paulo: Todavia AS, 2018.

CARVALHO, Mario Cesar. "Suíça encontra quatro contas bancárias atribuídas a Eduardo Cunha". *Folha de S. Paulo*, out. 2015. Disponível em: https://m.folha.uol.com.br/poder/2015/10/1688952-suica-encontra-quatro-contas-bancarias-atribuidas-a-eduardo-cunha.shtml. Acessado em: 16.05.2025.

CASTRO, N. J. de *et al*. "O processo de reestruturação do setor elétrico brasileiro e os impactos da MP 579". *Texto de Discussão*, Rio de Janeiro, nº 51, 2013.

CNI. *Gás natural em terra*: uma agenda para o desenvolvimento e modernização do setor. Brasília, 2015.

______. *Indicadores de competitividade da indústria*. Brasília, 2016.

CORREA, Arnildo da Silva; MINELLA, André. "Nonlinear mechanisms of the exchange rate pass-through: a Phillips curve model with threshold for Brazil". *Revista Brasileira de Ciências Sociais*, vol. 64, nº 3, 2010.

D'ARAUJO, Roberto Pereira. "Setor elétrico: mimetismo, fragmentação e suas sequelas". *Revista da USP*, vol. 104, 2015.

DE CONTI, Bruno; BLIKSTAD, Nicholas. "Impactos da economia chinesa sobre a brasileira no início do século XXI: o que querem que sejamos e o que queremos ser". *In*: CARNEIRO, Ricardo; BALTAR, Paulo; SARTI, Fernando (Coord.). *Para além da política econômica*. São Paulo: Unesp, 2017.

DIEGUES, Antônio Carlos. "Os limites da contribuição da indústria ao desenvolvimento nos períodos Lula e Dilma: a consolidação de uma nova versão do industrialismo periférico?" *Texto para Discussão*, Campinas, nº 372, 2020.

DINIZ, Eli. "Empresariado industrial, representação de interesses e ação política: trajetória histórica e novas configurações". *Política e Sociedade*, vol. 9, nº 17, 2010.

______. "Globalização, elites empresariais e democracia no Brasil dos anos 90". *Ensaios FEE*, vol. 20, nº 1, 1999.

DINIZ, Eli; BRESSER-PEREIRA, Luiz Carlos. *Depois do Consenso Noeliberal, o retorno dos empresários industriais?* 2007. Disponível em: http://www.bresserpereira.org.br/papers/2007/07.03.EmpresariosEliDinizBresserPereira.9Outubro07.pdf. Acessado em: 28.03.2025.

DWECK, Esther; TEIXEIRA, Rodrigo Alves. "A política fiscal do governo Dilma e a crise econômica". *In*: CARNEIRO, Ricardo; BALTAR, Paulo; SARTI, Fernando (Coord.). *Para além da política econômica*. São Paulo: Unesp, 2018.

ESTADÃO. "Dilma banca articulação política e refuta entregar ministérios de 'porteira fechada'". *Estadão*, jul. 2013. Disponível em: http://politica.estadao.com.br/noticias/eleicoes,dilma-banca-articulacao-politica-e-refuta-entregar-ministerios-de-porteira-fechada-imp-,1051244. Acessado em: 16.05.2025.

FARHI, Maryse. *Análise comparativa do regime de metas de inflação*: pass-through, formatos e gestão nas economias emergentes. Campinas: Instituto de Economia Unicamp, 2007. Disponível em: https://www3.eco.unicamp.br/cecon/images/arquivos/publicacoes/publicacoes_23_1395270353.pdf. Acessado em: 28.03.2025.

FARRANHA, Ana Claudia; FREZZA, Conrado da Silveira; BARBOSA, Fabiana de Oliveira. "Nova lei dos portos: desafios jurídicos e perspectivas de investimentos". *Revista Direito GV*, vol. 11, nº 1, 2015.

FAUSTO, Ruy. "Reconstruir a Esquerda". *Piauí*, 2016. Disponível em: https://piaui.folha.uol.com.br/materia/reconstruir-a-esquerda/. Acessado em: 28.03.2025.

FERNANDES, Florestan. *A revolução burguesa no Brasil*. Rio de Janeiro: Zahar, 1976.

______. *Capitalismo dependente e classes sociais na América Latina*. Rio de Janeiro: Zahar, 1975.

FERRAZ, João Carlos; ALÉM, Ana Cláudia; MADEIRA, Rodrigo Ferreira. "A contribuição dos bancos de desenvolvimento para o financiamento de longo prazo". *Revista do BNDES*, 2013.

FGV – FUNDAÇÃO GETÚLIO VARGAS. *Avaliação do impacto da desoneração tributária da folha de pagamento nos setores de confecções, couro e calçados e tecnologia de informação e comunicação*. São Paulo: FGV Projetos, 2013.

FIESP. *Campanha da Fiesp "Não Vou Pagar o Pato" é contra aumento e a criação de impostos*. Disponível em: https://www.fiesp.com.br/imprensa/campanha-da-fiesp-nao-vou-pagar-o-pato-e-contra-aumento-e-a-criacao-de-impostos/. Acessado em: 16.05.2025.

FILGUEIRAS, Luiz; GONÇALVES, Reinaldo; COELHO, Eurelino. *A economia política do Governo Lula*. Rio de Janeiro: Contraponto, 2007.

FOLHA DE S. PAULO. "Acima das expectativas, Lula encerra mandato com melhor avaliação da história". *Folha de S. Paulo*, 20 dez. 2010. Disponível em: http://datafolha.folha.uol.com.br/opiniaopublica/2010/12/1211078-acima-das-expectativas-lula-encerra-mandato-com-melhor-avaliacao-da-historia.shtml. Acessado em: 21.05.2025.

______. "Na disputa mais acirrada da história, Dilma é reeleita presidente do Brasil". *Folha de S. Paulo*, out. 2014. Disponível em: https://m.folha.uol.com.br/poder/2014/10/1537894-dilma-e-reeleita-presidente-do-brasil.shtml. Acessado em: 16.05.2025.

______. "Popularidade de Dilma cai 27 pontos após protestos". *Folha de S. Paulo*, jun. 2013. Disponível em: https://www1.folha.uol.com.br/poder/2013/06/1303541-popularidade-de-dilma-cai-27-pontos-apos-protestos.shtml?cmpid=menupe. Acessado em: 16.05.2025.

______. "Procuradoria acusa JBS de fraude no BNDES e cobra devolução de R$ 21 bi". *Folha de S. Paulo*, dez. 2019. Disponível em: https://www1.folha.uol.com.br/mercado/2019/12/mpf-cobra-devolucao-de-mais-de-r-21-bilhoes-por-fraudes-no-bndes-em-beneficio-da-jbs.shtml?origin=folha. Acessado em: 16.05.2025.

______. "Protestos contra o governo reúnem quase 1 milhão pelo país". *Folha de S. Paulo*, mar. 2015. Disponível em: https://m.folha.uol.com.br/poder/2015/03/1603286-protestos-contra-o-governo-reune-quase-1-milhao-pelo-pais.shtml. Acessado em: 16.05.2025.

FRANCO, Cristiane Bordini. *Insegurança regulatória*: via de mão única para a judicialização? a Lei n· 12.783/2013. 2019. Disponível em: https://repositorio.enap.gov.br/handle/1/4155. Acessado em: 28.03.2025.

FRANK, André Gunder. "O desenvolvimento do subdesenvolvimento". *Monthly Review*, vol. 18, nº 4, 1996. Disponível em: https://scholar.google.com.br/scholar?q=leontiev&btnG=&hl=pt-BR&as_sdt=0%2C5#0.

FRISCHTAK, Claudio. "O investimento em infraestrutura no Brasil: histórico recente e perspectivas". *Pesquisa e Planejamento Econômico*, vol. 38, nº 2, 2008.

FRISCHTAK, Claudio; NORONHA, Júlia. *O financiamento do investimento em infraestrutura no Brasil*: uma agenda para sua expansão sustentada. Brasília: CNI, 2016.

FURTADO, Celso. *Brasil*: a construção interrompida. São Paulo: Paz e Terra, 1992.

______. *Cultura e desenvolvimento em época de crise*. 1ª ed. Rio de Janeiro: Paz e Terra, 1984.

______. *Desenvolvimento e subdesenvolvimento*. 1ª ed. Rio de Janeiro: Fundo de Cultura, 1961.

G1. "Aécio diz que se eleito levará inflação para centro da meta em 2 ou 3 anos". *G1*, jun. 2014. Disponível em: http://glo.bo/44dT5uo. Acessado em: 16.05.2025.

______. *Entenda a Operação Lava Jato*. Disponível em: http://g1.globo.com/politica/noticia/2014/04/entenda-operacao-lava-jato-da-policia-federal.html. Acessado em: 16.05.2025.

GALLAGHER, Kevin P. *The China Triangle*: Latin America's China boom and the fate of the Washington consensus. Oxford: Oxford University Press, 2016.

GARCIA-ESCRIBANO, Mercedes; GOÉS, Carlos; KARPOVICZ, Izabela. *Filling the Gap*: Infrastructure Investment in Brazil. Washington DC, 2015.

GARCIA-KILROY, Catalina; RUDOLPH, Heinz. *Private Financing of Public Infrastructure through PPPs in and the Caribbean Latin America*. Washington DC, 2017.

GOBETTI, Sérgio Wulff; AMADO, Adriana Moreira. "Ajuste fiscal no Brasil: algumas considerações de caráter pós-keynesiano". *Revista de Economia Politica*, vol. 31, nº 1, 2011.

GOBETTI, Sérgio Wulff; ORAIR, Rodrigo Octávio. "Política fiscal em perspectiva: o ciclo de 16 anos (1999-2014)". *Revista de Economia Contemporanea*, vol. 19, nº 3, 2015.

GÓES, Fernanda Lira. *Financiamento do BNDES para obras e serviços de empresas brasileiras no exterior*. Brasília, 2017.

GRAMSCI, Antonio. *Maquiavel, a política e o Estado moderno*. Rio de Janeiro: Civilização Brasileira, 1978.

HILFERDING, Rudolf. *O Capital Financeiro*. São Paulo: Nova Cultural, 1985.

HOLANDA, Sérgio Buarque de. *Raízes do Brasil*. São Paulo: Companhia das Letras, 2015.

IEDI. *A Estagnação da Produtividade Industrial em 2011*. 2012. Disponível em: https://iedi.org.br/artigos/artigos/artigos/chamada_carta_509.html. Acessado em: 28.03.2025.

______. *Carta IEDI*: sem lucro, sem investimento. 2016. Disponível em: https://iedi.org.br/cartas/carta_iedi_n_738.html. Acessado em: 28.03.2025.

______. *Infraestrutura*: desafios para a retomada. São Paulo, 2018. Disponível em: https://www.iedi.org.br/media/site/artigos/20180731_iedi_infraestrutura.pdf. Acessado em: 28.03.2025.

IGLESIAS, Simone. "No primeiro mandato, Dilma recebeu somente 15 dos 594 parlamentares". *O Globo*, nov. 2014. Disponível em: https://oglobo.globo.com/brasil/no-primeiro-mandato-dilma-recebeu-somente-15-dos-594-parlamentares-14512018. Acessado em: 16.05.2025.

JAGUARIBE, Helio. *O nacionalismo na atualidade brasileira*. Rio de Janeiro: ISEB, 1958.

LARA, Fernando Maccari. "Comportamento do passivo externo líquido brasileiro entre 2001 e 2013: o papel dos fatores patrimoniais". *Indicadores Econômicos FEE*, vol. 42, 2014.

LESSA, Carlos. *A estratégia de desenvolvimento 1974-1976*: sonho e fracasso. Campinas: Unicamp, 1998.

LIMONGI, Fernando. "A democracia no Brasil Presidencialismo, coalizão partidária e processo decisório". *Novos Estudos CEBRAP*, vol. 76, 2006.

______. "O passaporte de Cunha". *Novos Estudos – CEBRAP*, vol. 103, 2015.

MACHADO, Luciano *et al. Additionality of countercyclical credit*: evaluating the impact of BNDES'PSI on the investment of industrial firms. Rio de Janeiro, 2014.

MANCUSO, Wagner Pralon. "O lobby da indústria no Congresso Nacional: empresariado e política no Brasil contemporâneo". *Dados*, vol. 47, nº 3, 2004.

MANZINI, Eduardo J. "A entrevista na pesquisa social". *Didática*, vol. 26, 1990.

______. *Considerações sobre a elaboração de roteiro para entrevista semi-estruturada*. Londrina: Eduel, 2010.

MARCONI, Marina de Andrade; LAKATOS, Eva Maria. *Técnicas de pesquisa*: planejamento e execução de pesquisas, amostragens e técnicas de pesquisas, elaboração, análise e interpretação de dados. São Paulo: Atlas, 2002.

MARINI, Rui Mauro. *A Dialética do Desenvolvimento Capitalista no Brasil*. 1971. Disponível em: https://docs.google.com/document/d/1Yr9TzXf9qlktUy_Y2WFX5OJiVZ-mGSqoB89ZWgTo8wI/edit.

______. *Dialética da Dependência*. 1973. Disponível em: https://edisciplinas.usp.br/pluginfile.php/2795191/mod_resource/content/1/DialéticadaDependência-RuyMauroMarini-exp.popular.pdf.

MARX, Karl. *O Capital*. São Paulo: Boitempo, 2011.

MATAIS, Andreza; ROSA, Vera; BULLA, Beatriz. "PSDB de Aécio Neves pede auditoria na votação". *Estadão*, out. 2014. Disponível em: https://politica.estadao.com.br/noticias/geral,psdb-de-aecio-neves-pede-auditoria-na-votacao,1585755. Acessado em: 16.05.2025.

MAXFIELD, Sylvia; SCHNEIDER, Ben Ross. *Business and the state in developing countries*. Ithaca: Cornell University Press, 1997.

MELLO, Guilherme; ROSSI, Pedro. "Do industrialismo à austeridade : a política macro dos governos Dilma". *In*: CARNEIRO, Ricardo; BALTAR, Paulo; SARTI, Fernando (Coord.). *Para além da política econômica*. São Paulo: Unesp, 2017.

MELLO, João Manuel Cardoso de. *O capitalismo tardio*. São Paulo: Brasiliense, 1982.

MELO, Ruan. "Dilma diz que Brasil não precisa de 'choque fiscal' para cumprir superávit". *G1*, set. 2014. Disponível em: http://glo.bo/40a2gtl. Acessado em: 16.05.2025.

MESQUITA, Mário. “A política econômica do governo Dilma: a volta do experimentalismo”. *In*: CDPP. *Sob a luz do Sol*: uma agenda para o Brasil. Rio de Janeiro: Centro de Debates de Políticas Públicas, 2014. Disponível em: https://cdpp.org.br/wp-content/uploads/2017/02/Coletanea-Sob-a-Luz-do-Sol_v2509.pdf. Acessado em: 28.03.2025.

MINAYO, Maria Cecilia de Souza. *O desafio do conhecimento científico*: pesquisa qualitativa em saúde. São Paulo, Rio de Janeiro: Hucitec-Abrasco, 1993.

NERI, Marcelo Côrtes; SOUZA, Pedro Herculano Guimarães Ferreira de. *A década inclusiva (2001-2011)*: desigualdade, pobreza e políticas de renda. Brasília: Instituto de Pesquisa Econômica Aplicada (Ipea), 2012.

NOBRE, Marcos. *Imobilismo em movimento*: da abertura democrática ao governo Dilma. São Paulo: Companhia das Letras, 2013.

NORDÅS, Hildegunn Kyvik; VATNE, Eirik; HEUM, Per. *The upstream petroleum industry and local industrial development*: a comparative study. Bergen, 2003.

NUNES, Leonardo Loureiro. “Brazil: Impeachment and the conflicting relationship between the Dilma Rousseff government and the National Congress”. *Research in Political Economy: Imperialism and Transition to Socialism*, vol. 36, 2021.

______. “Portugal, Grécia, Itália e Espanha: uma análise das razões das crises da dívida e alternativas para sua superação”. *Boletim de Economia e Política Internacional – IPEA*, vol. 15, 2013.

______. *As restrições à política cambial num país com moeda inconversível*: uma interpretação da experiência brasileira recente de apreciação cambial (2003-2007). Campinas: Unicamp, 2008.

O GLOBO. “Emenda de Cunha à MP dos Portos favoreceu doador de Temer”. *O Globo*, jan. 2016. Disponível em: https://oglobo.globo.com/brasil/emenda-de-cunha-mp-dos-portos-favoreceu-doador-de-temer-18400841. Acessado em: 16.05.2025.

OCAMPO, José Antonio. “The macroeconomics of the Latin American economic boom”. *Cepal* Review, nº 93, 2007.

OLIVEIRA, Francisco de. “O avesso do avesso”. *Revista Piauí*, nº 37, 2009.

ORAIR, Rodrigo Octávio; AGUILAR, Daniel Luiz Fonseca de. “Desonerações em alta com rigidez da carga tributária: o que explica o paradoxo do decênio 2005-2014?” *Economia Aplicada*, 2016.

ORAIR, Rodrigo Octávio; GOBETTI, Sergio Wulff; SIQUEIRA, Fernando de Faria. *Política fiscal e ciclo econômico*: uma análise baseada em multiplicadores do gasto público. Brasília: XXI Prêmio do Tesouro Nacional, 2016.

OREIRO, José Luis; FEIJÓ, Carmem A. "Desindustrialização: conceituação, causas, efeitos e o caso brasileiro". *Revista de Economia Política*, vol. 30, nº 2, 2010.

OREIRO, José Luis; MARCONI, Nelson. "O novo-desenvolvimentismo e seus críticos". *Cadernos do Dsesenvolvimento*, vol. 11, nº 19, 2016.

PALMA, G.; OTHERS. "Four sources of de-industrialisation and a new concept of the Dutch Disease". *Beyond reforms: structural dynamics and macroeconomic vulnerability*. vol. 3, nº 5, 2005.

PASTORE, A. C.; PINOTTI, M. C. "Demografia, reformas e bonança externa". *In*: CDPP. *Sob a luz do Sol*: uma agenda para o Brasil. Rio de Janeiro: Centro de Debates de Políticas Públicas, 2014. Disponível em: https://cdpp.org.br/wp-content/uploads/2017/02/Coletanea-Sob-a--Luz-do-Sol_v2509.pdf. Acessado em: 28.03.2025.

PINHEIRO, Armando Castelar. "Propostas para uma nova regulamentação de estruturação de projetos de infraestrutura no Brasil". *In*: IFC. *Estruturação de Projetos de PPP e Concessão no Brasil*: diagnóstico do modelo brasileiro e propostas de aperfeiçoamento. São Paulo: IFC, 2015.

______. "Regulatory Reform in Brazilian Infrastructure: Where do we Stand?" *IPEA Working Paper*, 2003. Disponível em: https://papers.ssrn.com/sol3/papers.cfm?abstract_id=482823. Acessado em: 28.03.2025.

POULANTZAS, Nicos. *Poder político e classes sociais*. São Paulo: Martins Fontes, 1977.

POWER, Timothy J.; DOCTOR, Mahrukh. *The resilience of corporatism*: continuity and change in Brazilian corporatist structures. Oxford: Centre for Brazilian Studies, University of Oxford, 2002.

PREBISCH, Raúl. "El desarrollo económico de la América Latina y algunos de sus principales problemas". *In*: *Estudio económico de la América Latina*. Santiago: CEPAL, 1949.

______. "El desarrollo económico de la América latina y algunos de sus principales problemas". *Trimestre Economico*, 1996.

RECEITA FEDERAL DO BRASIL. "Gasto tributário – conceito e critérios de classificação". *Centro de Estudos Tributários e Aduaneiros*, 2019.

Disponível em: http://receita.economia.gov.br/dados/receitadata/renuncia-fiscal/demonstrativos-dos-gastos-tributarios/arquivos-e-imagens/sistema-tributario-de-referencia-str-v1-01.pdf.

RIBEIRO, Eduardo Pontual; NUCIFORA, Antonio. *Impact of BNDES PSI loans on firm outcomes*. Washington DC, 2017.

ROCCA, Carlos A. "14º Seminário CEMEC de Mercados de Capitais". *In*: *Ajuste Fiscal e Recuperação do Investimento*. São Paulo: CEMEC, 2014.

ROCHA, Carlos Henrique; BRITTO, Paulo Augusto P. de; UDERMAN, Simone. "Abertura de capital e Governança Corporativa no setor portuário brasileiro". *RGC – Revista de Governança Corporativa*, vol. 3, nº 1, 2016.

ROUSSEFF, Dilma. *Pronunciamento à nação da Presidenta da República, Dilma Rousseff, por ocasião do Dia do Trabalho*. 2012. Disponível em: http://www.biblioteca.presidencia.gov.br/discursos/discursos-da-presidenta/pronunciamento-a-nacao-da-presidenta-da-republica-dilma-rousseff-por-ocasiao-do-dia-do-trabalho. Acessado em: 30.03.2019.

SABADINI, Mauricio de Souza. "Sobre o conceito de capital financeiro". *Temporalis*, vol. 30, jul./dez. 2015.

SALLUM JR., Brasilio. "La especificidad del gobierno de Lula. Hegemonía liberal, desarrollismo y populismo". *Revista Nueva Sociedad*, vol. 217, set.-out. 2008.

______. "A crise do governo Lula e o déficit de democracia no Brasil". *In*: BRESSER-PEREIRA, Luiz Carlos (Coord.). *Economia brasileira na encruzilhada*. Rio de Janeiro: Editora FGV, 2006.

SANTOS, Wanderley Guilherme dos. *A democracia impedida*. Rio de Janeiro: FGV Editora, 2017.

SARTI, Fernando; HIRATUKA, Célio. "Desempenho recente da indústria brasileira no contexto de mudanças estruturais domésticas e globais". *In*: CARNEIRO, Ricardo; BALTAR, Paulo; SARTI, Fernando (Coord.). *Para além da política econômica*. São Paulo: Unesp, 2017.

SCHERER, Clóvis. *Payroll tax reduction in Brazil*: effects on employment and wages. Rotterdam, 2015.

SCHREIBER, Mariana. "O que é o poderoso centrão, que pode definir o sucessor de Cunha". *BBC Brasil*, jul. 2016. Disponível em: https://www.bbc.com/portuguese/brasil-36771079. Acessado em: 16.05.2025.

SERAPIÃO, Fabio; FABRINI, Fabio. "Temer influenciou diretamente a aprovação da MP dos Portos, diz Funaro". *Estadão*, set. 2017. Disponível em: https://politica.estadao.com.br/blogs/fausto-macedo/temer-influenciou-diretamente-a-aprovacao-da-mp-dos-portos-diz-funaro/. Acessado em: 16.05.2025.

SERRA, José; CARDOSO, Fernando Henrique. "Desventuras da dialética da dependência". *Estudos CEBRAP*, vol. 23, 1979.

SERRANO, Franklin; SUMMA, Ricardo. "Conflito distributivo e o fim da 'breve era de ouro'". *Novos Estudos*, vol. 37, nº 2, 2018.

______. "Demanda agregada e a desaceleração do crescimento econômico brasileiro de 2011 a 2014". *Center for economic and policy research*, 2015.

SILVA, Wilton Bernardino da; PAES, Nelson Leitão; OSPINA, Raydonal. "A substituição da contribuição patronal para o faturamento: efeitos macroeconômicos, sobre a progressividade e distribuição de renda no Brasil". *Revista Brasileira de Economia*, vol. 68, nº 4, 2014.

SINGER, André. "A segunda alma do Partido dos Trabalhadores". *Novos Estudos CEBRAP*, nº 88, 2010.

______. "Cutucando onças com varas curtas: o ensaio desenvolvimentista no primeiro mandato de Dilma Rousseff (2011-2014)". *Novos Estudos CEBRAP*, nº 102, 2015.

______. *Os sentidos do lulismo*. São Paulo: Companhia das Letras, 2012.

SKAF, Paulo. "Uma luz na competitividade". *Folha de S. Paulo*. Disponível em: https://www1.folha.uol.com.br/fsp/opiniao/67836-uma-luz-na-competitividade.shtml. Acessado em: 16.05.2025.

SOUZA, Eduardo. "Nova Lei dos Portos – Segurança jurídica e investimentos privados". *Revista Brasileira de Infraestrutura*, vol. 3, nº 5, 2014.

SOUZA, Jessé. *A elite do atraso*: da escravidão a Bolsonaro. Rio de Janeiro: Estação Brasil, 2019.

SQUEFF, Gabriel Coelho. "Rigidez produtiva e importações no Brasil: 1995-2009". *In*: ______. *Dinâmica macrossetorial brasileira*. Brasília: IPEA, 2015.

SUNKEL, Osvaldo. "Política nacional de desarrollo y dependencia externa". *Estudios Internacionales*, vol. 1, nº 1, 2012.

TADINI, Venilton; ROCHA, Igor. *As particularidades do investimento em infraestrutura*. São Paulo: ABDIB, 2018.

TAVARES, Maria da Conceição. *Da substituição de importações ao capitalismo financeiro*. Rio de Janeiro: Zahar, 1972.

TAVARES, Maria da Conceição; FIORI, José Luís. *Poder e dinheiro*: uma economia política da globalização. 7ª ed. São Paulo: Vozes, 2017.

TEIXEIRA, Rodrigo; PINTO, Eduardo. "A economia política dos governos FHC, Lula e Dilma: dominância financeira, bloco no poder e desenvolvimento econômico". *Economia e Sociedade*, vol. 21, nº spe, 2012. Disponível em: http://www.scielo.br/scielo.php?script=sci_arttext&pid=S0104-06182012000400009&lng=pt&tlng=pt. Acessado em: 31.03.2025.

TOVAR, Antônio Carlos de Andrada; FERREIRA, Gian Carlos Moreira. "A infra-estrutura portuária brasileira: o modelo atual e perspectivas para seu desenvolvimento sustentado". *Revista do BNDES*, vol. 13, nº 25, 2006.

TRIVIÑOS, Augusto Nibaldo Silva. *Introdução à pesquisa em Ciências Sociais*. São Paulo: Atlas, 1987.

UNIDO. *Industrial Development Report 2016*. Vienna, 2016.

URIBE, Gustavo; BRAGON, Ranier. "Eduardo Cunha acata pedido de *impeachment* contra Dilma Rousseff". *Folha de S. Paulo*, dez. 2015. Disponível em: https://www1.folha.uol.com.br/poder/2015/12/1714133-cunha-deflara-processo-de-impeachment-contra-dlma.shtml. Acessado em: 16.05.2025.

______. "PT decide votar contra Cunha, que pode deflagrar *impeachment* de Dilma". *Folha de S. Paulo*, dez. 2015. Disponível em: https://www1.folha.uol.com.br/poder/2015/12/1713918-bancada-petista-decide-votar-contra-cunha-no-conselho-de-etica-da-camara.shtml. Acessado em: 16.05.2025.

VAN DER VEER, J. "Private Sector Involvement in Ports: Economics and Policy". *Topics 24*, 2001.

VEIGA, Mario. "Os efeitos da MP nº 579". *In*: CCEE. *20 anos do mercado de energia elétrica*. São Paulo: CCEE, 2018.

VELLOSO, Raul; SPRINGER, Paulo Springer; ABBUD, Omar. *Energia elétrica a caminho do estrangulamento*. Rio de Janeiro: Forum Nacional, 2004.

VIANNA, Luiz Werneck. “O Estado Novo do PT”. *Gramsci e o Brasil*, 2007. Disponível em: http://www.acessa.com/gramsci/?page=visualizar&id=755. Acessado em: 31.03.2025.

WORLD BANK. *Port Redorm toolkit 2nd Edition*. Washington: World Bank, 2007.

______. *Reforming infrastructure*: privatization, regulation and competition. Washington DC, 2004.

LISTA DE FIGURAS

Figura 1 – Índice de Termos de Troca (média móvel de 12 meses, 2006 = 100) 94
Figura 2 – Balança comercial (US$ bi) 95
Figura 3 – Reservas Internacionais – Total (US$ mi) 96
Figura 4 – Dívida Líquida Total – Setor público consolidado – % PIB 98
Figura 5 – Rendimento médio real habitual (pessoas ocupadas – R$) Regiões Metropolitanas 100
Figura 6 – Taxa de desemprego – Regiões metropolitanas 101
Figura 7 – Percentual de pessoas com carteira de trabalho assinada, no total de empregados no trabalho principal 101
Figura 8 – Índice de Gini 102
Figura 9 – Renda domiciliar (%) 103
Figura 10 – PIB per capita real (Índice, 2002=100) 103
Figura 11 – IPCA (% a.a.) 105
Figura 12 – Índice da taxa de câmbio real efetiva (IPCA) – Jun./1994=100 106
Figura 13 – Taxa Selic Nominal x Real (IPCA) – acumulado 12 meses 106

Figura 14 – Produção industrial – indústria de transformação – quantum – índice (média 2002 = 100) 108
Figura 15 – Indústria da Transformação (%PIB) 109
Figura 16 – Coeficiente de insumos industriais importados e coeficiente de penetração das importações (Indústria de transformação) 109
Figura 17 – Endividamento das famílias (% renda acumulada em 12 meses), exceto crédito habitacional 110
Figura 18 – Saldo das operações de crédito das instituições financeiras (%PIB) 111
Figura 19 – IPCA acumulado em 12 meses 128
Figura 20 – Taxa de juros nominal e real 129
Figura 21 – *Spread* Médio das operações de crédito 139
Figura 22 – Taxa de juros média de operações de crédito 140
Figura 23 – Saldo de operações de crédito (%PIB) 141
Figura 24 – Importações China 154
Figura 25 – Passivo BNDES (R$ mi) 174
Figura 26 – Desembolsos reais (R$ mi) BNDES 176
Figura 27 – Desembolsos BNDES subsetores 178
Figura 28 – Preço ações setor elétrico (R$) 196
Figura 29 – Índice de Energia Elétrica 197
Figura 30 – Tarifas de energia elétrica 200
Figura 31 – Demanda de passageiros do setor aéreo 226
Figura 32 – Superávit primário (%PIB) – exclui depósito (2008) e saque (2012) do Fundo Soberano e a cessão onerosa da Petrobras (2010) 287
Figura 33 – Receitas primárias (%PIB) 289
Figura 34 – Despesas primárias (%PIB) 290
Figura 35 – Taxa de crescimento – despesas primárias e PIB 291
Figura 36 – Dívida Bruta e Líquida (%PIB) 296
Figura 37 – ROIC e WACC das companhias abertas e maiores fechadas (com Petrobras, Eletrobras e Vale) 305
Figura 38 – Índice de Commodities 323

LISTA DE TABELAS

Tabela 1 – Superávit Primário (%PIB) 96
Tabela 2 – Variação % PIB (Componentes da Demanda) 99
Tabela 3 – Gastos Tributário 148
Tabela 4 – Desonerações 149
Tabela 5 – Setores incorporados nas MPs de desonerações 158
Tabela 6 – Participação da carteira do BNDES por setores 171
Tabela 7 – Composição da carteira da BNDESPAR 172
Tabela 8 – Passivo BNDES (%) 175
Tabela 9 – Total dos desembolsos anuais do PSI e de outros programas equalizáveis do BNDES 181
Tabela 10 – Estrutura do Parque Gerador do Brasil 188
Tabela 11 – Lucro e prejuízo da Eletrobras 197
Tabela 12 – Investimentos em rodovias e ferrovias 208
Tabela 13 – Rodovias concedidas no âmbito do PIL 210
Tabela 14 – Aeroportos concedidos no âmbito do PIL 228
Tabela 15 – Corrente de Comércio (Portos Públicos) – US$ Valor FOB (%) 245
Tabela 16 – Corrente de Comércio (Portos Públicos) – US$ Valor FOB (%) 245

Tabela 17 – Base de apoio do Governo 270
Tabela 18 – Taxa de crescimento PIB (%) 282
Tabela 19 – Taxa de crescimento real das receitas e despesas do governo 288
Tabela 20 – Despesas primárias (%PIB) 293
Tabela 21 – Gastos com Saúde e Educação 294
Tabela 22 – Fonte de recursos de financiamento das empresas 303
Tabela 23 – Margem de lucro das 340 maiores empresas de capital aberto 304
Tabela 24 – Lucro líquido das empresas afetadas pelas políticas públicas do governo, Vale, construção civil, indústria extrativa, serviços e indústria da transformação 306
Tabela 25 – Lucro líquido da Eletrobras e empresas do setor de energia 307
Tabela 26 – Base de Apoio ao Governo em 2015 (Partidos da Aliança Eleitoral) 328
Tabela 27 – Principais derrotas do governo no Congresso Nacional em 2015 329
Tabela 28 – Indicadores Financeiros da Petrobras 333

NOTAS

NOTAS

NOTAS

A Editora Contracorrente se preocupa com todos os detalhes de suas obras! Aos curiosos, informamos que este livro foi impresso no mês de julho de 2025, em papel Pólen Natural 80 g/m².